高等学校酒店管理专业本科系列教材

# 酒店管理概论

## JIUDIAN GUANLI GAILUN

◎**主　编**　鲍青青

◎**副主编**　文颖娴

◎**参　编**　王祖良　梁　盛　曾柳洁　徐祖莺

重庆大学出版社

## 内容提要

作为酒店管理专业的本科教材,本书系统阐述了酒店管理理论、运营管理实践发展及其前沿趋势,指导学生如何观察酒店业的现象,如何思辨,如何解决问题。

本书共十一章,内容包括酒店管理概述、酒店经营管理理论及方法、中外酒店集团化管理、酒店组织管理、酒店运营管理、酒店服务质量管理、酒店客户管理、酒店人力资源管理、酒店市场营销管理、酒店品牌管理和酒店安全危机管理。本书为学生提供了丰富的知识链接、行业案例和思考练习等,适合作为高等院校、旅游研究机构、自学考试人员教材,以及旅游企业及相关从业人员参考书。

**图书在版编目(CIP)数据**

酒店管理概论 / 鲍青青主编. -- 重庆:重庆大学
出版社,2023.8
高等学校酒店管理专业本科系列教材
ISBN 978-7-5689-3930-0

Ⅰ. ①酒… Ⅱ. ①鲍… Ⅲ. ①饭店—商业企业管理—
高等学校—教材 Ⅳ. ①F719.2

中国国家版本馆 CIP 数据核字(2023)第 093262 号

**酒店管理概论**

主 编 鲍青青
策划编辑:尚东亮

责任编辑:杨育彪    版式设计:尚东亮
责任校对:关德强    责任印制:张 策

\*

重庆大学出版社出版发行
出版人:陈晓阳
社址:重庆市沙坪坝区大学城西路 21 号
邮编:401331
电话:(023) 88617190  88617185(中小学)
传真:(023) 88617186  88617166
网址:http://www.cqup.com.cn
邮箱:fxk@cqup.com.cn(营销中心)
全国新华书店经销
重庆愚人科技有限公司印刷

\*

开本:787mm×1092mm  1/16  印张:15.5  字数:306 千
2023 年 8 月第 1 版  2023 年 8 月第 1 次印刷
印数:1—3 000
ISBN 978-7-5689-3930-0  定价:48.00 元

# 前　言

　　党的二十大报告指出,推进文化自信自强,铸就社会主义文化新辉煌,坚持以文塑旅、以旅彰文,推进文化和旅游深度融合发展,这一重要论述为我国酒店业实现现代化和高质量发展指明了方向。在文旅融合背景下,酒店作为本土文化传承的载体,酒店行业大力推动有中国文化特色的生活方式酒店、文化主题酒店、文化遗产酒店等发展,促进中国文旅融合服务模式的全面推广,从而促进精神文明建设,并提高中国的文化自信。

　　旅游酒店业发展需要大量高素质复合型人才。近年来,国务院出台加快推进教育现代化实施方案,提出建设一流旅游学科、打造"金课"等措施,教育部制定并颁布《旅游管理类本科专业教学质量国家标准》,其中,"酒店管理概论"是酒店管理类专业的三门必修专业课程之一。本书的编写与课程教学紧密结合,经过团队不断探索与改革创新,补充了企业管理的基本理论知识,筛选了大量酒店管理实例并进行了全面的阐述和分析,突出实用性、探究性和个性化。本书根据相关要求系统设计和编写,具有以下特点。

　　第一,内容具有系统性、前瞻性和理论性的特点。本书按照"知识—方法—运用"的思路编写,新增了酒店经营管理理论与方法和酒店安全危机管理等内容。

　　第二,全书具有可读性强、启发性、实用性强等特点。本书框架合理、教学资源丰富,每个章节有课程引入、小结、思考题等板块,必要的章节还配备知识链接和案例分析,有利于激发读者的学习兴趣并扩充他们的知识量。

　　第三,编写视角侧重管理。本书作为酒店管理专业的本科教材,突出管理内容,以体现大学本科教育特点,紧密结合理论与实际、加强对酒店经营管理理论与实践的系统研究。

　　本书由桂林旅游学院酒店管理专业教师参与策划并设计编写大纲。全书共11章,主编鲍青青负责起草框架和体例,并编写了第1章、第2章、第4章和第6章,副主编文颖娴编写了第7章、第8章和第11章。另外,王祖良编写了第10章,梁盛编写了

第9章,曾柳洁编写了第5章,徐祖莺编写了第3章。全书由鲍青青和文颖娴校对、统编、定稿。

本书在编写过程中,参考了部分专家、学者的成果,并将文献目录附于书后,在此一并表示诚挚的谢意。因学识局限,本书编写难免会有缺憾和不足,敬请各位读者批评指正。

编 者

2023 年 2 月 2 日

# 目 录

# 第1章　酒店管理概述

【学习导引】

　　随着人们对美好生活的向往,酒店业迎来了更广阔的发展前景,酒店业是旅游业的重要支柱行业。本章主要介绍酒店的基本概念、酒店业的地位和作用、酒店经营和管理的特点、现代酒店业经营管理内容,探索现代酒店业的分类标准、新兴的酒店业发展特征。

【学习目标】

　　1. 理解酒店的基本概念和内涵。

　　2. 理解酒店业发展的特征。

　　3. 了解现代酒店管理的基本内容。

　　4. 了解酒店业发展历程。

　　5. 理解酒店业分类及新业态发展。

## 1.1　酒店的基本概念与内涵

### 1.1.1　酒店的概念

　　酒店(Hotel)一词来源于法语 Hostel,原意为法国贵族招待贵宾的乡间别墅,后逐步演变、发展至今。中华人民共和国文化和旅游部印发的《旅游饭店星级的划分与评定》(GB/T 14308—2010)中对旅游饭店的定义是,能够以夜为时间单位向旅游客人提供配有餐饮及相关服务的住宿设施,按不同习惯可能也被称为宾馆、酒店、旅馆、旅社、宾舍、度假村、俱乐部、大厦、中心等。

现代酒店的内涵随着客人需求的发展而不断变革,现代酒店是度假旅游者的安适之家和休闲中心,是商务旅游者和商业集团的商务活动场所,因而常常被称为城市的"城中之城"和旅游者的"家外之家"。

国外权威词典对"酒店"一词有如下定义:

酒店是在商业性的基础上,向公众提供住宿也提供膳食的建筑物。——《大不列颠百科全书》

酒店是装备完好的公共住宿设施,它一般提供膳食、酒类及其他服务。——《美利坚百科全书》

酒店是人们支付报酬以获取住宿和餐饮服务的建筑物。——《朗文当代高级英语辞典》

国内有关学者对酒店的概念界定也很多,如酒店是指功能要素和企业要素达到规定标准的,能够接待旅居宾客及其他宾客,并为他们提供住宿、饮食、购物、娱乐以及其他服务的综合性服务企业。(将丁新.《饭店管理》,2004)

现代酒店,是指向各类旅游者提供食、宿、行、娱、购等综合性服务,具有涉外性质的商业性的公共场所。在现代酒店的概念中,特别强调综合性服务、涉外性质、商业性和公共场所四个子概念。(郑向敏.《酒店管理》,2005)

由此可见,酒店是为公众提供以住宿服务为主的商业性场所。现代酒店是指通过有形的空间、产品、设备和无形的氛围、服务等,为顾客提供一段涵盖吃、住、行、游、购、娱等方面的住宿体验与经历。现代酒店提供的产品服务日益多样化、个性化和综合化,为顾客带来全方位的住宿体验。

### 1.1.2 现代酒店业的地位和作用

1)酒店业是旅游业的重要支柱产业,助力地区经济增长

酒店业是旅游业发展的物质基础,是实现旅游活动的主要条件。酒店可以为旅游者提供吃、住、行等活动场所,还可以提供会议、展览、社交休闲等多种功能。现代酒店业是旅游业创收、创汇的主要场所,它的创汇率在某种程度上比商品出口的创汇率高。酒店业是一个综合性的服务行业,能促进建筑业、装修业、轻工业、电气行业和食品加工业等行业的发展,对活跃国民经济起着极大的促进作用。酒店为社会创造直接和间接的就业机会。按我国目前酒店的人员配备状况,平均每间客房需配备 1.5 ~ 2 人,如新建一座 300 间客房的酒店,将创造 500 个左右的直接就业机会。同时,也带动其他行业为酒店提供设备、家具、食品等商品需要大量的人力,提供了间接的就业机会。

中国经济的快速发展和巨大的旅游市场发展空间,吸引了众多国际著名酒店集团

前来投资布局,世界知名酒店集团均在中国进行了投资,根据2015年中国旅游业饭店协会的统计,洲际集团在中国管理的酒店数达265家,万豪国际酒店集团的酒店数225家,雅高酒店集团的酒店数166家。

2)酒店是文化交流和社交活动的中心,提升城市形象

随着现代酒店业的发展,酒店不再只是提供简单的住宿,现代酒店已由过去的旅游活动实现的配套设施逐步发展成旅游吸引物,吸引了一大批游客慕名前来,推动了当地旅游业的发展,如迪拜的帆船酒店、澳门威尼斯人酒店综合度假村等。

酒店在彰显文化和提供交流方面的作用凸显。民宿通过装饰、环境营造等酒店文化符号的展示和运用来突出地域和民族文化。比如,松赞酒店通过藏文化符号的运用向全球游客展示了我国的藏族文化。酒店提供会议、展览、特色早茶和下午茶等餐饮服务,为住店及社区旅客提供社交活动的场所。

3)酒店业推动酒店品牌发展,满足人民群众对美好生活的向往

酒店业是我国最早对外开放的行业,一大批国际知名酒店集团进入中国,带来了国际标准的酒店服务与管理,酒店品牌深入人心。例如,丽思卡尔顿酒店、瑞吉酒店代表着万豪国际酒店集团的高端品牌,雅乐轩、福朋喜来登则代表其中端简约品牌,酒店集团也应用品牌优势拓展其发展范围。同时期,一大批中国酒店品牌崛起并快速发展,尤其是以经济酒店为代表的酒店集团,如七天、如家等。目前,其所在的锦江集团、首旅集团已经跻身为全球前十的酒店集团。随着酒店业的竞争与发展,酒店的服务管理水平不断提升,酒店接待服务礼仪、金钥匙服务等被广泛地应用到服务行业,促进了社会的文明交流。

4)酒店的公共安全功能凸显,为国家卫生安全提供了保障

疫情期间,一些酒店作为公共安全的应急点发挥了积极作用。有的酒店被政府紧急征用为隔离观察人员住宿场所,有的酒店用来接待医护人员,有的酒店为出征一线的医务人员和后勤保障人员提供餐食服务等,还有的酒店自发地承担起社会责任,为各种防疫力量提供住宿、餐饮、视频会议等服务。

### 1.1.3 现代酒店经营管理内容

酒店经营管理是指酒店的管理人员为了实现酒店的目标而有意识、有计划地进行的各种经济活动的总称。这些活动包括对酒店的经营目标、方针、策略的决策和正确地执行既定的方针、策略,以保证酒店经营目标的实现。

1)现代酒店经营的特点

现代酒店的经营有着不同于其他企业经营的独有特点。

(1)酒店产品的特点

①酒店产品是组合产品。对顾客而言,酒店产品仅是一段住宿经历,这段住宿经历由以下两个部分构成:有形形态产品,即顾客所消耗的食品、饮料及所接触到的设施、设备;无形形态产品,即顾客感觉上的享受和心理上的感受。

②酒店产品的不可储存性。酒店的客房和餐厅的座位一天或一餐租不出去,它的价值就永远失去。酒店的需求受淡旺季需求波动比较大,这就要求酒店经营管理人员采取一系列经营手段,如举行特殊的接待活动,采取灵活的价格策略,以招徕淡季市场,从而使酒店产品的供应与市场需求量趋于平衡,提高酒店设施的利用率,使酒店的产品得以最大限度地销售。

③酒店产品的不可转移性。酒店产品的非实体(无形)的现场消费决定了酒店产品的不可转移性,它不能从一个地方转移到另个地方,必须就地出售,顾客只能到酒店消费。因此,管理者在经营中应努力提升酒店形象,吸引顾客前来消费并保持有较多的回头客。

④酒店产品所有权的相对稳定性。酒店并不出卖商品的所有权,顾客买到的仅是一段时间、某阶段的住宿权利、享受权利和被服务权利。酒店产品的使用价值就是为顾客提供一定期限的住宿环境,提供一段时间的物质享受和精神享受,房租和顾客所付出的费用则是酒店出售产品的使用价值而回收的交换价值。因此,顾客在购买酒店产品时只能在限定的时间内进行消费,不能重复消费。

⑤酒店服务质量的难控制性。酒店服务流程分散在多个部门,每一个服务岗位和环节都是酒店产品的一道生产工序,但各工序之间的上下关系却很难固定,一个点出现问题,就意味着整个产品的缺陷,因此,酒店生产流程的管理是散点式进行的。人的独立作业有别于机器化生产,质量难以控制,这一特点决定了酒店管理必须注重目标管理,使各个岗位明确工作方向和预期目标,管理是否成功,只能以完成目标的程度来衡量。

⑥管理对象的复杂性。在管理活动中,人的管理是最复杂的管理,一般企业人的管理只是针对员工而言,但酒店业是"人"的行业,对人的管理既包括对员工的管理,又包括对宾客的管理,二者必须同时兼顾,管理对象的复杂性增加了服务质量的难度。因此,要求酒店员工在为客人提供标准化服务的基础上,能够为客人提供一定的定制化、个性化服务,以更好地满足客人的需求。

(2)酒店需求的特点

①酒店需求是派生的需求。一般来说,人们不是为住酒店而来某地,而是因为要到某地游览、参加会议等才产生需求,因此酒店的选址和营销十分重要。很大程度上,酒店经营是否成功取决于目的地营销是否成功。

②酒店需求是非基本需求,不同于人们的基本需求,酒店需求会受到各种因素的影响,如社会政治、安全因素、人们对旅游的偏好、气候、收入和价格等。

（3）酒店经营的特点

①销售量的不稳定性。酒店每年的销售量会随着季节的变化而变化,季节的变化对各个酒店来说,其变化程度是不相同的。旅游酒店在旅游旺季的销售量可能是淡季的好几倍。从酒店每周的销量来看,有的酒店早茶销量较大,有的酒店则是午餐、晚宴销量大。

②现代酒店是资本密集型企业。建造一座酒店所需资本较大,因此,酒店资本摊到每年经营中的固定成本很高,而且各部门之间的成本比例也不同。客房部的固定成本最高,但在销售中变动成本却比较低,餐饮部门所占固定成本与其他企业相比,也显得较高。固定成本是不管客房出租多少都要支付的,而每出租一间客房涉及的变动成本很小,多出租客房所需要增加的额外边际成本也很小。

③生产与消费的同一性。酒店产品生产的同时,客人也开始了消费。从登记、入住到客人就餐、娱乐、购物、健身等,直到客人离店,整个过程连续发生,生产和消费是一个过程的两个侧面,它们之间没有中间环节,也没有间歇。因此,酒店的管理服务人员要注意生产服务时的质量、标准与效益,注意信息的传递和客源市场的预测,注意统筹安排,保证所生产的产品能满足不同消费者的消费需求,提高酒店的经济效益。

2）现代酒店管理的特点

现代酒店管理的特点主要体现在酒店所具有的整体性、层次性、系统性、涉外性和多样性。

（1）整体性

现代酒店本身就是一个有机的整体,酒店所进行的经营管理活动要研究酒店的整体目标、整体功能和整体效用,要使组成酒店的各要素、各要素之间的关系及层次结构都适应整体的需要。现代酒店的整体效用是在各要素的内部相互联系中产生的。酒店管理者要考虑酒店的整体利益,充分发挥酒店的人力、物力、财力以及信息的作用。

（2）层次性

酒店管理的组织结构决定了现代酒店管理的层次性。现代酒店管理层次按照管理机构在管理工作中所处的地位,分为最高管理层机构、中级管理层机构和基层管理层机构。最高管理层机构是负责统一领导和管理酒店全部业务经营活动的决策机构。中级管理层机构是处于最高管理层机构和基层管理层机构之间的管理执行机构,它的主要职责是组织实现最高管理层机构在某一方面的决定和指示,把最高管理层机构的指示与本部门的职责结合起来,传达给基层管理层,以协调组织各部门的经济活动。基层管理层机构是现代酒店最低一级的管理层次。酒店根据业务经营的性质、接待服务的任务和管理的需要划分若干班组,班组要分工负责,完成所承担的任务。

（3）系统性

现代酒店要建立和健全以总经理为首的、统一的、权威的业务经营管理系统,向顾客提供"一条龙"的系统服务。在顾客从进店到出店的全过程中,酒店各部门应相互配合,为顾客提供系统服务,满足顾客住店期间的需求。

（4）涉外性

现代酒店经营管理的业务活动,除接待国内顾客外,还大量接待国外顾客。因此,现代酒店具有涉外性。酒店在经营管理活动中,应根据不同国家、不同民族的生活习惯,安排好各种服务项目,满足国外顾客的需求。同时,酒店管理人员和服务人员要贯彻执行我国有关对外方针政策,做好各项服务工作,加强各国人民之间的相互了解并增进友谊。

（5）多样性

现代酒店接待的客源多样,顾客的需求也各不相同,不仅要满足顾客吃、住的需要,还要有多种多样的服务设施和服务项目,以满足顾客的各种其他需要,使他们在精神和物质上都得到满足与享受。

**3）现代酒店经营管理的主要内容**

现代酒店是由多种业务、多个部门综合而成的一个整体组织。各部门的接待业务各不相同,这就形成了酒店庞杂的业务和烦琐的事务。现在酒店管理的基本内容主要包括以下几个方面。

（1）现代酒店的系统管理

现代酒店是一个独立的经济实体,是一个具有综合性和整体性的系统。从系统工程角度来看,现代酒店系统管理包括酒店系统分析与评价、酒店组织管理系统、酒店计划管理系统和酒店管理控制系统等。酒店系统分析主要分析现代酒店系统的功能、结构、状态和系统的环境;酒店系统评价主要研究系统绩效的评价方法和酒店系统的优化。酒店组织管理系统主要研究组织管理系统理论、组织效能与组织气氛、酒店组织管理系统的运作与整合、组织制度等方面的内容。酒店计划管理系统主要研究计划指标与计划体系、现代酒店计划编制和现代酒店计划管理。酒店管理控制系统主要研究酒店管理控制系统的结构、控制系统的运转和控制系统中的可控与不可控因素。

（2）现代酒店的资源管理

现代酒店的资源管理涵盖面广,涉及内容丰富,包括现代酒店人力资源管理、财力资源管理、物力资源管理、信息资源管理、时间资源管理和现代酒店形象与口碑管理等六大方面。现代酒店的这六大资源既有对内的管理资源,又有对外的经营资源,六者相辅相成,共同构成现代酒店经营管理的资源基础。资源的管理既包括对现有资源的利用,又包括对新资源的开发,它是一个动态的循环过程,管理者应处理好利用与开发的关系。

(3)现代酒店的服务质量管理

酒店服务质量是酒店的生命线,是酒店的中心工作。酒店服务质量管理的主要内容有以下四个方面。

①服务质量的认知。所谓认知就是对服务质量有一个全面完整的认识。服务质量是指酒店向顾客提供的服务在使用价值、精神和物质上满足顾客需求的程度。服务质量的含义应该包括设备设施、服务水平、饮食产品、安全保卫四大方面。服务质量是综合性的概念,其中每个元素都会对酒店服务质量产生影响。这就需要从总体上认识酒店服务质量的标准、特性,分析其运动规律,分析每个元素的性质及其对服务质量的影响,研究控制每个元素对服务质量的影响的方法,研究控制服务质量的方法。

②制订衡量服务质量的标准。酒店管理者要根据酒店及部门的服务质量要求,分门别类地制订出各种衡量服务质量的标准。这种标准一般可以分成两大类:一类是静态标准,如饮食质量标准,卫生标准,水、电、冷、暖设备标准等;另一类是动态标准,如顾客投诉率、客房出租率、餐厅上座率等。各种标准要详细、具体、明确。

③制订服务规程。为了确保服务过程达到标准,需要对服务过程制订服务规程。服务规程是以描述性的语言规定服务过程的内容、顺序、规格和标准,它是规范服务的根本保证,是服务工作的准则和法规。管理人员要重点管理的是服务规程的形式、制订服务规程、执行服务规程、调整和改进服务规程。

④控制服务质量。要落实服务质量标准,必须对服务质量进行控制。对服务质量的控制主要通过建立服务质量评价体系,建立服务质量承诺与保证体系,推行全面质量管理的方法来实现。

(4)现代酒店的业务管理

业务管理的目的是保证酒店业务的正常开展。酒店业务是由每个部门所承担的业务组成的。因此,酒店每一个部门、每一个管理人员都有所属的业务管理范围。管理人员的业务管理就是对所辖的业务进行事前、事中和事后管理。管理人员要明确酒店的业务范围,要对管理范围内的业务性质、业务内容有深刻全面的认识。合理地设计业务过程,有效地组织业务活动,设计与设置业务信息系统和财务控制系统,科学地配备人员、安排班次,是有效进行酒店业务管理的重要内容。

(5)现代酒店的安全管理

酒店的安全包括酒店自身的安全和顾客的安全两部分。酒店自身的安全主要是指酒店的财产安全和酒店员工的人身安全两个方面;顾客的安全包括顾客的人身安全、财产安全和隐私安全三个方面。现代酒店安全管理的主要内容包括以下三个方面。

①建立有效的安全组织与安全网络。现代酒店的安全组织和安全网络由现代酒店的各级管理人员和一线服务员组成,他们与现代酒店的保安部一起共同完成安全管理。安全管理工作的内容包括现代酒店的消防管理、治安管理以及日常的楼面安全管理。

②制订科学的安全管理计划、制度与安全管理措施。现代酒店安全管理计划、制度与安全管理措施包括犯罪与防盗控制计划与规律措施、防火安全计划与消防管理措施、常见安全事故的防范计划与管理措施。安全制度包括治安管理制度、消防管理制度等内容。

③紧急情况的应对与管理。一般是指酒店出现停电事故,顾客违法事件,顾客伤病、亡事故,涉外案件以及楼层防爆等紧急情况的应对与管理。

# 1.2　酒店分类与新业态发展

## 1.2.1　酒店的类型

随着国际旅游业的发展,酒店业得到了迅速发展。拥有不同客源市场的各种类型的酒店层出不穷,按照不同的划分标准,酒店可分为不同的类型。比如,按酒店的等级划分,酒店有一级、二级、三级和四级,或一星、二星、三星、四星、五星,或高档、中档、低档;按酒店的地理位置可分为城市酒店、乡村旅馆、机场酒店;按酒店的主要接待对象可分为会议旅馆、度假酒店、青年旅舍,或分为接待国内顾客的酒店和接待国外顾客的酒店;按酒店设施的优良程度和服务项目的多少可分为豪华酒店和简易旅馆;按酒店的特色可分为竹楼旅馆、蒙古包旅馆、窑洞旅馆、树上旅馆等。不同的业态类型、建设标准、经营服务方式会有所差别,顾客需求也会存在差异。

1)根据酒店性质划分

在激烈的市场竞争中,越来越多的酒店对市场进行细分,争取在"小市场中求大份额"。因此,在划分大类的基础上,会继续划分细类,使酒店找准市场定位,从而在市场竞争中取得更多的主动权。按性质划分可将酒店分为以下类型。

(1)商务酒店(Business hotel)

商务酒店设在经济发达的大城市,为商务旅客、会议游客来往提供方便。住为主,

1~3天较多,多位于城区,临近商业中心,交通便利。商务酒店档次多样,既包括豪华奢侈的五星级酒店,也包括经济实惠的经济型酒店,满足不同层次的商旅顾客的需求。高档的商务酒店要求内外装饰豪华,各项功能完备,须具备高水平的餐饮、客房、娱乐设施,商务设施设备齐全,为顾客提供国际电话、打印、传真、商务中心、会议室等商务设施,以满足顾客的办公需求。经济型酒店可以满足一般商务需求,拥有干净整洁的客房、便利的交通等。

（2）会议旅馆（Convention hotel）

会议旅馆是以接待各种国际国内会议为主的旅馆,设有会议厅、宴会大厅,备有同声翻译装置等会议所需的各种设施。这类旅馆发展很快的原因是有两方面需求:一是随着各国社会经济的发展,各种会议层出不穷,对会议旅馆的需求不断增加;二是从旅游供给方来讲,会议旅游消费水平高,停留时间长,接待会议旅游者能够取得较多的收入。

（3）观光类酒店（Tour hotel）

观光类酒店的主要目标群体为观光游客,多位于风景名胜区附近或沿线,交通比较便利。观光类酒店需要具备基础的住宿和餐饮设施,且根据酒店档次的不同,提供不同标准的服务,一般会提供行李寄存、旅游问询、导游等服务。

（4）度假酒店（Resort hotel）

度假酒店包括度假型和休养型两种类型,一般位于自然风景优美或具有人文特色的旅游区。度假型酒店的主要目标群体为度假的游客,主要为宾客提供多种多样的游乐项目,包括划船、钓鱼、冲浪、潜水、登山、骑马、温泉、高尔夫等。度假型酒店与观光型酒店的不同之处在于,度假型酒店通常是游客的目的地,而观光型酒店则是顾客旅游的辅助设施,所以度假顾客在酒店停留时间较长,在酒店消费的项目较多。因此,度假型酒店需要不断开发、创新游乐项目,提高服务质量,延长顾客在酒店的停留时间,吸引顾客更多地在酒店消费,从而增加酒店收益。休养型酒店则是顾客以休养、疗养为主的酒店。我国风景名胜区曾经建立不少休养型酒店作为奖励单位劳模、优秀员工的地方,现在作为旅游市场的一种类型也日益丰富。

（5）精品酒店（Boutique hotel）

精品酒店是20世纪末在美国等西方国家出现的一种专业酒店,其主要特征是酒店规模不大,功能不一定完备,但档次很高,富有特色,服务非常到位。精品酒店的经营理念是为顾客营造一种家的感觉,吸引那些追求高品位和文化享受的休闲或商务顾客。精品酒店的规模往往较小,客房资源比较有限,但装饰极其豪华,服务一流。精品酒店的服务理念是为顾客提供全方位、全过程的服务,采用的服务方式通常起源于英国皇室的管家式服务。专职管家能最大限度地满足顾客个性化的需求,以亲切、殷勤、真诚、专属的服务令顾客流连忘返，从而使之成为酒店的忠诚宾客。

（6）民宿（Bed and breakfast，B&B）

民宿是指用自用住宅空闲房间，结合当地人文、自然景观、生态、环境资源及农林渔牧生产活动，为外出郊游或远行的旅客提供的个性化住宿场所。人们对生活品质要求越来越高，不再满足于传统的农家乐、农庄、旅游景区提供的服务，转而投向精致高品位的民宿休闲旅游，因此民宿产业在中国呈现出非常良好的发展态势。目前我国的民宿分布主要集中在南方，北方占有少量份额，民宿主要集中在旅游景区周边，依托旅游景点，以景区为核心向周边辐射，形成了过分集中于景区的特点。

为了更好地促进民宿业的发展，2019 年，文化和旅游部颁发了《旅游民宿基本要求与评价》（LB/T 065—2019），明确给出了旅游民宿的定义，即利用当地居民等相关闲置资源，经营用客房不超过 4 层，建筑面积不超过 800 $m^2$，主人参与接待，为游客提供体验当地自然、文化与生产生活方式的小型住宿设施。该行业标准还规定了具体的评定标准、经营要求和环境卫生要求等。

（7）青年旅舍（Youth hostel）

青年旅舍是一种设施简单，收费低廉，服务自助，旅游信息丰富，以青年学生为主要接待对象（但不排除其他客人），适合青年人旅游、住宿和交友的小型旅馆。1912 年，世界上第一个青年旅舍在德国南部阿尔特纳的一个废弃古堡中诞生。1932 年，国际青年旅舍联盟在阿姆斯特丹成立。目前，在英国设有国际青年旅舍联合会，只要成为其会员，就可享受该协会遍布全球 5 000 多家青年旅舍的服务与设施，并可享受在各国机场免手续费换汇及购买折扣车票等多种优惠。国际青年旅舍联盟是联合国教科文组织成员，也是世界旅游组织成员。

2）根据规模划分

酒店规模是酒店业比较酒店实力的重要标准，比如，万豪国际酒店集团收购喜达屋酒店集团后，一跃成为全球首个拥有酒店客房数超过 100 万间的酒店集团。国际酒店集团排名不是以酒店数量统计，而是以客房总数进行排名的。酒店规模划分标准如表 1-1 所示。

表 1-1　酒店规模划分标准

| 酒店规模划分标准 | 小型/间 | 中型/间 | 大型/间 | 超大型/间 |
|---|---|---|---|---|
| 国内 | 300 以内 | 300 ~ 500 | 500 | — |
| 国外 | 100 以内 | 100 ~ 300 | 300 以上 | 1 000 以上 |

3）根据地理位置划分

**（1）城市中心酒店**

城市中心酒店是酒店业中最重要的部分，往往是当地商业、政治、文化、社会活动中心所在地。酒店多为高层建筑的高楼大厦，如商务型、会议会展型酒店。

**（2）近机场的郊区酒店**

近机场的郊区酒店多为中低层建筑，既有露天车场，也有一定的娱乐、休闲以及会议、宴会设施。

**（3）休养地度假酒店**

休养地度假酒店以自然景观、人造景观或阳光、沙滩、温泉等旅游资源吸引游客，这类酒店往往称为度假村、度假俱乐部。酒店内有多种娱乐和餐饮设施，一般也都有完善的会议与宴会设施。

**（4）高速公路沿线酒店**

高速公路沿线酒店即汽车酒店（Motel）。汽车旅馆从 Motel 起步。国际最早的酒店集团——假日集团，是目前洲际集团最核心的酒店品牌。高速公路沿线酒店一般配备充足的停车空间以及舒适便捷的客房和餐饮服务。

**（5）移动的酒店——海上邮轮**

海上邮轮已成为当今度假的新兴业态，是为游客提供综合服务的海上移动酒店。邮轮住宿的时间一般较长，短则一周，长达一个月，从中端的亚洲范围内的航线，到高端的极地探险、环球旅行航线，为顾客提供多种类型的选择。海上邮轮拥有齐全的设施设备，为顾客提供综合全面的服务。顾客所支付的费用包含了在邮轮上的餐饮、住宿、船上设施及娱乐节目和活动等，顾客可在指定的餐厅免费用膳，也可享受船上多姿多彩的娱乐设施和活动。邮轮为顾客提供了多种多样的选择，包括不同类型的餐厅、酒吧、购物商店等。

**（6）世界各地风格奇特的主题型酒店**

世界各地风格奇特的主题型酒店，一般根据酒店建筑或经营特色划分，例如，云南、西藏的民族特色酒店，澳门的博彩型酒店，长隆的企鹅酒店、熊猫酒店和马戏酒店，拉斯维加斯的音乐硬石摇滚酒店，以及圣城麦加的宗教型酒店等，都是根据当地特色和文化修建的主题酒店。

## 1.2.2　酒店新业态发展

1）度假酒店势不可当

随着经济发展，旅游已经成为人们的日常消费，国际研究表明，人均收入水平达到

5 000 美元以上的地区已经进入大众度假休闲旅游时代。据统计,2019 年我国人均国民收入已达到 1.03 万美元,旅游市场需求潜力大,随着旅游需求的不断升级,度假休闲已经成为人们重要的生活方式之一。

为了更好地满足人们的度假需求,度假式酒店近年来实现了快速增长,娱乐与游乐创新是度假酒店创新的主要内容,常见的娱乐与游乐创新的方法有:文化主题化创新、郊野休闲化创新、度假庄园化创新、养生理疗化创新、康体运动化创新、高科技化创新、互动参与化创新及专业演艺化创新等多种趋势。比如,意大利工业设计师马克-普佐兰特设计了一座太阳能漂浮度假酒店,可容纳 6 个人,备有极可意浴缸。这座豪华酒店长 60 英尺(约合 18 米),建有一个水下观景台,让顾客尽情观赏鱼儿和海豚在海中畅游的迷人景象。

### 2)美丽乡村体验乡情

2015 年,中央一号文件提出,要积极开发农业多种功能,挖掘乡村生态休闲、旅游观光、文化教育价值。2016 年,中央一号文件强调,大力发展休闲农业和乡村旅游,强化规划引导,采取以奖代补、先建后补、财政贴息、设立产业投资基金等方式扶持休闲农业与乡村旅游业发展。党的十九大提出乡村振兴战略以来,通过美丽乡村建设,使农村脱贫致富,改变面貌,吸引快节奏、强压力的城市一族来乡村旅游,让游客记住乡愁,有助于乡村建设,同时也为旅游者提供了体验异质性生活的空间。2019 年,全国乡村旅游总人次 30.9 亿次,乡村旅游总收入 1.81 万亿元。2021 年,中国浙江余村和安徽西递村入选首批联合国世界旅游组织"最佳旅游乡村"名单。

### 3)共享住宿渐成时尚

共享住宿是共享经济发展新出现的交易模式。随着互联网时代下分享经济的兴起,作为分享经济的重要板块,短租公寓盘活了城市与度假地的大量闲置房产资源,并获得迅猛发展。而这种分享经济无疑对传统酒店业产生了巨大的冲击。其中以Airbnb、HomeAway、途家、小猪、蚂蚁短租等国外、国内分享住宿平台为代表,分享住宿被越来越多的人接受,逐渐成为年轻人的一种时尚和潮流。

与传统酒店的高度标准化服务不同,共享住宿的服务呈现出高度个性化、服务提供者分散化和小微化等特点。统计数据显示,我国共享住宿市场交易额从 2017 年的120 亿元增长到 2019 年的 225 亿元;参与人数从 2017 年的 7 800 万人增长到 2019 年的 2 亿人,其中服务提供者人数从 220 万人增长到 618 万人。共享住宿新业态在创造新的就业机会,尤其是灵活就业机会,增加人们收入方面有着很大的潜力。共享住宿新业态在我国住宿业客房收入中所占的比重也在逐年提高,由 2015 年的 2.3% 提高到 2019 年的 7.3%,占比增长了大约 3 倍。换一个角度看,目前共享住宿收入仅占全国住宿业客房收入的 7.3%,未来市场潜力是巨大的。

4）智慧酒店颠覆传统

智慧酒店拥有以新型通信技术、计算机智能信息处理和宽带交互式多媒体网络技术为核心的信息网络系统，能够为消费者提供周到、便捷、舒适、满意的服务，满足"个性化服务和信息服务需求"，是21世纪新经济时代酒店业的发展方向。酒店"智能化"可分为三大应用领域：一是直接向客户提供高质量服务的智能技术，如快速稳定的语音、数据和视频通信等，目的是让顾客住得更舒适、更方便；二是为酒店管理者提供优质管理工具的智能技术，如酒店智能预订、连锁经营网络系统等；三为酒店运营成本提供优质管理工具的智能技术，目的是使酒店物耗和能耗。客房是酒店的主体，是酒店收入的主要载体。利用酒店客房智能管理控制系统，全面提升服务管理水平，节约运营成本，提升酒店竞争力，是酒店智能化的主要部分。因此，客房的智能化是酒店智能化的第一个突破阵地。

无人酒店颠覆了传统酒店业劳动密集的特点，通过科技智能化来替换人工，节约人力成本，提高工作效率。但同时，酒店系统的出错会带来不可预测的后果，科技产品的后期维护也是一大问题。此外，目前无人酒店仍处于探索阶段，大多酒店只是运用智能科技实现酒店居住空间的智能化，所谓的"无人"也还停留在基础服务上，无法满足不同特质的顾客的不同需求。酒店最重要的是为顾客提供温馨的服务体验，充满高科技的机器人的无人酒店该如何为顾客提供个性化、温暖的服务体验还需要探索，这使无人酒店未来的发展充满不确定性。2018年，阿里的FlyZoo Hotel（菲住布渴）酒店在杭州开业，这是全球第一家支持全场景刷脸住宿的酒店。

5）康养酒店拓展领域

随着人们生活水平的提高，以及老年化社会的发展，人们对健康、养老的需求越来越大，这种需求与旅游酒店的结合，形成了如今的康养旅游。康养旅游经济在全球，尤其是亚太地区和中国的发展迅速。康养概念在高档酒店开发中越来越成熟，万豪、希尔顿和温德姆等全球大型酒店集团近几年不断推出新的举措，将康养概念融入客户住宿体验，为客户提供特别设施的健身客房、养生菜单，组织身体训练和精神修炼课程，组织烹饪课程、研讨会等。

2018年4月，健康旅游协会重新修改了对"康养中心"（Wellness resort）的定义，这一举措顺应了"康养+酒店"的趋势，新的定义强调了住宿服务设施在康养中心的重要性，并认为一个康养中心至少应该包含四个要素：住宿服务设施、与康养相关的活动组织、与康养相关的餐饮选择、与康养相关的硬件设施。康养酒店主要包含以下四种业态：①以精神健康和修养为核心的康养酒店。酒店内提供专家指导的冥想课程和活动，如瑜伽、心理解压等，此类酒店主要针对高强度工作压力的都市客户群。②融合传统医疗和现代诊疗技术的康养酒店。对客户在短期住宿期间提供全面身体检查、定制短期可量化身体健康指数的训练计划。此类酒店主要针对亚健康人群、以预防疾病和养生为目的的客户群。③将 SPA、饮食调养、户外运动融合的三位一体的康养酒店。主要针对以身心放松、休闲度假为目的的客户群。④以美体、美容为中心的康养酒店。酒店主要提供皮肤、牙齿和身体塑型类相关的项目,有短期、见效快和表层性修复等特点,应与医院和专业美容院提供的全方位深度理疗项目相区别。

全球排名第一的本慧玛雅医养酒店设计独特,将大自然的治愈能量巧妙地嵌入酒店的空间,给消费者带来独有的体验。每家酒店标配 70~120 间房,选址极为挑剔,避世入画独享,置身于生态自然景观的环抱之中,这里远离城市的喧嚣和干扰,消费者的整体身心健康得到天然的呵护。"生物-心理-人文"的个性化方案是玛雅疗法整体健康中心产品与服务的核心。

## 【本章小结】

1. 阐明酒店的基本概念,明晰现代酒店业的地位与作用。

2. 分析现代酒店经营和管理的特点。

3. 阐明现代酒店经营管理的内容,包括现代酒店系统管理、资源管理、服务质量管理、业务管理和安全管理等。

4. 了解不同标准下酒店的分类,解读现代酒店新业态的发展,酒店新业态不断出现度假酒店、分享住宿、产权酒店、智慧酒店、康养酒店等多种业态蓬勃发展,使得酒店市场多元化、细分化。

## 【思考与练习】

1. 酒店业在国民经济中的地位和作用是什么?

2. 酒店新业态的发展对酒店行业产生了哪些影响?

## 【案例分析】

### 旅游饭店业——改革开放的先导产业

2018 年是改革开放 40 周年,旅游饭店业作为改革开放的产物,伴随着改革开放发展壮大。旅游饭店业用 40 年时间走完了西方发达国家上百年的发展历程,目前正在实现从世界饭店大国向世界饭店强国的历史性跨越。

**一、改革开放推动四个转变**

我国旅游饭店业是伴随改革开放的进程发展起来的。改革开放初期,饭店的客源主要是海外客人,全国能够接待海外客人的饭店只有 203 家,客房 3 万多间,饭店严重短缺,制约了旅游业的发展。1979年,美籍华人陈宣远准备在北京投资2 000万美元建造旅游饭店。1979年6月12日,国务院副总理纪登奎、谷牧在中国旅行游览事业局上报的《美籍建筑师在北京合作建造和经营旅游饭店的请示》上批示:"这是我与外资合作建造和经营的第一家旅游饭店,可以作为试点创造点经验,请各有关部门积极给予支持和配合,争取尽快动工,明年建成。"1980年4月4日,国家外国投资管理委员会首次审批中外合资企业,三家中两家是旅游饭店,北京建国饭店为外资审字〔1980〕第二号,北京长城饭店为外资审字〔1980〕第三号。我国首次审批三家中外合资企业,其中两家是旅游饭店,充分说明了旅游饭店业是改革开放的先导产业。两家合资饭店的意义不仅在于引进外资,更重要的是在当时的历史条件下引进了市场经济的观念,建立起现代企业模式,对我国旅游饭店经营管理起到了积极的推动作用。

改革开放推动我国旅游饭店业实现了四个转变:一是从招待型向经营型转变;二是从行政管理向企业管理转变;三是从各自为战向标准化转变;四是从分散经营向集团化、连锁化、专业化转变。改革开放至今,旅游饭店成为旅游业创汇、创收的中心,成为城市投资环境的重要窗口,成为城市经济发展的晴雨表,成为城市国际化的重要标志,成为吸纳就业的重要渠道,成为推动服务标准的先行者。如今饭店业看似平常的微笑服务、站立服务、问候语、工作服、工作餐就是从那时候开始的。

**二、投资规模远超传统认知**

1978年,由于饭店数量不足,北京、上海、广州等口岸城市每天都有许多海外客人住不进饭店。于是,出现了北京拉到天津、上海拉到苏州住宿的情况,客人意见很大。

为了改变这种不利局面,在吸引外资建造饭店的基础上,国务院明确了旅游基础设施建设要从国家投资为主体变为国家、地方、部门、集体、个人五个一起上的政策,推动旅游饭店进入大发展阶段。改革开放10年后,1988年,我国旅游饭店数量增至1 500家,客房22万间;1998年,旅游星级饭店达3 248家;2008年,旅游星级饭店达1.4万家。近20年来,经济型饭店得到长足发展,新业态发展势头强劲。随着住宿边界不断拓展,旅游住宿业已从狭义住宿业进入广义住宿业。从住宿标准分类,有星级饭店、精品饭店、文化主题饭店、经济型饭店等标准化业态,也有民宿、农家乐等非标准化业态,还有途家网、小猪短租等分享经济平台。

国家统计局2014年第二次全国经济普查显示,规模以上住宿单位7万家。目前,若采用OTA提供的数据,计入民宿、农家乐、客栈等业态,住宿单位规模已达到60万家。如果加上旅游房车、旅游房车露营地、内河星级游船,旅游住宿业的规模已经远超我们的传统认知。目前,旅游住宿业投资呈现多元化趋势,国有投资从20世纪90年代的80%降至现在的20%。国有投资大幅下降受以下几个因素影响:一是1998年部队投资的饭店转移至地方,上百家饭店移交地方,如北京王府饭店由总参转移至光大集团;二是贯彻"政企脱钩"精神,全国数百家饭店转移至地方管理,如北京国际饭店就由原国家旅游局移交至首旅集团;三是2000年后以苏州新城花园饭店和宁波南苑饭店为代表的江浙地区一批饭店成功改制,加大了饭店产权市场化与多元化的产权结构力度,逐步完善法人治理结构,建立起饭店内部员工持股的激励机制。

历史上,我国旅游饭店业经历过两次投资热潮,加剧了饭店规模增长。一次是1992年邓小平同志南方谈话后,兴起了新一轮建设饭店热潮。另一次是2003年以来特别是北京申办奥运会和上海申办世博会成功后,刺激了饭店投资,呈现出高速增长态势。

### 三、市场效益在盈亏线交替

我国旅游住宿业经历过高利润年代、微利润年代、亏损年代相互交替时期。近十年来,主要在微利润和亏损之间相互交替。改革开放初期,旅游饭店供不应求,处于卖方市场,饭店效益持续走高。例如,北京建国饭店开业当年就盈利150万元,4年收回成本,现在已赚回几十个建国饭店。改革开放初期,投资饭店就能赚钱的高利润年代一去不复返。我国星级饭店经历了1989年、1998年、2003年、2013年共计4次行业亏损。2013年之后星级饭店持续3年亏损,2016年略有利润,达到4.7亿元。但实际上盈利的主要集中在一线城市的高端国际品牌饭店,中低档饭店和三、四线城市的饭店仍然亏损。一些城市盲目建造的五星级饭店由于没有五星级的市场、五星级的客源、五星级的服务和五星级的价格,亏损是必然的。近日浩华发布的2018年上半年中国酒店市场景气调查报告显示,景气指数连续两年增长,并达到2013以来最高峰值。一线城市更为乐观,二线城市预期良好,行业普遍持积极态度。

### 四、饭店星级成为我国消费者最早接受的服务品牌

20世纪80年代,各地对投资建造饭店积极性很高。但是,对于不断兴建的饭店,无论是投资者、经营者、监管者还是旅游者,认识都比较模糊,也存在着不同程度的困惑。饭店行业迫切需要通过标准的引导,为旅游者提供选择参考,为经营者、监管者、投资者提供工作遵循。

1987年7月,国家旅游局邀请世界旅游组织专家到中国,先后考察了北京、上海、广东等地的113家饭店,全面系统地调研了我国饭店行业的实际情况,吸收法国、西班牙、美国等国际先进经验,结合中国国情,制订了饭店星级评定标准。在征求世界旅游组织专家的意见后,报国务院批准,该标准于1988年8月发布并在我国饭店业宣贯实施。1989年6月,原国家旅游局全国旅游饭店星级评定委员会公布第一批星级饭店名单。第一批星级饭店均为四星级和三星级饭店,且均出自广东省。首批四星级饭店为中央饭店。三星级饭店为白云宾馆、流花宾馆、南湖宾馆、广州宾馆、爱群大酒店、华侨酒店和东山宾馆。

1989年10月,国家旅游局全国星评委公布第二批、共113家星级饭店名单。其中,四星级饭店为北京长城饭店、北京昆仑饭店、桂林桂山大酒店、厦门悦华酒店和无锡大饭店。

　　1990年2月,国家旅游局全国星评委公布第三批、共110家星级饭店名单。其中,上海静安希尔顿大酒店、广东省白天鹅宾馆和中国大酒店成为首批五星级饭店。改革开放以来,北方地区的北京建国饭店、中部地区的南京金陵饭店、南部地区的广州白天鹅宾馆成为我国旅游星级饭店的三面旗帜,引领着旅游饭店的发展。

　　30年来的星评工作实践体现了先发展、后规范的思路,体现了先规模、后品质的过程,体现了有进有出、动态管理的机制,体现了全国标准一致性的要求,体现了简政放权职能转移的改革精神。

　　星级饭店在我国旅游住宿业处于中高端位置,始终引领行业的发展方向,带动行业素质的全面提升,服务水准得到了全社会的广泛认同,服务品质成为社会服务业的领头羊。饭店星级成为中国消费者最早接受的服务品牌,成为投资者投资建造饭店必不可少的工具书,成为旅游行政部门行业管理的重要抓手。"星级"已经成为优秀服务品质的代名词,许多窗口行业纷纷借用"星级"打造自己的服务等级,如星级医院、星级养老院、星级银行、星级列车、星级邮局等。由此看出,我国饭店星级评定制度对社会服务业的巨大贡献。星级标准于1993年、1998年、2003年、2010年多次修订,目前又启动了新一轮修订。2006年,饭店星级评定标准还荣获国家质监局授予的标准创新奖,成为我国社会服务业中唯一的获奖标准。

　　在饭店星级标准的引领下,我国旅游饭店行业成为最早与国际接轨的行业,我国旅游星级饭店服务质量在旅游各行业中投诉是比较低的。特别是在重大国际会议活动中,星级饭店均有突出的业绩。在北京申办国际奥运会时,奥委会评审组对交通、环保、住宿等13个大项打分,星级饭店获得唯一的满分,体现了国际社会对星级饭店服务质量的充分认可。之后,在上海的世界博览会、亚信会(亚洲相互协作与信任措施会议)、G20杭州峰会、厦门金砖五国首脑会议中,五星级饭店都交出了出色的答卷。

　　但是,在日常经营中,星级饭店的服务质量仍有起伏。去年以来出现的北京5家高端饭店不换床单事件以及哈尔滨某高端饭店出现的一些问题,尽管只是个案,但是对于高星级饭店诚信经营造成了极大的负面影响。这些事件不仅反映出星级饭店在管理制度、检查制度、培训制度等方面的缺失,更暴露出许多深层次的问题。一方面,近年来饭店经营困难,饭店普遍压缩成本,造成内生动能不足;另一方面,员工劳动强度大,薪酬待遇低,社会地位低,离职率较高,员工对于饭店行业缺乏信心,看不到未来。改革开放初期,我国旅游饭店业薪酬在社会各行业排名中位列前两名,但如今跌至倒数前两名。旅游院校饭店管理专业的学生,毕业后只有20%从事饭店业。改变这种不利局面,需要相关政府部门、协会、行业、媒体等各方面共同努力。

**五、旅游饭店集团实现超常规发展**

我国饭店连锁化经营是从国际饭店集团进入中国市场开始的。1982年4月,北京建国饭店开业,标志着香港半岛集团输出管理在内地落地。建国饭店建立了一套完善的管理体制和机制,经济效益和社会效益都取得骄人业绩。1984年,国务院下发《国务院批准国家旅游局关于推广北京建国饭店经营管理方法有关事项的通知》(国发〔1984〕100号文),饭店行业展开学建国行动。国务院发文号召一个行业向一家饭店学习在全国是不多见的,这体现了国务院对建国饭店经验的高度重视和充分肯定。不久后开业的两家国际连锁饭店——北京丽都假日饭店、上海静安希尔顿酒店也取得了不错的业绩。北京丽都假日饭店1995—1998年连续4年经营收入名列全国星级饭店第一名,最高峰年份达到7亿元。上海静安希尔顿饭店1989年成为我国首批五星级饭店。国际饭店集团在品牌建设、客源体系、支撑体系等方面都对我国饭店集团发展起到了积极的促进作用。

在国际饭店集团进入中国市场的同时,政府主管部门也启动了相关工作。1988年4月6日,国务院办公厅转发《国家旅游局关于建立饭店管理公司及有关政策的请示》,批准两条优惠政策:一是税收方面,凡是我国饭店管理公司管理的饭店,在进口材料设备、偿还贷款、建筑税等方面,在所得税方面给予优惠;二是经营管理上,允许饭店管理公司为饭店直接进口所必需的物品。

1993年,原国家旅游局颁布《饭店管理公司暂行办法》,规定了饭店管理公司应具备的条件和经营范围,并对经营方式、收费及享受优惠政策等予以明确规定。1994年5月,原国家旅游局审批了首批16家饭店管理公司:广州白天鹅酒店管理公司、中旅饭店管理公司、兆龙(国际)饭店管理公司、东方喜来登饭店管理公司、金陵(国际)饭店管理公司、北京六合兴饭店管理公司、广州东方酒店管理公司、厦门悦华酒店管理公司、桂林桂山酒店管理公司、四川锦江宾馆饭店管理公司、北京九洲饭店管理公司、燕都旅游饭店管理总公司、上海华亭集团饭店管理公司、上海锦江集团(国际)饭店管理公司、上海新亚(集团)酒店管理公司、广州珠江酒店管理公司,截至2002年共审批39家饭店管理公司。2003年,《中华人民共和国行政许可法》实施后,饭店管理公司停止审批。

为了引导我国饭店管理公司健康发展,从2003年以来,中国旅游饭店业协会连续举办了16届中国饭店集团化论坛,发布中国饭店集团60强和中国饭店集团发展报告,以此推动中国饭店集团发展。近年来,我国饭店管理公司在资本力量的驱动下,收购、兼并、重组成为新常态,实现了超常规发展。据中国旅游饭店业协会统计,2017年度中国饭店集团60强第一名锦江国际管理饭店数量为5 493家,客房数56 797万间,仅 4 年时间,就比 2013 年的 60 强第一名管理饭店数量增加一倍多,客房数也增加了一倍多。

2017 年,华住集团实现净利润 12.37 亿元,同比增长 53.8%;锦江股份实现净利润 8.82 亿元,比上年同期增长 26.95%;首旅酒店实现净利润约 6.3 亿元,同比增长 199%。上述 3 家饭店集团均已进入国际饭店集团前 10 强,我国饭店集团的快速成长,加速了国际饭店集团市场格局的改变,增强了我国饭店集团的竞争力和话语权。

近年来,我国旅游饭店市场实现了四个转变:一是从以入境旅游客人向国内旅游客人的转变;二是从小众旅游市场向大众旅游市场的转变;三是从远程旅游客人向同城旅游客人的转变;四是消费群体从以中年人为主向"80 后""90 后""00 后"转变。

为适应我国饭店市场的变化,国际饭店集团也出现了一些变化:一是从委托管理向特许经营转变;二是饭店业主可以自找总经理;三是品牌饭店采购从指定品牌向按标准采购;四是将某一品牌交由中国本土饭店管理公司管理。这些举措比较接地气,既有利于国际饭店集团与业主创造更加和谐的合作关系,又有利于国际饭店集团在中国快速发展。

中国本土的饭店管理公司也在不断创新,有的与著名的设计装饰公司合作,有的与大型供应商合作,有的与文创团队合作,通过新的供应链打造,从更广的视角、更高的层面形成更强的资源整合能力,进一步彰显品牌价值、降低装修成本,探索可持续发展之路。

**六、共享经济重构产业格局,高新技术助力饭店创新**

近年来,住宿共享经济已经为旅游者所接受,在途家网、蚂蚁短租、爱彼迎等住宿共享平台上,供需双方可以分享非标住宿产品。目前,国内短租和度假租赁公司拥有房屋库存已达相当规模,新的分享平台仍然不断涌现,并获得大量资金支持。

饭店业者正在加快对人工智能、生物识别技术、虚拟现实、大数据、物联网、3D 打印及区块链等新技术的学习和应用速度,使住宿业更加方便快捷、绿色环保。

改革开放后的前 20 年是我国旅游星级饭店发展的黄金机遇期,第三个 10 年是经济型饭店发展的黄金机遇期,近 10 年是新业态和非标住宿发展的黄金机遇期。不同的历史时期,不同业态和类型的饭店都为我国旅游住宿业的发展做出过贡献。我们相信,进入新时代的中国旅游住宿业,在全体业者的努力下,必将抓住新机遇,创造新辉煌。

**案例问题:**

1. 为什么说旅游饭店业是改革开放的先导产业?

2. 改革开放后,我国旅游饭店业发生了哪些转变?

3. 随着投资多元化和市场需求增长,未来旅游住宿业会发生哪些新变化?

# 第2章 酒店经营管理理论及方法

【学习导引】

从西方商业酒店开始,酒店业就采用企业管理思想和方法进行行业的管理与实践。现代酒店管理是一门综合性科学,只有认识并运用它的客观规律,才能对酒店经营管理实行科学、有效的控制与管理。本章介绍酒店经营管理中常用的管理理论,在回顾西方及中国酒店经营发展历程基础上,对西方酒店经营思想演变与中外酒店管理思想进行比较,并提出中国酒店业在中国情境下开辟了具有中国特色的管理与实践之路。

【学习目标】

1. 熟悉现代酒店管理的基本原理及其在酒店业中的运用。
2. 熟悉西方和中国酒店经营发展历程及阶段特点。
3. 掌握西方酒店经营管理思想演变。
4. 掌握中外酒店经营管理思想差异。
5. 熟悉现代酒店经营管理方法。

## 2.1 西方酒店经营管理理论

### 2.1.1 酒店管理基本理论

酒店管理是以管理学的一般原理为基础,从酒店本身的业务特点和经营管理特点出发而形成的一门独特的学科。酒店管理理论既有管理学的一般理论,又有酒店管理的独特个性。诸如古典科学管理理论、人际关系方法等理论方法对酒店管理都有理论指导意义,企业流程再造、学习性组织理论等新型管理理论也都可以成为酒店管理的理论基础。酒店管理者必须了解各种管理理论和方法,善于从中选择最恰当的理论体系加以灵活运用。任何管理方法都不是解决管理问题的唯一方法,各种方法都有其长处,也有其不足。管理人员必须掌握现有的管理知识,并善于吸收发展过程中出现的新理论、新办法。

1)古典科学管理理论

随着生产的发展、科学技术的进步,自由竞争的资本主义也逐步走向垄断的资本主义,特别是资本主义大公司的兴起,使企业管理工作日益复杂,对管理的要求越来越高,单凭经验进行生产和管理已经不能适应这种剧烈争夺的局面。这就迫切需要改进企业管理,以增强企业的竞争能力。正是基于这些客观要求,西方国家的一些企业管理人员和工程技术人员开始致力于总结经验,进行各种试验研究以提高生产率。科学管理理论由此应运而生。

科学管理理论是 19 世纪末和 20 世纪初在美国形成的。科学管理理论的产生是管理发展史中的重大事件,也是管理从经验走向科学的第一步。它的创始人是美国人泰勒(Frederick W. Taylor,1856—1915),其研究的范围主要是基层的作业管理。泰勒的科学管理理论的内容主要有以下几点:泰勒的科学管理理论的最大特点就是实行标准化管理。其动作和工时研究适用于操作程序固定的酒店客房整理工作,以提高酒店客房整理的工作效率;其标准化管理对于科学培训员工、提高酒店服务质量有重大的意义,对于按照统一标准构建酒店品牌、促进酒店集团化发展都有重要作用。

2)行为科学理论

1929—1933 年的经济危机给西方国家带来了沉重的一击,也严重损伤了人们的心理,人们开始怀疑过去信奉的唯理主义哲学。此时实利主义经济学盛行,开始追求人在社会和心理方面的满足。在这种情况下,那种忽视人的因素的古典科学管理理论,已不能完全适应新的形势。一些管理学家开始试探从不同的角度对管理理论和方法进行新的研究,行为科学就是当时的主流学派。行为科学是研究人的行为的一门综合性科学,它研究人的行为产生的原因和影响行为的因素,目的在于激发人的积极性、创造性,以达到组织目标。

酒店属于服务行业,服务行业具有高强度的劳动特征,而且服务行业工作人员地位较低在很大程度上造成国内酒店一线服务人员较大的流动性。因此,酒店日常管理如能更好地考虑一线服务人员的心理需求问题,将在很大程度上提高饭店的服务质量。行为科学理论对饭店管理有很大的借鉴意义。

### 2.1.2　西方酒店经营发展历程

西方酒店经营发展主要受三个因素的影响:社会经济和生产力的发展水平、市场需求以及酒店经营管理的发展水平。社会经济和生产力的发展水平是决定性因素。产业革命以前,最豪华的酒店也只能用蜡烛或煤油灯照明,而现在,最普通的酒店也是用电灯照明,既明亮、方便,又清洁、美观、安全。市场需求是导向性因素,正是在现实或潜在的市场需求的引导下,酒店建筑设备与产品变得越来越舒适、方便、多功能。酒店经营管理的发展水平是保障性因素,酒店的投资、建设、经营管理等都需要良好的经营管理去实现。因此,西方酒店经营发展分为以下几个阶段。

1)古代客栈时期(古罗马时期—18 世纪初)

酒店业有着悠久的历史,西方可追溯到古罗马时期的客栈,是为了满足人们在旅行中吃、喝、睡等基本需求而产生的。意大利南部旅游胜地庞贝和赫库兰尼姆还留存着几千年的客栈遗迹,从中可以对古罗马时期客栈的面貌有一个基本了解。

古罗马时期—18 世纪初的欧洲部分国家,当时能加入旅行行列的人主要是传教士、信徒、外交官吏及商人。其目的主要是朝圣、经商、观光、求学等。他们使用的交通方式通常是步行、骑马、驿车。满足这些旅客旅行生活需要的服务设施主要设在古道边、车马道路边及驿站附近。

从客栈的设施条件来看,早期的客栈、驿站等一般多独立经营、规模小、设施简陋、房租低廉、服务项目少,只提供简单的食、宿服务等,谈不上舒适,且安全、卫生条件差,甚至有些店主与盗匪勾结,劫掠旅客的财物。

2)大酒店时期(18 世纪末—19 世纪末)

18 世纪末,英国的产业革命为现代旅游业的发展注入了兴奋剂,科技的发展、机器的使用引起了交通工具的革命,轮船、火车先后被发明使用,比起以前的马车,既舒适又快捷。此后一家家旅馆拔地而起,而当时能够四处游历的主要是王公贵族、豪门巨富与社会名流,大酒店(Grand Hotel)便在这种背景下应运而生,旅馆规模仍不大,但设施豪华,价格昂贵,讲求一定的服务礼节,服务较正规。此期间较有代表的饭店有波士顿的特里蒙特饭店(Tremont House)、伦敦萨伏伊酒店(Savoy Hotel)、巴黎里兹饭店(Ritz Hotel)等。

3)商业酒店时期(19 世纪末—20 世纪 50 年代)

19 世纪末,随着西方资本主义经济迅速发展,交通运输工具不断更新,商务活动在世界范围内频繁起来,商务、游览旅游者日益增多。以前设施简陋、偏远的小客栈,或者豪华昂贵的大酒店都无法满足商业旅行的需求,于是商业酒店(Business Hotel)

应运而生。

20世纪初,商业酒店首先在美国出现。1907年,被称为"商业酒店之父"的美国人斯塔特勒(Statle)在布法罗城建成了一家以他自己名字命名的旅馆,其特点是专为旅行者设计,并按统一标准来管理他的旅馆,300间客房每套都配有浴室,每间房有电话、收音机、梳妆台、洗衣熨衣服务、免费报纸、防火安全门等,供应可口的饭菜,一天只收费1.5美元,房价公开,明码标价。由于设备舒适、服务周到、价格低廉,为旅行者提供了良好的住宿条件,该酒店一经建成就受到广泛欢迎,名声大振。

该段时期,酒店接待旅客为公务旅行者,所在地点为城市中心及公路沿线,服务特点为设施方便、舒适、清洁、安全,服务健全但较简单,经营方向开始以顾客为中心,价格合理、公道。

在商业酒店时期,酒店的主要特点是酒店企业规模较大、面向普通大众(主要是商业旅行者),采用科学的管理方法降低企业管理费用,为顾客提供高质量的廉价服务。

4)现代酒店时期(20世纪50年代至今)

现代酒店时期是从20世纪50年代至今。第二次世界大战结束之后,随着世界经济的复苏,以及交通的日益便捷,旅游活动重新繁荣起来,呈现出大众化、普及化、国际化的趋势。酒店的接待对象已不再局限于商业旅行者,日益增长的游客群体成为酒店的一大客源市场。越来越多的满足不同市场需求的酒店开始出现,会议酒店、度假酒店、经济型酒店、精品酒店、客栈民宿、分时度假、共享住宿等酒店类型不断兴起,酒店朝着多元化的方向不断发展。同时酒店资本迅速积累,出现了许多国际酒店集团,又称为国际酒店联号,其成立是通过公司所有制或出售特许经营权实现的,酒店集团的出现使世界酒店业发生了巨大的变化。

同一个酒店集团的成员不但使用统一的名称、标志、管理方法和服务程序,更通过电脑预订垄断客流市场和价格。如今,世界各个酒店集团控制了世界60%以上的酒店,例如,国际知名的洲际、万豪、希尔顿、凯悦、温德姆、雅高等酒店集团发展规模不断扩大,酒店之间的兼并收购也频频出现。2016年,万豪国际酒店集团收购喜达屋酒店集团是近年来酒店行业最大的一次收购案,对国际酒店市场产生了巨大的影响。

在现代酒店时期,酒店的主要特点是市场竞争激烈,接待对象大众化,经营规模扩大化,类型多样化,服务综合化,管理日趋科学化和现代化,管理理论不断发展成熟。

国际酒店集团在华发展迅猛。近年来,国际酒店集团纷纷入驻中国,在各大城市不断扩张酒店数量。国际前十的高端酒店集团品牌全部进入中国,如万豪、希尔顿、洲际酒店集团等,同时一批中端酒店品牌也将投资的重点转到中国,国际酒店集团也带来了先进的酒店管理团队和管理理念,推动着国内酒店的发展。同时,国内经济型酒店异军突起,取得了令人刮目相看的成绩。

### 2.1.3　西方酒店经营管理思想演变

在古希腊罗马早期,接待是一种"给予与接受"哲学,给予过路的陌生人食物与住宿是一种习俗。进入中世纪之后,基督教教会提供的食物与住宿则是一种施予,中世纪晚期开始的客栈提供的则是一种食物与住宿的基本产品。真正体现现代酒店经营意识则始于19世纪大饭店时期,发端于大饭店时期的饭店经营理念,在历史发展中有了新的飞跃。

1)酒店服务设施观念演变

(1)19世纪的酒店代表是最高档、最豪华的酒店

19世纪的欧洲,随着上层社会生活方式的转变,为满足王室、贵族、大资产阶级的消费需求,不仅建造了一大批豪华酒店,而且大酒店全都建在最繁华的大都市,其规模宏大、建筑与设施豪华、装饰讲究。最高档、最豪华成为大酒店时期的象征。这一时期,瑞士籍酒店主里兹(Ritz)成为最豪华酒店的代表者。

(2)20世纪前50年酒店服务设施注重设施的充分利用

随着斯塔特勒商业酒店经营模式的进一步发展,到二十世纪二三十年代,为了适应经济发展需要,饭店建筑与豪华设施逐步适应了市场发展的新需求,为了充分利用饭店设施,希尔顿酒店以神奇的方式挖掘饭店的每一寸生产空间,促进了酒店建筑水平和设施布局的进一步优化。希尔顿酒店管理的金科玉律之一为"挖金子"(digging for gold)的经营思想。

### 【知识链接】

希尔顿酒店管理的"挖金子"思想就是把饭店的每一寸土地都变成盈利空间,充分利用每一寸可以利用的地方,使之发挥最大的效益。希尔顿买下华尔道夫饭店后,便把大厅里4根做装饰用的圆柱改成了一个个玻璃陈列窗,并出租给纽约著名的珠宝商与香水商,把另外的小空地也租出去,这样一年的收入就达到了42 000美元。还把朝圣饭店的地下室出租给别人当仓库,每年的收入就达92万美元;把书店变成高利润的酒吧,头一年的收入就达49万美元;餐厅每天都营业,把衣帽间改为小房间。这些辅助设施的收入与饮料、食品的收入,可以抵销这个拥有2 200间客房的饭店的全部经营开支。

(资料来源:林璧属.旅游饭店实务管理[M].北京:清华大学出版社,2005:35-36.)

(3)20世纪70年代以后,酒店集团通过多品牌的市场定位,寻求设施与需求的合理配置

从20世纪60年代开始,国际酒店业在酒店集团化发展的同时,酒店集团内部逐步开始向多品牌战略方向发展,70年代后基本形成了大酒店集团的多品牌战略。在集团化的发展过程中,根据目标市场需求,采用细分目标市场的经营策略,在对顾客做了细致的分类的基础上,利用各种不同的酒店提供不同档次的服务以满足不同的顾客需求,为消费者提供多样化的产品,寻求设施与需求的合理配置。

**2)酒店服务理念演变**

**(1)19世纪的"客人永远不会错"**

19世纪欧洲大酒店时期,不仅建筑与设施豪华、装饰讲究,而且在服务上强调一流的服务、讲究礼仪、尽全力满足客人的要求。例如,瑞士籍酒店主里兹提出的"The guest is never wrong(客人永远不会错)"成为酒店经营格言。"客人永远不会错"这一经营格言的提出,标志着现代酒店经营意识的诞生。

**(2)20世纪初,商业酒店的"客人永远是正确的"的出现是人们公认的现代酒店的标志**

作为商业酒店的创始人——斯塔特勒提出了"客人永远是正确的"这一至理名言,迄今仍为酒店业主们推崇恪守、奉若神明。虽然"客人永远是正确的"比起"客人永远不会错"似乎前进了一步,但其实质没变。只不过里兹时代面对的顾客是王室贵族等上层社会,而斯塔特勒的服务对象是从事商业活动的旅游者,但二者的目标是一致的,都是为了提供完善的设备和设施,进行优良的服务。

"客人永远是正确的"已经成为酒店经营的至理名言,从中可以推导出服务生与顾客是平民与上帝的关系,这在无形中增加了服务人员的心理压力和服务行业的低级职业感,且不利于酒店员工积极性的充分发挥。

**(3)21世纪的员工与顾客的平等关系**

20世纪80年代以后,员工与顾客的平等关系得以张扬。里兹·卡尔顿酒店的座右铭是:"我们是女士和先生,为女士和先生服务。"这个座右铭表达了两个含义:一是顾客与员工是平等的,不是主人与仆人或上帝与凡人的关系,而是主人与客人的关系;二是酒店提供的是人对人的服务,而不是机器对人的服务,强调服务的个性化与人情味。酒店告诫员工:"我们不希望你们为本公司工作,而是希望您成为公司的一部分。我们共同的目标是建立卓越的酒店,控制世界酒店业的高档细分市场,这需要你们大家的帮助,酒店的未来掌握在你们手中。"

### 3）酒店服务标准演变

**（1）19 世纪豪华是酒店服务的标准**

发端于大酒店时期的最豪华酒店，其经营目的在于为王室、贵族、大资产阶级的豪华生活服务。无论是德国富丽堂皇的巴典国别墅，还是法国的"巴黎大酒店""卢浮宫大酒店"，以及英国的"萨伏伊酒店"，其追求的都是最为繁华的建筑与设施、考究的装饰、一流的服务、竭尽全力地满足客人的要求。在这一时期，豪华、高级、时髦是著名酒店的代名词，酒店追求的是奢华服务。

**（2）20 世纪商业酒店提倡标准化服务**

20 世纪初，美国出现的"一个房间一浴室，一个美元零五十"的斯塔特勒酒店，既是商业酒店的代表，又开创了酒店产品与饭店服务标准化的先河。商业酒店突出提供完善的设备和设施，进行优良的服务，其设施与服务项目讲究舒适、方便、清洁、安全与实用，价格便宜合理。它们格外讲究经营艺术，注意服务水平的提高，改善管理，降低成本以获得最佳利润，并开始向标准化、连锁化迈进。

产品服务标准化是国内饭店的普遍追求，并试图通过饭店服务的标准化来达到饭店的星级要求，既可以评定星级、符合大众的消费需求，又能与国际星级饭店接轨。所以，各种等级的饭店都在想尽办法实现酒店服务的标准化。饭店服务的标准化，其依据是饭店产品的标准化，只有产品的标准化，才能有效地评定星级，才能与其他饭店相比较，在竞争中与同等饭店较量。这已成为中国酒店业的普遍观念。

标准化服务对应的市场基础是大众化旅游需求。大众消费者追求观光旅游、会议、休闲等具有充足阳光的户外活动，这种消费需求单一、价格也单一。他们对价格较为敏感，追求标准化的旅游服务，要求获得同等价格的消费项目和消费内容。大众旅游和饭店服务的标准化催生并进一步推动了联号经营的饭店管理模式，促进了饭店集团化发展。20 世纪 50 年代以来，在世界范围内，由于经济的发展、大众旅游者的普遍化，饭店业供不应求，各式饭店只要能够扩大规模，就能够获得稳定的收益，并在市场中获得更大的份额。于是，饭店联号蓬勃发展，也就有了现代世界上著名的酒店集团，如假日饭店联号、希尔顿酒店集团、万豪饭店集团等。酒店集团的管理方式就是进行大众营销，面向大众推广产品与服务，在经济效益上靠的就是规模经济的收益，从而获得市场、占有市场并获得大份额的市场收益。产品标准化应用于饭店，包括饭店设计、服务程序、培训、设施家具及娱乐活动的标准化。

**（3）20 世纪 90 年代后开始突出个性化服务**

进入 20 世纪 90 年代后，个性化成为时代特征，没有需求完全相同的顾客，服务个性化已成为 21 世纪饭店业成功的关键。服务个性化有两层含义：一是满足顾客的个性化需要；二是表现服务人员的个性。顾客寻求专门为他们定做的服务，而不是普遍的规范化的服务。他们寻求个人关注。越来越成熟的顾客总是在寻找"差异"。比如,顾客喜欢主题晚会与主题菜单专门为其订制。再比如,在餐饮服务上,顾客喜欢自己添加佐料或亲自参与,顾客的参与比员工服务显得更关键。酒店要有能力提供独一无二的、高接触的、高个人化的服务,满足顾客的个人需要。顾客越来越追求一个难以忘怀的经历。例如,会议、会务的举办除了鼓励饭店旅游规划者向其提供会场服务,还想要其给个人以特别服务,满足个人的特别需求,目标是维持一对一的个人服务。高接触成为饭店服务的一种典型特征。这无疑会提高饭店员工对顾客的比例。但无个性化的服务很难提高饭店的档次,很难获得高收益。

个性化服务的基础是信息管理技术的进步。个性化服务需要先进的信息管理系统来储存顾客的个人喜好信息。服务个性化意味着"当我入住登记时,请称呼我的姓名。当我抵达饭店时,请送上我最喜欢的杂志。当我结账离店时,请称呼我的姓名。"顾客希望能被给予特别对待。

为了提供个人关注,员工要预期顾客的需要而非被动地对顾客的需要做出反应。任何顾客的需要都应该在顾客向你提出之前准备好。美国的一些高档饭店,在顾客登记时就给予特别关注,顾客也期望更多的个人接触,并让员工提供友好的、个性化的服务。而这些个性化服务也意味着为顾客提供更多的选择。例如,越来越多的顾客喜欢神奇假日,如果您是一个赛车迷,您可以坐上一辆赛车在私人赛车场上驰骋。也许顾客想与海豚一起游泳,员工就可以为顾客提供与已受过训练的海豚一起游泳的机会。

4)酒店服务营销观念演变

发端于大饭店时期的最豪华饭店,其经营目的在于为王室、贵族、大资产阶级的豪华生活服务。

商业饭店的兴起,其市场意义在于满足日益增长的大众消费。自20世纪初以来,特别是第二次世界大战后,世界范围内兴起了大众旅游的饭店需求模式。大众旅游是"一种大量包装标准化旅游产品并以固定的价格卖给大众消费者"的市场现象。大众旅游的市场需求根基是大众消费者。大众消费者的消费需求单一,他们对价格较为敏感,追求标准化的旅游服务,要求获得同等价格的消费项目和消费内容。现代科技的发展为大众旅游提供了坚实的技术保证。现代交通业中的飞机、火车和各种汽车为大众旅游提供了可能,现代通信中的电话、电报、传真和计算机预订系统,以及信用卡的普及推动了大众旅游消费的普遍化。第二次世界大战后,和平与繁荣是世界发展的主题,在世界范围内普遍实现了有薪的休假制,逐步实现了标准的五天工作制,人们闲暇时间大大增多了。有钱与有闲是旅游业发展的重要前提。这一时期以求大于供为典型特征。在经营上以大众消费者为对象,推行大众营销、国际扩张,在旅游业内部进行大规模的兼并,是这一时期最普遍的竞争策略。

所谓大众营销,即大多数饭店注重产品与服务标准化,服务采取单一标准,销售单一品牌产品,把所有顾客看成具有相同需求与欲望的消费大众。假日饭店集团创始人威尔逊在其退休演讲中说:"我得到一个别人没有得到的机会,我看见我的公司采用我的标准化住宿的概念,把它变成了世界上最大的饭店联号集团。"在标准化的服务中,饭店提供的服务基本上是实用性的,更多是"产品导向"而非"服务导向"的。假日饭店集团基本上是采用大众营销方式推销它的服务,其强调两个特征:价格适中和物有所值。

关系营销(Relationship Marketing)。20 世纪 80 年代以后,酒店产品供大于求,市场销售从销售导向逐步向客户导向转化。酒店市场竞争日益激烈,而消费者即我们通常所称的客户却变得越来越挑剔,产品的卖方不仅必须使其产品更具竞争力,而且更重要的是要真正认清客户要求,激起和满足客户期望,把客户作为整个市场活动的起点和中心,一切都得从客户出发。于是,饭店市场营销出现了关系营销,进入了客户关系管理阶段。

# 2.2　中西方酒店经营思想比较

## 2.2.1　中国酒店经营发展历程

中国最早的酒店形态可追溯到春秋战国之前的驿站。驿站的规模比较大,一般都有几十个房间。厩栏里养着马,供过往的信使使用,过往的旅客可以将自己携带的牲畜拴在厩栏里喂料、饮水。

中国现代酒店阶段是从 1978 年对外开放至今,经历 40 余年的发展,我国现代酒店业无论是在酒店数量、酒店规模、行业结构,还是在管理理念、管理规范和管理水平等方面都有了飞跃式的提升。其中具有代表性的是北京建国饭店,它是中国第一家合资酒店,也是北京 CBD 唯一的花园式酒店。广州白天鹅宾馆是改革开放后第一家引进境外资金投资建设的酒店,也是中国改革开放以来第一家挂牌的五星级酒店。近年来,因房地产业快速发展带动的大型综合体酒店(如融创)比较多,经济型酒店发展速度较快(如如家、锦江之星、7 天等)。

### 1)古代饭店

在古代,饭店设施分为官办和民营两大类。官办的住宿设施有驿站和迎宾馆两类,它们在古代饭店史上占有重要的地位。驿站是历史上最古老的一种官办住宿设施,始于商代中期,止于清光绪年间"大清邮政"的兴办,是为驿传制度服务而设立的,专门接待往来信使和公差人员并为其提供车、马交通工具的住宿设施。

迎宾馆是中国古代另一类官办住宿设施,主要用于款待京城使者、外国使者、外民族代表的住宿设施。历代称谓不同:春秋战国时期称为"候馆""传舍",两汉时期称为"蛮夷邸",南北朝时期称为"四夷馆",唐宋时期称为"四方会馆",元明时期称为"会同馆",清末起才正式称为"迎宾馆"。

民营食宿设施也有很多。商周时期出现的专门供人在旅途中休息、食宿的场所称为"逆旅",且历代多有发展。到明清时期,随着中国封建科举制度的发展,在各省城和京城出现了专门接待各地赴试学子的会馆,并成为当时住宿业的一部分。

### 2）近代饭店

中国在遭受外国列强侵略并签订了一系列不平等条约的背景下翻开了近代历史的篇章,在饭店设施上,近代饭店主要分为西式饭店、中西式饭店和招商客栈三类。

其一,西式饭店是19世纪外国资本入侵中国后所建造和经营的饭店。这类饭店在建筑式样、设施设备、内部装修、经营方法、服务对象等方面都传承西方,例如,英国人在广州经营的维多利亚饭店、法国人在昆明经营的商务饭店、德国人在济南经营的斯坦饭店、法国人在天津经营的泰来饭店、瑞士人在北京经营的六国饭店都属于这一类型。

其二,中西式饭店是从民国开始由民族资本投资兴建的饭店。中西式饭店多为楼房建筑,店内设施、服务项目和经营方式都受西式饭店影响,主要在民族资本较为集中的上海、北京、天津和南京等一些城市。

其三,招商客栈出现于20世纪初,随着近代铁路的兴建和商业活动的频繁,在铁路沿线兴起了各式招商客栈。这些客栈沿袭传统民间客房的经营方法,各种费用单列结算。

### 3）中国现代酒店

中华人民共和国成立后,我国兴建了一批政府高级招待所和一般招待所,现代酒店在中国共产党第一届中央委员会第三次全体会议后开始逐渐兴建。改革开放后,中国现代酒店经营发展经历了以下四个阶段。

(1)第一阶段(1978—1983年):酒店由事业单位招待型管理走向企业单位经营型管理

1978年,我国接待境外人员数量为180.9万人次,到1981年,人数猛增至776.7万人次。为了适应形势发展,我国先把政府招待所改为涉外酒店,尤其是在沿海地区各主要旅游城市,同时引进个别的外资企业,如广州的东方宾馆。这一时期,我国酒店尚属于起步阶段,在设施设备、人员素质、服务质量、经营管理等方面,离国际市场的要求还有很大距离。1979年,国务院召开会议,决定在各省尽快建设一家主体酒店。20

世纪 80 年代初开始引进外资,兴建一批中外合资、合作酒店,又利用内资新建和改造一批酒店。针对酒店事业单位招待型管理的情况,旅游行政管理部门就如何使酒店业转轨为企业型管理、如何提高酒店管理水平和服务水平、如何提高管理人员素质以使之掌握现代化酒店管理知识等方面做了大量工作,使酒店经营水平有了明显变化,服务质量有了显著提高。

(2)第二阶段(1984—1987 年):由经验型管理走向科学管理

1982 年,北京建国饭店建成开业,聘请香港半岛集团管理,是开始大规模引进外资建酒店的标志。1984 年,国务院印发《国务院批转国家旅游局关于推广北京建国饭店的经营管理方法有关事项的请示的通知》(国发〔1984〕100 号),同意在全国选定 50 家酒店进行试点。这一阶段,酒店企业化管理进程加快,形成了科学的管理体系、灵活的经营方式,增强了管理队伍活力,服务质量明显得到提升,提高了经济效益和社会效益。在酒店规模和数量上,实行国家、地方、部门、集体和个体一起上的方针,酒店业发展势头蓬勃高涨。

(3)第三阶段(1988—1994 年):推行星级评定制度,进入国际现代化管理阶段

1988 年,我国酒店数量达 1 496 家,客房 22 万间。1988 年 9 月,国家旅游局颁布了酒店星级标准,并开始对旅游涉外酒店进行星级评定。星级评定工作,使酒店经营者将管理的重心转向强化内部管理、提高酒店档次和服务水平、增强市场竞争力上来,使我国酒店在软硬件的建设上有了对照标准,把不断完善酒店产品内涵、提供优质服务作为管理目标。星级评定工作的开展,使中国酒店业从根本上上了一个台阶,进入了一个以质的提高为核心内容的发展时期。

(4)第四阶段(1994 至今):酒店业逐步向专业化、集团化、集约化经营管理迈进

1994 年,我国的酒店业已形成一定的产业规模。同年,国家旅游局审批公布了 16 家酒店管理公司,标志着我国的酒店业逐渐走向专业化、集团化。20 世纪 90 年代中后期,酒店业的经营效益出现滑坡,"走集约型发展之路"越来越成为酒店业的共识。2002 年后,国际著名酒店集团加快了在中国的扩张,出现了"国际竞争国内化,国内竞争国际化"的严峻市场环境。中国酒店业涌现了大量本土酒店品牌,如上海锦江、首旅股份、南京金陵等,近几年本土酒店集团开始在海外投资,寻求更大的发展。

中国酒店业在管理经验方面,积极引进外资和国际饭店集团的管理理念;在饭店行业发展中,依托星级标准引领行业发展,形成了规范的星级评定体制和饭店经营模式;在品牌建设中,锦江饭店集团、首旅集团、如家酒店等已成为国内饭店著名品牌,其经营业绩已进入国际酒店集团百强之列;在服务理念中,广州碧水湾的亲情服务理念成为中国民族酒店企业的标志。在饭店技术创新中,以电子信息技术为代表的现代科技逐步进入饭店业,从连锁饭店的预定中心、互联网、饭店管理信息系统、AI 人脸识别

等新技术不断运用到饭店建造和管理之中。

### 2.2.2 中外酒店经营管理思想比较

1）不同文化背景下的企业管理思想

基督教文化是西方社会的主流文化，西方在基督教原罪精神引导下，经过宗教改革时期基督教新教特别是路德教、加尔文教以"天职观"为核心的新教伦理的发展，逐步形成了强调平等权利的企业观与功利主义，从人本平权出发，强调进取、效率与控制的企业文化。文艺复兴时期得到强化的另外一个西方社会文化传统——个人主义，在历史发展中，为了规约个人主义，形成了西方企业组织偏重于契约关系与市场规范的制度安排。个人主义传统是西方文化发展的一个核心，个人主义强调以个人为中心，表现为利己主义、自由主义和无政府主义，为了规约个人主义，西方企业逐步发展并建立了企业管理的契约关系和市场法则。契约关系使资本、劳动力、专业技术人员、企业管理人员有效地组织起来，从事生产与分配工作。契约精神成为维系市场经济制度的根本体系，成为企业管理的基础，甚至把一切社会价值都看成进行市场交换的关系，劳资双方可以依据自身的意志，依照市场供需关系选择合乎条件的契约关系，也可以依照规定解除合约。有效的契约关系和市场法则，促进了西方酒店业的集团化发展，发展出了连锁经营、特许经营和战略联盟的经营模式，走上了饭店经营的品牌化、连锁化与集团化之路。

中国的传统文化背景是以伦理为核心，以人本主义为特征，崇尚和谐、谦让、勤劳、节俭的本性，在价值认知上注重传统权威，在社会评价方面注重名声与家风。普通平民百姓特别重视血缘、地缘关系，重视差序的伦理观，讲求天人合一的企业自然观，缺乏法治观念，在宿命论的指引下，强调安分守己，乐天知命，因而缺乏改革的冲劲。在这些传统文化的影响下，中国的企业组织形成了一种"差序关系与家庭伦理式"的管理方式，等差有序，仁和中让。这种差序关系与家庭伦理式的管理方式，导致在企业管理中形成一种建立在孝道文化基础上的权威人格，这种权威人格容易形成因袭惯例、遵守习俗、追求权势与独断专行的企业管理体制。

从中西不同文化传统所形成的企业管理思想来看，既有不同的传统和企业管理发展优势，又各有弱势。中国传统管理的最大缺陷是缺乏效率与创新，而西方的管理方式易产生劳资对抗；中国传统的安土重迁思想有利于职工的企业忠诚，而西方的个人主义与契约关系易导致高度流动。因此，要在中国特定的土壤中创造出全新的符合中国国情的企业管理思想，应当把西方现代管理技术与当前我国特有的企业管理环境及我国固有的文化传统三者有机结合起来，形成新的企业管理思想。

### 2)中外酒店业管理思想比较

#### (1)经营宗旨差异

西方酒店的经营宗旨强调顾客利益、股东利益与员工利益之间的三者统一。虽然没有明确指出三者利益谁最重要,但从根本利益来看,当然是股东利益最大化最为重要,但股东利益最大化并不作为酒店的经营宗旨。许多酒店的经营宗旨首先是把顾客放在至高无上的位置,其次是员工的利益,最后才是企业利润,即股东利益放在最后。如此考虑,既明确了企业经营宗旨,把员工利益考虑在前,实际上又保证了股东利益的长期性与稳定性。在实际经营中,酒店把满足顾客需要作为企业宗旨的核心内容,一切服务管理、组织设计、人力资源配置都以顾客满意为基本依据,实现了企业的长期效益。

中国人受孔子的儒家学说影响,在企业经营中强调社会效益。孔子认为,"君子喻于义,小人喻于利",要把义放在主导地位,利应受到义的制约,鼓励人们见利思义。因此,即使在改革开放后才发展起来的饭店业在经营思想和管理制度上搬袭西方酒店业的经营模式,深受西方文化思想的影响,中国的饭店经营者们仍然强调物质文明与精神文明一起抓、经济效益与社会效益并举,甚至提出经济效益是社会效益的基础,社会效益是经济效益的动力,只有两个效益同步提高,企业才能稳定长久发展。在酒店经营宗旨上,大多数酒店都同样强调"宾客至上"的经营宗旨,提出要创造出"宾至如归"的酒店气氛,力图建立起"宾客至上、服务第一"的酒店管理体系。

#### (2)经营标准差异

满足市场需要是酒店经营的根本标准。由于经济发展水平差异,反映在酒店经营标准上也有很大的差别。个性化服务是20世纪90年代以来西方高档酒店的经营标准,欧美国家中高档酒店绝大多数在推行个性化服务。个性化服务的目标是满足顾客的个人需要。顾客也寻求专门为他们定制的服务,而不是普遍的规范化的服务,他们寻求个人关注。

产品服务标准化是目前国内酒店的普遍追求,其试图通过酒店服务的标准化达到酒店的星级要求,即可以通过评定星界、符合大众的消费需求。酒店服务的标准化,其根据是酒店产品的标准化,只有产品的标准化才能有效地评定星级,才能与其他酒店相比,在竞争中与同等酒店较量。这已成为中国酒店业的普遍观念。科学化、规范化、制度化、程序化是标准化服务的核心。

#### (3)内部管理差异

西方酒店内部管理注重的是管理层与员工的沟通,目的在于满足顾客的需要,对顾客的需要能做出最快速的反应,要求员工以最少的时间与费用获得最大的效能与效率。因此,在酒店内部管理上,酒店让员工了解经营情况,明确自己工作的真相,将权力充分下放给一线员工,以便员工能更快速地对顾客的需要及其需求变化做出正确的反应,其核心是服务的充分授权与员工的沟通,突出的管理方法有巡视管理、信息共享与参与管理。

我国酒店内部管理方式重模式、重监控,即使是借鉴西方饭店业的管理经验,也往往是借用其模式或者创立自己的模式,要求员工按模式行事,管理层的重要责任是监督员工严格按照模式操作,侧重于对员工的监控。

在管理方法上,我国酒店内部管理仍然停留在传统的重监控、轻授权的监督式管理,在酒店管理中,尚未确立一种能够与西方酒店管理相提并论的管理机制。我国许多酒店往往强调员工素质还未达到能完全自觉自律的程度,因此拒绝进行更充分的授权管理,似乎要从员工素质等方面找借口,但其实,它们缺少的是必要的管理机制与员工的信用体制。

(4)人力资源管理差异

西方酒店人力资源管理的重点在于激励、安抚员工,挖掘员工潜能。人力资源管理的实质并非管人而在于得人,谋求人与事的最佳结合。现代西方酒店人力资源管理的几个重要趋势是:内部营销、员工关系项目、交叉培训、建立团队精神与充分授权。内部营销是针对员工的营销,实际是一种沟通方式,强调公司向员工传播其企业经营价值、经营哲学、经营准则与长远目标,让员工了解当前酒店的经营状况等。员工关系项目是在员工中间形成共同的价值观与共同的目标,让管理者清楚地了解员工的感受与需要。授权是对员工的最大激励,将适当的决策权充分下放给一线员工,让员工根据当时的情况对顾客的问题做出迅速的反应,从而提高员工的工作效率,激发员工的工作积极性。

我国酒店人力资源管理的重点是培训、调整劳资关系和稳定员工队伍。我国酒店业对员工的培训包括:岗位操作技能、待客技能、沟通技能、语言技能和管理技能,培训重点由原来的岗位操作技能和语言能力的培训,转向待客能力及沟通能力的培训。员工跳槽已成为困扰我国酒店业的头痛问题,越来越多的酒店管理层意识到,不仅要把酒店变成宾客之家,更要变成员工之家,只有将员工放在重要的位置,才能留住员工。

总体来看,我国酒店管理与西方饭店管理存在较大的差距,既有不同的市场需求、不同的管理文化差异,也有不同的管理体制问题。我国酒店业要走的路还很长,仍不可避免地要经历标准化的时代,通过标准化的推广、普及,提高我国酒店业的服务水平。从发展的角度来看,中国酒店业要先在全国范围内经历服务质量标准化过程,通过引进西方先进的管理模式或创立自己的模式,把中国酒店管理的质量提升到一个更高的档次上;另外,中国酒店业同样需要进行集团化发展,但酒店集团化的内部连接方式不能仅停留于资产连接,更需要走品牌连接、管理连接和营销连接,创建出适合中国酒店业发展需要的集团化发展新路。

# 2.3 现代酒店管理方法

在激烈竞争的酒店行业,经营管理方法也日新月异,有的强调地理位置的重要性,有的注重市场定位,有的推崇企业组织结构重组,有的尽全力推行员工参与。在总结成功的酒店管理经验时,斯塔特勒以地理位置取胜,威尔逊以服务标准化和程序化将企业联号覆盖全球,希尔顿以"挖金子"的思想把酒店的每一寸设施转化成盈利空间,万豪则强调人的重要性。尽管各方所强调的管理方法和管理理念不同,但每一家成功的酒店企业或饭店集团都充分运用了全面质量管理、收益管理、流程再造和可持续发展的绿色酒店等现代酒店管理方法。

## 2.3.1 全面质量管理法

### 1)酒店全面质量管理的概念

全面质量管理(Total Quality Control,TQC)起源于20世纪60年代的美国,由美国质量管理专家阿曼德·费根堡姆(Armand V. Feigenbaum)提出,最先在工业企业中运用。到20世纪70年代,美国、日本等发达国家率先将其运用于第三产业,并取得了较好的成效。我国于1978年引入全面质量管理的概念,最开始也是在我国的工业企业中推行,后来逐步引入商业、酒店业等服务性行业。

酒店全面质量管理是指酒店为保证和提高服务质量,组织酒店全体员工共同参与,综合运用现代管理科学和管理方法,控制影响服务质量的全过程和各因素,全面满足宾客需求的系统管理活动。它要求酒店整合所有资源,以系统观念为出发点,改变传统的以质量结果检查为主的方法,将质量管理的重点放在预防为主,变事后检查为事先预防和过程控制,从源头上堵住酒店的质量问题的发生,减少顾客投诉和抱怨,促进酒店服务质量的全面改善和提升。

### 2)酒店全面质量管理的内容

酒店全面质量管理涵盖多方面的内容,涉及管理主体、管理对象、管理方法、管理过程及管理目标等方面。

#### (1)全面质量管理主体——全体成员

酒店全面质量管理需要酒店全体人员的共同参与和努力,酒店全体成员首先必须在思想上对酒店全面质量管理有统一的认识,然后积极主动地参与和维护酒店全面质量管理的实践。从酒店高层决策人员制订决策、管理人员拟订经营管理计划方案,到各基层服务人员的认真贯彻执行整个过程,酒店全面质量管理贯穿酒店各层次人员对酒店的日常经营管理活动。从宏观上整体把握方向和目标任务,从细微处着手认真贯彻和执行,将酒店各部门的质量计划全面落实到酒店各岗位和员工具体的工作活动中,从而真正保证酒店的服务质量。

(2)全面质量管理对象——全方位

酒店全面质量管理实施的是全方位的管理,凡是涉及酒店的经营管理活动及与酒店服务产品的提供相关的内容,都属于酒店全面质量管理之列。酒店产品具有整体性和全面性的特点,决定了酒店质量管理必须进行全方位的管理,"100-1=0"即酒店服务的提供必须不能出任何差错,否则就会全盘皆输;服务的有形性和无形性特征也决定了酒店服务活动的复杂性。因此,酒店全面质量管理必须注重管理的系统性和整体性,从前台接待到后台服务,每一个环节必须认真细致,必须一丝不苟,不能只关注局部的质量。

(3)全面质量管理方法——全方法

酒店服务质量的影响因素众多,服务质量的构成要素也很多,同时服务过程中各种随机性或突发性问题也可能随时出现,酒店服务的提供虽有硬性的质量管理标准,但服务的无形性也导致了一些服务的提供和问题的处理没有可循之规,需要服务人员灵活处理。这些都表明了酒店全面质量管理的难度。因此,要全面系统地控制这些不确定因素,解决各种各样的服务难题,就必须综合运用各种不同的现代管理方法进行酒店的质量管理,酒店服务人员必须针对服务过程的各种实际情况选择适当的解决问题的办法,以使顾客满意,尽全力保证酒店的服务质量。

(4)全面质量管理过程——全过程

酒店服务质量的高低是酒店宾客对酒店服务水平的综合评价,评价的依据是其在酒店所接受到的切身体验的服务与其最初的期望值之间的比较。因此,酒店服务质量是以服务效果为最终评价的,即对酒店的整个服务过程进行的综合评价。要保证酒店的服务质量,就必须对酒店进行全过程质量管理。酒店服务的全过程包括服务前的组织准备、服务阶段的对客服务和服务后的售后服务。这三个阶段是一个不可分割的整体。对酒店进行全面质量管理就必须做好事前的预防和准备工作,防患于未然,同时做好服务中的控制管理,尽可能地避免服务中问题的出现,因为酒店服务具有生产与消费的同时性,服务提供的过程就是顾客消费的过程,问题一旦出现,就不可解决,会造成不可挽回的损失。酒店全面质量管理的全过程管理就是认真把握好每一个服务环节,使每一个服务环节都符合酒店质量管理的要求。

(5)全面质量管理目标——全效益

酒店全面质量管理的目标是实现酒店的全效益。酒店服务不仅讲究经济效益,更讲究社会效益和生态环境效益,酒店的经营管理必须实现绿色化,提倡节能降耗,环境

保护。绿色酒店是为酒店赢得社会效益的基础,可大大增强酒店的知名度和美誉度,提高酒店的社会影响力,这是为酒店带来长远经济效益的基础和前提。因此,酒店的经济效益、社会效益和生态环境效益三者是紧密相关的,酒店全面质量管理的目标,就是实现酒店的全效益,力争做到三者的共同实现。

### 2.3.2 收益管理法

1)收益管理法的概念

收益管理(Revenue Management, RM),有时也被称作收入管理(Yield Management, YM),是企业实现收入最大化的重要工具,20世纪70年代,起源于美国航空客运业。在酒店行业应用层面,万豪酒店集团是RM最早的践行者。1991年,万豪酒店集团通过采用RM技术增加了2500万~3400万美元的收入。到2000年,RM已成为北美大多数酒店不可或缺的一项技术工具。

从最初概念的提出到今天,RM经历了从航空业的有效工具"YM(收入管理)"转型成为各行各业广泛应用的"RM(收益管理)",从一种依赖复杂的计算机信息技术的工具转变为一种宏观战略指导理念,从着眼宏观的战略决策逐渐转向关注具体的决策执行。1988年,塞伯格最早提出酒店RM的概念是对价格和出租率实行控制的一系列程序。酒店收益管理就是基于顾客接受的酒店利益的最大化,即通过细分市场对盈利能力的识别,确定产品价值、价格设定、折扣生成、订房过滤准则以及对价格和客房资源进行有效控制等方法,实现酒店盈利能力最大化的目标。

我们通常可以将酒店收益管理定义为,把最佳的酒店产品或服务,在最佳的时间,以最佳的价格,通过最佳的销售渠道,出售给最佳的顾客,以实现酒店收益的最大化。其核心要素就是产品、时间、价格、顾客和渠道。通过"五个最"的完美组合,可以有效地解决酒店业有限资源闲置或价格竞争所造成总体收益下滑的现实问题。通过市场细分、需求预测、差别定价、动态定价、容量控制和客房超订等手段,借助互联网数据和计算机技术,使人工经验和计算机智能形成高度的结合,最大限度地减少酒店资源虚耗,挖掘市场盈利能力,最终使酒店收益最大化,对酒店企业来说,其产品特征和经营特点为收益管理的适用性提供了完美的空间。第一,酒店客房的可变成本远低于固定成本;第二,顾客的不同需求可以被区分,这意味着顾客愿意为相同的产品支付不同的价格;第三,需求可能会有很大的波动而产品总量却相对固定;第四,对酒店而言,酒店有固定数量的房间出售且酒店房间是不可存储的,酒店房间的"不可储存"意味着如果当晚房间没有被出售,该房间的收入将永远消失,并不能被弥补;第五,房间可以提前出售,顾客可以通过直接或非直接的"渠道"购买。

2）酒店收益管理绩效的衡量指标

在 RM 应用最早也最成熟的航空业,RM 绩效衡量指标表现为每个座位每公里或者每英里航程所创造的收益。随着收益管理在酒店行业的广泛运用,其财务绩效的评价指标也逐渐多样化,并最终趋向相对统一化。

目前,在酒店企业的经营实践中,衡量收益管理效果的主要统计指标包括:超售客房数(Oversales)、客房出租率(Occupancy)、平均房价(ADR)、平均可出租客房收入(RevPAR)和平均可出租客房利润(GOPPAR)。除了这些主要衡量指标,一些学者提出的"收入创造指数(RGI)""市场渗透指数(MPI)"在酒店收益管理中也非常重要。目前酒店收益管理绩效的主要衡量如表 2-1 所示。

表 2-1　酒店收益管理绩效的主要衡量指标

| 衡量指标 | 指标释义 |
| --- | --- |
| 平均房价(ADR) | 平均房价(ADR)=出租房间的总收入÷出租房间的总数,片面反映酒店经营状况,可用来挖掘 RM 成功或者失败的细节原因 |
| 客房出租率(OCC) | 客房出租率(OCC)=出租的房间总数÷可供出租的房间总数×100%,片面反映 RM 绩效的优劣,可用来挖掘 RM 成功或者失败的细节原因 |
| 平均可出租客房收入（RevPAR） | 平均可出租客房收入(RevPAR)=出租房间的总收入÷可供出租房间总数=平均房价×出租率,结合以上两个指标,能够更加全面地衡量 RM 绩效的真实情况 |
| 收入创造指数(RGI) | 即 RevPAR index,计算一家酒店在所处细分市场中每间可售客房收入的应得市场份额,体现了酒店的竞争力 |
| 市场渗透指数(MPI) | 即 OCC index,衡量酒店在某个细分市场占有的份额 |
| 顾客感知指标 | 顾客满意度或顾客不公平感知度,通过问卷调查获得一手数据,顾客满意度越高或者顾客不公平感知度越低,表示酒店收益越好,尤其是酒店的长期收益 |

## 【知识链接】

### 航空公司的收益管理

航空收益管理的真正兴起是在 20 世纪 80 年代的美国,随着美国航空客运市场管制开放,美国政府不再严格控制航空客运市场营运,使航空公司能够自由地增减飞行线路并自由地浮动票价。再加上美国航空公司中央计算机预订系统的出现,一批低成本定期航空线进入市场,航空公司之间的竞争变得异常激烈。为了摆脱困境,美洲航空公司于 1985 年 1 月首先开发使用了第一个收益管理系统,使公司很快赢回了其原有的市场占有率。许多航空公司认识到,不依靠收益管理系统就无法在竞争激烈的世界中生存,于是它们纷纷开始效仿。

收益管理在航空业获得了巨大成功,1989—1992年,收益管理为美国航空业增加了14亿美元的收入,比同期的净利润8.92亿美元高出近50%。其间,引入收益管理迟缓或者应用不当的航空公司大多举步维艰或已经破产。

应用收益管理的最终目的是增加总的收益,而应用的合理性与否决定了能否增加以及增加多少。航空收益管理的基本思想是将某一航班的座位划分为若干个等级,分别赋予不同的销售价格并附带各自的限制条件。导致价格差异的因素可以是座位档次不同,如头等舱和经济舱显然不能以同等价格卖出。收益管理主要发挥作用的情况是对于同等条件的座位也标上不同的价格。1987年,学者贝娄巴巴提出了期望边际座位收入法,该方法就是要确定由高到低价格档次的一系列保护水平,实际操作中一般要求价格档次越低的座位,其预订的时间要求越提前。在座位总数固定的条件下,由高至低确定的保护水平是适宜的,这样既能够满足只愿付较低票价的顾客的需求,又不会挤走潜在的愿付较高价格的顾客,使总收益不受影响。但这种方法的缺陷是,当所有价格档次都被考虑进来时,其并未达到最优,既可能高估也可能低估保护水平。1993年,学者布鲁梅立和麦克吉尔对上述方法做了改进,经过仿真实验,这种新方法能更有效地提高收入。1987年美国西方航空公司,将期望边际座位收入法用于实践检验,用编制的软件进行自动控制,与同样情况下座位预订分析员的操作结果进行比较,结果发现前者的平均收益比后者高5.5%~12.6%。

(资料来源:林璧属.前厅、客房服务与管理[M].2版.北京:清华大学出版社,2010:246-247.)

### 2.3.3 绿色酒店法

1)绿色酒店的概念

发展旅游与保护环境所构成的矛盾已成为当今世界各国所面临的严重挑战。酒店作为消费场所,必然要占用、消耗大量的自然资源,排放大量的废弃物质,导致人类赖以生存的生态环境日益恶化,自然资源日益枯竭。为此,人们终于达成共识,即传统的、不可持续的经济增长方式和消费模式是不可取的,创建绿色酒店已成为酒店管理的趋势。

绿色酒店是指为旅客提供的产品与服务符合充分利用资源、保护生态环境的要求和对人体无害的酒店,是酒店实现可持续发展的重要战略。

2)创建绿色酒店的步骤

(1)转变观念,创建绿色企业文化

绿色企业文化是现代企业文化的一个子系统,是企业价值观的一种体现。这种价值观旨在保护资源、环境和人类自身的健康。绿色企业文化要求酒店必须认真履行社会责任和义务,切实做到节约资源、保护资源、保护自然环境及社会生态平衡。

(2)培养绿色员工

为了实现绿色酒店,酒店必须制订承担环境和社会责任的目标和策略。酒店除了设专门的(绿色)环保管理人员,还应进行全员环境教育,通过培训,培养绿色员工,使员工具备绿色意识,积极贯彻实施酒店的绿色措施。

(3)吸引绿色消费者

所谓绿色消费是指以可持续的和承担环境与社会责任的方式进行消费。凡进行绿色消费的人们则称为"绿色消费者"。顾客是酒店的特殊合作伙伴。酒店应向顾客宣传酒店的环保计划和创意,为顾客提供绿色产品与服务,让顾客认识它、了解它并购买它,在消费过程中体现绿色消费的精神,摒弃传统消费模式。

(4)推出绿色产品,提供绿色服务

所谓绿色产品是指符合"绿色标志"的产品。绿色产品可分为两大类:一类是"绝对绿色产品",是指具有改进环境条件的产品,如酒店使用的空气净化设备(除尘器、空气过滤器等)、保健服务等;另一类是"相对绿色产品",是指可以减少对环境的实际或潜在损害的产品,如绿色食品、绿色燃料等。

(5)推出绿色客房

从设计开始到提供产品的全过程所涉及的环境行为必须符合环保要求,修建能有效防止过敏反应的绿色客房,采用无污染的"绿色装饰材料"和低能耗、有利于生态平衡的"生态装饰材料"装饰客房。推出绿色食品,餐饮部的生产和供应必须严格遵守环保法令,做到清洁生产,推出绿色食品。提供绿色服务,酒店提供以保护自然资源、生态环境和人类健康为宗旨的,并能满足绿色消费者要求的服务。

(6)实施节约资源原则

①减量化原则。酒店用较少的原料和能源投入,通过产品体积小型化、重量轻型化、包装简朴化的途径,做到既降低成本又减少垃圾,从而实现既定的经济效益和环境效益目标。

②再使用原则。酒店应贯彻物尽其用的原则,在确保不降低酒店的设施和服务标准的前提下,物品要尽可能地反复使用,把一次性使用变为多次反复使用或调剂使用,延长物品的使用期。酒店可将有些用品及其包装当作一种日常生活器具来设计,而不是用完之后一扔了之,减少一次性用品的数量,减少包装纸,减少垃圾量。

③再循环原则。在物品完成其使用功能之后,将其回收,把它重新变成可以利用的资源——再生物质,包括物资回收和水资源的充分利用。

④替代原则。为了节约资源、减少污染,酒店使用无污染的物品(包括天然的材

料)或再生物品,作为某些物品的替代物。

⑤节能、节水。这是创建绿色酒店的一个重要环节。能源支出约占酒店总支出的5%,如果采取有力而得当的措施,至少可降低20%～30%,即能源支出可降低到约占酒店总支出的3.5%～4%。

创建绿色酒店有利于节约自然资源、降低经营成本、增强市场竞争力、赢得更多的客源,使酒店的环境效益、经济效益和社会效益达到高度一致。

### 2.3.4 流程再造法

企业流程再造是关于企业经营管理方式的一种方法。1994年,美国麻省理工学院教授哈默与钱皮在其《再造企业——工商管理革命宣言》中首次提出这个方法。

企业再造是对企业的一次彻底的变革。它不只是对组织进行表面的调整修补,同时要进行彻底的改造,变革现有的、需要淘汰的业务流程和组织结构以及陈规陋习。企业通过"再造工程"可以期望取得显著的发展、"跳跃"式的进步。企业再造是从重新设计业务流程着手的。业务流程是企业从以输入各种原料和顾客需求为起点到以企业创造出对顾客有价值的产品(或服务)为终点的一系列活动。在一个企业中,业务流程决定着组织的运行效率,是企业的生命线。

企业"流程再造"就是重新设计和安排企业的整个生产、服务和经营过程,使其合理化。企业通过对原有生产经营过程的各个方面、各个环节进行全面的调查研究和深入分析,整合其中的不合理、不必要环节,使其流程合理化。

企业再造理论对酒店管理来说,着重流程再造和组织结构扁平化。其中,业务流程再造是酒店以输入各种设施与服务产品和顾客需求为起点,通过流程再造,到以酒店创造出对顾客有价值的产品(或服务)为终点的一系列活动。

酒店的再造过程,一般可按照以下步骤进行:

第一,从顾客的角度确定流程的目标。酒店是为顾客服务的,不能只注重现有的程序,而少考虑顾客的真正需要。

第二,程序再造。找出现存程序不适应顾客需要的地方,运用流程再造工程原则,重新思考、确定新的流程程序。

第三,采用新的程序。流程再造会引起组织在关系和目的方面的根本性变化,包括工作分工、组织结构、管理结构、人事结构、奖励机制、晋升标准等都会发生变化。酒店企业内部各类员工的工作压力、心理压力和恐惧心理必然随之产生。这就需要一个比较长的时间过程来采用新程序,以便员工适应新程序。

### 【本章小结】

1.酒店管理理论既有管理学的一般理论,又有酒店管理的独特个性,古典科学管理理论、人际关系方法等理论方法对酒店管理都有理论指导意义。

2. 西方酒店经营发展分为古代客栈、大酒店、商业酒店和现代酒店四个阶段;西方酒店经营管理思想演变经历了酒店服务设施观念、酒店服务理念、酒店服务标准和酒店服务营销理念四个方面的转变。

3. 中国酒店经营发展分为古代、近代和现代三个不同发展阶段。由于中西方不同文化的差异,在酒店经营管理中存在经营宗旨、经营标准、内部管理、人力资源管理等方面的差异。

4. 全面质量管理、收益管理、可持续发展的绿色酒店和流程再造等是现代酒店经营管理常用的管理方法。

## 【思考与练习】

1. 简述西方酒店经营发展历程及经营思想的演变。
2. 简述中国近代酒店经营发展历程及特点。
3. 简述中外酒店业管理思想差异。
4. 简述全面质量管理方法。

## 【案例分析】

### “极品”个性化服务

案例现象解读:于先生经常因公务到泰国出差,第一次入住东方饭店时,优美的环境和良好的服务给他留下了深刻的印象,于是他第二次去泰国仍然选择住进东方饭店。入住后的第二天早上,于先生走出房门准备去吃早餐,楼层服务生看见他就殷勤地问道:“于先生,您是要去餐厅吗?”于先生倍感惊讶,反问道:“你怎么知道我姓于?”服务生微笑着回答:“我们饭店规定,晚上要背熟所有客人的姓名。”这大大出乎于先生的预料,尽管他频繁来往于世界各地,也入住过很多高档酒店,但还是第一次碰到这种情况。于先生心情愉快地乘电梯到达餐厅所在楼层,刚出电梯,餐厅服务生就迎上前道:“于先生,里面请。”于先生更感疑惑,因为餐厅服务员并没有看到他的住房卡,便又问道:“你知道我姓于?”服务生微笑答道:“我刚接到楼层服务员电话,说您马上要下楼用餐了。”这样高的服务效率让于先生惊叹不已。

走进餐厅,服务小姐恭敬地问:“于先生,还坐老座位吗?”于先生的惊诧再次升级,心中暗想:虽然我曾经在这里吃过早饭,但那已经是一年前的事情了,这里的服务人员怎会依然记得?看到于先生满脸疑惑的表情,服务员主动解释说:“我刚刚查看了电脑记录,您去年的6月9日,坐在靠近第二个窗口的位子上用过早餐。”于先生听后非常高兴,连忙说:"老座位! 对,就要老座位!"服务小姐马上接着问:"还是老菜单? 一个三明治,一杯咖啡,一个鸡蛋?"这下于先生已不再惊讶,他十分开心地回答:"对,还是老菜单。"

　　此后三年多,因为业务调整,于先生没再去泰国,可是在他生日的时候意外地收到了一封来自东方饭店的生日贺卡,卡片上写着:亲爱的于先生,您已经三年没有来过我们饭店了,我们全体人员都非常想念您,希望能再次见到您。今天是您的生日,祝您生日愉快。于先生看到贺卡的内容时很感动,心想如果下次去泰国,一定还会选择在东方饭店入住,而且要将这些事情告诉朋友,建议他们做出同他一样的选择。信封上贴了一张六元钱的邮票,用六元钱就买走了顾客的一颗心。这充分体现了个性化服务的魔力。

**案例问题:**

　　1. 什么是个性化服务?

　　2. 东方饭店在经营中是怎样体现个性化服务的?

　　3. 泰国曼谷东方饭店个性化服务的经典案例,在今天看来,其意义是否继续存在,或是已经不复存在? 若作为企业管理理论,这一精神是否值得提倡?

# 第 3 章　中外酒店集团化管理

【学习导引】

　　与外部环境相匹配的酒店管理模式能帮助酒店在竞争中取得优势,随着酒店市场日益激烈的竞争,单体酒店的生产空间越来越小,组建或加盟酒店管理集团是我国酒店业发展的趋势。面对各种挑战,集团化或战略联盟已经成为酒店业的重要经营战略。本章在酒店管理模式理论的基础上介绍国内外经典酒店管理模式,分析中外集团化发展的现在及未来发展趋势,并针对中国现有的发展背景提出中国集团化创新发展策略。

【学习目标】

　　1. 中外酒店管理模式概述。

　　2. 中外酒店集团化发展概况。

　　3. 中外酒店集团化经营模式。

　　4. 中外酒店集团化发展创新。

　　5. 中外代表性酒店集团简介。

## 3.1　中外酒店管理模式概述

### 3.1.1　管理模式的定义

　　管理模式是指管理所采用的基本思想和方式,是指一种成型的、能供人们直接参考运用的完整的管理体系,通过这套体系发现和解决管理过程中的问题,规范管理手段,完善管理机制,实现管理目标。

酒店管理模式涵盖酒店的经营思想、管理风格、领导体制及酒店特色。对于一家酒店来说,管理模式在一定程度上将决定整个企业的发展方向及其兴衰成败,因此,研究中外酒店管理模式具有重要意义。既有利于起步较晚的国内酒店学习世界著名酒店集团在管理模式上的成功之处,发现自身不足,也有利于国内酒店因地制宜,打造具有中国特色的酒店管理模式,提升国内酒店的市场竞争力。

### 3.1.2　酒店管理模式

**1)酒店管理模式的含义**

　　在酒店研究领域,对酒店管理模式的基本定义还没有形成权威性的释义。谷慧敏(1994)最早提出酒店集团的标准体系主要由服务标准体系、管理控制体系和酒店的销售预订系统组成。戴斌(1998)指出,一套完整的管理模式至少应该包括四个层次的内容:管理理念、贯彻管理理念的组织形式、运作系统、相应的硬件配备与操作过程的程序化。他提出要把管理模式作为核心问题,并提出管理模式是酒店集团化的最主要维度。宋海岩(2003)认为,我们的管理模式应更多的围绕企业理念、品牌来构成,不应再像过去那样常常围绕操作技巧来做。奚晏平(2004)认为,管理模式是管理技术的范式。管理模式的构成要素体现为规范、流程和控制,规范是一种标准;流程是指管理和生产程序;控制是对标准和过程的监控和反馈。

　　综上所述,酒店管理模式是在一定管理思想理念支配下,在酒店运转管理过程中,体现其经营风格,服务特色的机制化、系统化的管理规程与操作方式。因此,酒店管理理念、经营风格、服务特色、运行机制就构成了酒店管理模式的内在结构。酒店管理理念培育酒店经营风格;酒店经营风格塑造酒店服务特色;酒店运转机制构成管理模式的运作核心,它既受制于酒店管理模式,又积极影响着酒店管理模式。

**2)酒店管理模式研究的理论基础**

**(1)分工理论**

　　酒店的管理与一般的企业管理是相通的。自亚当·斯密提出劳动分工理论以来,200多年来的组织理论和生产实践都是沿着劳动专业化的方向前进的。以形成金字塔式组织结构为依据,从不同角度对这种组织结构进行修补和完善,体现了统一领导、分级管理的组织原则,并在企业内部分设了生产、供销、销售等不同的部门,每一部门只负责其职能范围内的工作。

**(2)企业再造理论**

　　"企业再造"由迈克尔·哈默首先提出,针对企业业务流程的基本问题进行反思,并对它进行彻底的重新设计,以及在成本、质量、服务和速度等当前衡量企业业绩的这些重要尺度上取得显著的进展。

（3）产权理论和竞争理论

国内学者对企业战略性改组的研究成果颇丰,归纳起来大都集中于产权制度创新,实现国有产权的流动和产权的多元化,强调市场机制的作用。理论依据主要是产权理论和竞争理论。

### 3.1.3　中外酒店集团化经营模式

1）直接经营

酒店管理集团同时拥有和经营数家酒店,各酒店所有权都属于同一个酒店管理集团,同属于一个企业法人,这是最简单的隶属形式。这种形式有利于酒店节省运营成本,管理更直接,更易形成自己的风格。这一形式的缺点是资金需求大,经营风险大,管理人员的能力和素质对酒店经营有很大的影响。

2）特许经营

特许经营是指拥有特许经营权人向受特许经营权人提供特许经营权利,以及在组织、经营和管理方面提供支持,并从受特许权人处获得相应回报的一种经营形式。酒店业特许经营权让渡不仅在美国而且在世界各地的发展都很快。让渡者企业要有强大的实力以及良好的知名度和声誉,才有可能向其他酒店出售特许经营权。受让渡的企业是可以获得特许经营权的酒店,它可以使用该酒店集团或公司的名称、标识、经营程序、操作规程、服务标准,并加入该集团预订系统、市场营销,成为该酒店集团的一员。让渡者企业有责任对受让渡者在经营管理中给予技术上的指导和监督。受让渡企业有责任明确企业达到酒店集团所要求的标准,并且交纳特许经营权转让费以及使用费。

3）委托管理

委托管理是指酒店管理集团与酒店拥有者签订合同,根据酒店管理集团的经营管理规范和标准,接受业主委托,经营、管理业主的酒店。在合同期内,合同经营的酒店使用该酒店管理集团的名称、标识并加入该集团的市场推销和客房预订系统。合同经营过程中,酒店管理集团收取经营管理费的方法很多,一般由基本报酬和奖金两部分组成。基本酬金按全年经营收入(2% ~ 5%)或净利润的一定比例(10% ~ 25%)收取。委托管理是一种投资规模小、扩展速度快的方法,可使酒店集团不直接投资建设酒店或购买股份就能向世界各地发展酒店网点。

4）租赁经营

租赁管理是指酒店管理集团与业主签订租约,租赁业主的酒店、土地、建筑物、设施设备等,由酒店管理集团作为法人直接经营、管理。租赁经营的具体形式主要有以下三种。

（1）直接租赁

直接租赁是由承租公司使用酒店的建筑物、土地、设备等,负责经营管理,每月缴纳定额租金。一家酒店要经营成功需要一段较长的时间,所以租赁合同要规定较长的租赁年限,以避免经营公司在经营成功之时,被业主将财产收回。

（2）利润分享租赁

在酒店行业中,有许多公司采用分享经营成果的租赁方法,业主企业愿意将收入或利润分成作为租金。由于各国都存在通货膨胀现象,土地和建筑物的价值也会随之增长。采取根据收入或利润分成可以消除通货膨胀的因素,不需要在合同中规定租金与通货膨胀率之间的条款。

（3）出售-回租形式

出售-回租是指企业将酒店产权转让给他方后,再将酒店租回继续经营。企业出售酒店往往出于各种不同的动机,有些企业拥有酒店产权但急需大量现金周转,便将酒店资产转变成现金;有些企业想减少风险而不愿在经营某酒店的同时拥有这家酒店的产权。这些企业将产权出售给另一家公司时,如果要求继续经营该酒店,双方则签订出售-回租协议,承租经营的公司必须定期向买方交纳租金。对产权的卖方来说,这也是一种筹措资金的方法,这种租赁形式在国际上比较流行。

5）联盟经营

联盟经营是指酒店集团与集团之间或独立的酒店业主与业主之间通过契约的形式组织起来的酒店联合体。它们之间的联系一般只是使用共同的预订系统或为组织成员提供有限的营销服务,目的是创造总体形象,增加推销的效果和互荐客源,与那些庞大的集团和OTA相抗衡。酒店之间联合形式比较分散。

6）第三方管理

第三方管理模式是指接受业主（投资方）委托,独立于酒店品牌和业主关系之外,由第三方专业酒店管理公司负责酒店日常运营的管理模式。其涉及三个不同实体:酒店业主、所选的国际或当地酒店品牌、独立的第三方酒店管理公司。业主取得某酒店品牌的特许经营权,然后再与第三方酒店管理公司签订酒店管理合同。酒店业主向品牌持有人支付品牌费,第三方酒店管理公司依据管理合同收取管理费。第三方酒店管理模式在美国等市场已经相当成熟,诸如希尔顿、万豪、喜达屋、洲际酒店、凯悦等国际大品牌酒店集团多数已将部分旗下酒店交由第三方酒店管理公司管理,例如,希尔顿旗下91%的酒店由第三方酒店公司管理,万豪这一比例则达到66%。

## 【知识链接】

### 国内外酒店经典管理模式

**1）四季饭店管理模式**

四季饭店集团的目标是,无论位于何地,四季都必须成为人们所认为的那种经营最好饭店、度假区及度假区游乐场所的公司。四季酒店的产品与服务的精致、细致、周到与全面给业界留下深刻的印象,是通过"极品人性化"理念来满足这一层面的客源需求。四季酒店的个性化服务质量更是做到了极致,其代价之大,很难有酒店能够担当得起。四季酒店的营销理念是不做宣传促销,没有房价折扣、团队优惠,也不搞各种促销活动。

**2）万豪酒店的管理模式**

马里奥特国际股份公司是一家国际性酒店公司,其主要业务是经营管理直属的酒店和特许联营的酒店。旗下的万豪酒店在竞争激烈的市场上表现卓越和其管理模式是分不开的,接下来是万豪酒店走向成功的路标:保持身体健康、精神爽朗;警惕你的习惯——坏习惯会把你毁掉;每逢难题要祈祷;钻研与悟守专业管理原则,把它们合理地应用到你的饭店;人是第一位的:要关注他们的发展、忠诚、兴趣与团队精神;决策:人生来就要决策并为之承担责任。

**3）喜达屋酒店的管理模式**

W饭店对商务客人的住店经历进行重新定义,针对商务客人的特点对服务设施和服务方式、内容上有全新的设计。W饭店是喜达屋在购并了喜来登和威斯汀饭店后新创的一个四星级饭店品牌,将专门为商务客人而设的设施和服务与独立精品饭店的特点相结合。喜来登酒店的经营之道,强调职责和勤奋;强调客人监督以及对饭店服务质量的评定;饭店的一切服务和食品要"物有所值";以浮动价格调节客源市场;以竞争来推动企业的向前发展;强调目标管理。

**4）香格里拉饭店的管理模式**

2000年后,香格里拉饭店在国内开始了新一轮的酒店拓展计划,实施投资和管理酒店"两条腿走路"的策略。2001年,香格里拉饭店接管了南京丁山饭店,并将其改名为南京丁山香格里拉大酒店,以纯输入管理的方式介入。香格里拉饭店的设计一向以清新的园林美景、富有浓厚亚洲文化气息的大堂特征闻名于世。香格里拉饭店集团的经营战略:集团的目标是成为亚洲地区饭店集团的龙头,使命是成为客人、员工和股东的首选。香格里拉饭店集团的战略计划:"齐心协力、步调一致、走向成功"。

### 5）锦江饭店的管理模式

锦江国际的战略发展目标是,通过 3～5 年努力,成为全国"酒店业第一、餐饮服务业第一、旅游客运业第一",跻身世界酒店业 30 强,建成世界著名国际酒店管理集团和亚太地区著名的酒店管理学院。"锦江"品牌是中国驰名商标中唯一一家饭店品牌,是国内饭店业最具优势的品牌之一。

# 3.2　中外酒店集团化发展概况

## 3.2.1　国际酒店集团

现代酒店集团诞生于 20 世纪 40 年代末的欧美国家,几十年的发展历程中,国际酒店集团已经逐步完成了从小至大、从单一到多元、从国内到国际的发展。国际酒店集团在预订、推销和管理方面的优势,对单体的酒店是个威胁,因而众多酒店纷纷联合,朝着集团化、系列化、垄断化和规范化方向发展。国际酒店集团的发展可以分为以下三个重要历史发展阶段。

### 1）区域发展阶段（20 世纪四五十年代）

最具代表性的事件有:1946 年,泛美航空公司成立了第一家由航空公司所有的酒店集团——洲际酒店集团,并开始向美洲扩张;1949 年,康拉德·希尔顿成立希尔顿国际集团,开始步入区域性跨国经营道路,并在 20 世纪 50 年代末发展成为美国最大的以委托管理形式为主的酒店集团;凯蒙斯·威尔逊于 1950 年通过特许假日酒店名称使用权并建立全国性预订网络系统的方式,充分利用酒店联号这个概念,在 20 世纪 50 年代末发展成为美国最大的特许经营酒店集团。在区域发展阶段,各国酒店集团的扩张方向是由其本国或本地游客的批量流向来决定的。由于受交通工具的制约,当时各国的商务与休闲游客的活动范围局限于本国或周边邻国,因此,市场需求决定了当时欧美国家酒店集团的扩张大多处于国内或周边区域。

### 2）洲际发展阶段（20 世纪六七十年代）

典型的事件有:美国的希尔顿国际与环球航空公司（TWA）的"联姻"（1967 年）,美国的西方国际（WI）与联合航空公司（UA）的"联姻"（1970 年）,法国的子午线（Meridien）与法航（AF）的"联姻"（1972 年）等。与此同时,一些实力雄厚的跨国公司在经济利益的驱动下也纷纷投资进入酒店业。例如,以经营餐饮连锁店而著称的万豪集团于 1957 年投资第一家酒店后,在短短 30 年的时间里迅速发展成为世界规模最大的酒店集团之一。在这一时期,一大批跨国、跨洲、跨地区经营的国际酒店集团迅速成长起来。

3）全球发展阶段（20世纪80年代至今）

随着新技术革命的发展，国际分工进一步深化，各国之间的经济联系日益紧密，经济全球化成为世界经济发展的重要趋势，欧美酒店集团在完成洲际扩张之后，又开始了新一轮的全球扩张。扩张方式从兼并、接管单一酒店向酒店集团之间的兼并、收购与联盟转型。特别是20世纪90年代以来，世界范围内的产业重组又掀起了酒店集团新一轮的兼并和收购浪潮，催生了一大批跨国界的超级酒店集团，典型的兼并案例有：万豪国际酒店集团先后收购了"旅居"连锁酒店（1987年）、万丽连锁酒店公司（1997年）及其下属的新世界连锁酒店（1997年），以及华美达国际连锁酒店（1997年）、丽思卡尔顿酒店（1998年）、喜达屋酒店与度假村（2016年），成为全球较大的酒店连锁集团。此外，还有温德姆酒店集团的前身酒店特许连锁系统股份有限公司先后收购了华美达集团、豪生、戴斯、霍华德·约翰逊、天天客栈、超级汽车酒店8、Red Carpet/Master Host lnns及Park Inn等一系列酒店公司，并于1997年10月和CUC（美国国际旅游服务公司）合并成为圣达特公司，成为世界上知名的酒店集团，后更名为温德姆酒店集团，2016年拥有8 000多家酒店，世界排名第4位。中国香港新世界集团对华美达集团的收购兼并（1989年）。英国巴斯有限公司对假日集团（1989年）和洲际集团（1998年）的收购兼并。同时期，雅高集团也进行了几次较大的收购活动，1990年，雅高收购了美国的经济型连锁酒店品牌Motel 6；1991年，公开成功收购Compagnie International des Wagons-lits Et du Tourisme；1999年，收购了美国拥有的639家酒店的Red Roof Inn品牌，实现了酒店网络22%的增长；2002年，收购德国酒店公司Point AG 30%的股份，同年，收购澳大利亚最大的人力资源顾问公司Davidson Trahaire；2017年，收购了法国"东方快车"品牌50%的股权、土耳其Rixos酒店和巴西第三大酒店集团巴西酒店管理集团（BHG）；2017年，收购拥有多个酒店预订网站Gekko集团。随着雅高集团的不断收购、兼并和发展，雅高集团两大业务（酒店和企业咨询及服务业）相互弥补、相互促进，使得集团日益强大，几乎触及整个市场的所有层面，并开始向产业链的下游延伸，收购分销渠道。

随着我国综合实力的增强和旅游事业的发展，国际知名酒店集团纷纷涉足中国市场，从1982年半岛集团正式管理北京建国酒店开始，国际酒店集团进入中国市场已30多年，并迅速发展成为中国酒店市场，尤其是高端酒店市场的主力军之一。目前世界排名前十位的国际酒店集团均已进入中国市场。国际酒店集团在中国的发展大致分为三个阶段，分别为20世纪80年代的引进初期阶段、20世纪90年代的全面铺开阶段和21世纪初的纵深发展阶段。国际酒店集团在中国的发展策略主要采取多品牌策略、两极化策略、网络化策略和本土化策略。品牌策略主要采用品牌组合模式，涵盖公司品牌、亚品牌、受托品牌、独立品牌四种类型的品牌结构。两极化策略主要体现在酒店市场的两极化，即侧重在超豪华品牌酒店与经济型酒店两大极端市场。网络化策略主要体现在地域分布的网络化和销售的网络化。本土化策略主要体现在人才的本土化和酒店文化的本土化。

### 3.2.2 国外酒店集团的发展趋势

**1）面向全球，品牌化发展**

国外酒店集团在市场需求的驱动和经济效益的牵引双重作用下，逐步经历了区域发展阶段、洲际发展阶段和全球发展阶段，酒店集团全球化是品牌化的基础，而品牌化是集团化的目的。酒店集团的品牌化能形成品牌效应，成为酒店集团所独具的品牌资产，酒店集团通过品牌的资产运作即收购兼并、特许经营、委托管理和战略联盟等方式扩大酒店集团的市场份额，从而进一步促进全球化。国外酒店集团品牌的发展为我国酒店集团品牌的扩张和发展树立了很好的榜样，未来世界酒店业的竞争将更为激烈，品牌化发展将是全球酒店业发展的必然趋势。

**2）立足市场，多元化发展**

进入 21 世纪，消费者的需求发生了质的变化，酒店的标准化和规范化服务已不能满足他们的需求，国外酒店集团在加速全球化的过程中也不断地进行着多元化发展。酒店集团的多元化包括市场定位的多元化和产品功能的多元化。市场定位的多元化是酒店集团在日益激烈的市场环境下为求生存和发展而进行的深度市场细分；产品功能的多元化则是酒店集团为追求更优质的服务、更好地满足市场消费者的需求而进行的酒店产品和服务的创新改造。酒店集团通过多元化发展能够提升酒店的服务质量，增加酒店的经济效益。多元化发展是提升酒店集团竞争能力的重要途径。

**3）科技为先，智能化发展**

科技的进步为全球酒店业带来了新的科技革命，国外著名的酒店集团都充分运用现代科学技术，并将其成功地运用到酒店的服务和管理中。酒店管理借助计算机后，不仅能大大提高工作效率，而且能节约人力资源，使成本也大大降低。在信息技术的帮助下，酒店可以随心所欲地为顾客提供人性化的服务，例如，美国希尔顿酒店管理学院设计的"21 世纪酒店客房"拥有虚拟现实、生物测定等先进技术，从而赋予传统酒店客房舒适、安全等标准以全新的含义。科技的发展带动了酒店人性化设计的发展，是全球酒店业未来发展的必由之路。

**4）节约环保，绿色化发展**

随着地球温室效应的日益恶化，生态进一步失衡，"绿色运动"旋风席卷全球。营造绿色酒店,为社会环保做贡献已被所有酒店提上发展的日程。在这方面,国外的酒店集团,尤其是欧美国家已先行一步。营造绿色酒店不论对酒店、对客人,还是对社会都具有积极作用。酒店早日实施绿色战略,不仅能节约酒店成本,为酒店创造可观的经济效益,实现可持续发展,而且可迎合现代顾客的"绿色"需求,针对消费者的"绿色偏好"进行绿色生产及营销,形成市场卖点。重视环保,注重生态平衡,倡导绿色消费,开展绿色经营,加强绿色管理,已成为21世纪不可阻挡的洪流。

### 3.2.3　国内酒店集团

我国第一家酒店集团(公司)——上海锦江酒店集团,成立于1984年3月,现在已经发展成为从事多种业务的第三产业企业集团公司。目前,我国本土酒店集团正处于产业高速成长期,呈现出成长性、转型期市场的特征。酒店集团已经形成一定规模,占全国星级酒店总数约8%的酒店被规模较大的几十家酒店集团拥有或管理,酒店产业集中度正在形成。2007—2008年,各个集团规模虽然有增有减,变化速度不同,但整体规模实现了增长。其中不乏规模较大的集团,如上海锦江酒店集团、首旅如家酒店集团、华住酒店集团。这些酒店集团大都分布在中国东部沿海地区的大中城市,较早与国际标准接轨,不仅建立了一套适合中国国情的酒店管理系统,培养出了一批现代化酒店的高级管理人才,而且获得了良好的经济与社会效益,在国内外赢得了广泛赞誉。例如,广州白天鹅宾馆由于经营、管理有方,服务质量高,1985年被接纳为世界第一流旅馆组织的成员;2006年9月15日,被《福布斯》(中文版)出版商 M Media Group评选为2006年"中国最优商务酒店";2007年7月26日,被"Hotel Club"评选为亚洲最佳酒店;2008年8月成立白天鹅酒店集团有限公司。

30多年来,中国酒店集团经历了初创阶段和吸收模仿阶段,开始进入整合突破阶段,经历了一个从无到有、从小到大、艰苦的创始、模仿、探索、整合过程,在数量与质量上均产生了质的飞跃。国内酒店集团的并购步伐明显加快,通过并购实现品牌多元化,拓展市场,实现规模化效益的例子也非常多。一部分酒店集团在酒店业集团化发展的并购大潮中取得先机,最为突出的是锦江集团分别于2015年9月18日并购铂涛酒店集团和2016年4月28日收购维也纳酒店有限公司;首旅酒店集团于2014年6月26日收购宁波南苑集团的多家高星级酒店,2015年12月7日收购如家快捷酒店的3 000多家酒店。收购完成后的锦江酒店集团和首旅酒店集团均实现了高、中、经济型多层次、多品牌的覆盖。在2016年全球酒店集团300强中,入围的中国地区酒店集团有35家,其中有16家进入全球100强,有3家进入全球10强,上海锦江国际酒店集团位居全球第5位、首旅如家酒店集团位居全球第8位、华住酒店集团位居全球第9位,海航酒店集团、格林酒店集团、尚美生活集团、东呈国际酒店集团、开元酒店集团、金陵饭店股份有限公司等国产酒店集团开始榜上有名,而且排名不断靠前。

中国酒店集团基本可以分为三种类型:投资管理的酒店集团、委托管理的酒店管理公司、酒店联合体。投资管理的酒店集团大多通过直接投资、收购兼并、参股控股等资本联结方式对下属酒店进行集团化管理,如富力集团酒店管理公司、凯莱国际酒店管理有限公司、香港中旅维景国际酒店管理有限公司、中远酒店物业管理有限公司等;委托管理的酒店管理公司则是通过管理合同的方式接管国内的单体酒店并组成管理权与所有权分离的酒店集团,如上海锦江、南京金陵、广州白天鹅和君澜等,这种类型在中国酒店集团中占比最大,其特征是以输出管理经验为主,成本较低;酒店联合体在不改变酒店的所有权、管理权、品牌名称的基础上,相互介绍客源,交流经验,促销品牌,是一种松散的集团形式,如星程酒店联盟,其特征是集团内部联系最少,扩展最便捷。

除酒店管理公司(集团)以外,我国许多知名酒店也在国内组成一些跨省市的协作集团式松散型联合体,以适应市场竞争的需要。例如,特色文化主题酒店会员联盟、中国精品酒店联盟等就是松散型跨省市的酒店联盟。又如,由北京饭店、长沙华天大酒店、福州西湖大酒店、厦门悦华酒店等近100家酒店组成的"中国名酒店组织"(原名为"中国名酒店VIP俱乐部")也是松散型跨省市的酒店联合体。

我国的酒店集团(公司)的发展虽然已经取得了长足的进步,但是与国际酒店集团相比,在管理实践与经验、管理模式上还处在摸索、总结的阶段,还需要大力培育、扶植和引导。

### 3.2.4　中国酒店集团化的发展趋势

在未来的十几年乃至几十年里,中国酒店业集团化发展的趋势将会呈现以下三大特点。

#### 1)超级化发展趋势

超级化发展趋势即通过不断扩大规模经济效益和范围经济效益来打造既大又强的超级酒店集团的趋势。"世界变得越来越小,集团变得越来越大"就是这一新趋势的真实写照。然而,推行"超级化"战略并不意味着规模越大越好,如果盲目地在同一地区、同一档次、同一范围内进行收购兼并或规模扩张,就难免会出现大而不强、集而不团、有规模无效益型的集团。推行"超级化"战略也并不意味着越全越好,如果一味地在经营范围、经营内容和经营形式上标新立异或盲目扩展,难免会出现主辅不分、全而不特、有范围无效益型的集团。

#### 2)国际化发展趋势

国际化发展趋势即通过"请进来"和"走出去"的方式打造既有国内竞争实力又有

国际竞争优势的国际化酒店集团的趋势。"全面与国际接轨、做世界村公民"就是这一新趋势的真实写照。然而,推行"国际化"战略,并不意味着全盘西化或牺牲个性,如果只是盲目地开放引进或机械地吸收模仿,就难免会出现水土不服、邯郸学步式的克隆国际集团。伴随着世界一体化和经济全球化格局的形成,将会有越来越多的国际酒店集团涌入中国,同时也将会有越来越多的本土酒店集团走向世界,此间的游戏规则是"国际品牌本土化、国内品牌国际化"。只有那些在形式与内容方面已全方位与国际接轨并在此过程中始终保留个性特点的本土酒店集团才能有望在这场国际竞争国内化、国内竞争国际化的大比拼中立于不败之地。

3)信息化发展趋势

信息化发展趋势即通过现代信息技术和互联网平台来打造既能独立运营,又能相辅相成的信息系统的趋势。"资源共享、竞合共赢"就是这一新趋势的真实写照。信息化的酒店集团可通过互联网这个平台为几乎所有的酒店、公司或集团提供网络版的前台运营系统(PMS)、后台管理系统(ERP)、客户关系管理系统(CRM)、采购供应管理系统(SCM)、办公室自动化系统(OA)、中央预订系统(CRS)、知识管理系统(KMS)、远程教育/培训系统(E-learning/Training)等集团化服务,经营与管理产品,从而使分散的人力、物力、财力、信息等资源能够得到有效的使用、开发与共享,并通过竞合发展方式最终实现共赢。

# 3.3 中外酒店集团化发展创新

## 3.3.1 国际酒店集团在我国扩张新局面

1)区域覆盖更广

国际酒店管理集团最初进入我国时,通常选择在经济相对发达的中心城市或旅游资源丰富的城市,如香格里拉集团在开业初期基本将酒店选在北京、上海、南京、大连等沿海中心城市。随着我国酒店业和旅游业的迅猛发展,许多国际酒店管理集团决定向二线和三线城市渗透。例如,洲际酒店集团适时启动了"中国二线城市攻略",目前除广西、甘肃、吉林等偏远省份外已对我国 25 个省区市进行了覆盖,其市场范围现已扩张至常熟、常州、丹东、大同、马鞍山等二、三线城市;温德姆酒店集团更是对安阳、蚌埠、滕州、诸暨、宜兴等三线城市进行了蔓延。

2)扩张速度更快

随着经济的蓬勃发展,中国消费者的需求也日趋成熟和多元化,客观的市场环境会加速酒店细分化市场的发展,不同地区、不同的消费人群以及不同的出行目的,会促使消费者对酒店产生不同的需求。国际酒店集团看好中国市场的增长潜力,加大对华酒店的扩张步伐。多品牌组合的大型酒店集团通过多品牌组合优势满足不同层级、不同区位的需求。而规模略小的酒店集团则希望以质取胜,提高品牌知名度,选择切入商旅休闲及度假这样的细分市场实现差异化竞争。例如,2018 年 10 月 30 日,丽笙酒店集团宣布,计划在 2022 年实现中国市场运营酒店数量 3 倍增长;希尔顿酒店集团的目标则是到 2025 年中国管理酒店数量为目前开业数的 8 倍。

### 3)品牌扩张更全

国际酒店管理集团的品牌在市场上享有的信誉甚至高于国家制定的行业标准,它们的品牌都有非常明确的市场定位,已经得到社会各层消费者的广泛认同。例如,洲际酒店集团刚开始进入我国时,仅推出了假日酒店一个品牌,随着集团的发展和市场的需要,现已发展了洲际酒店及度假村、皇冠假日酒店及度假村、Hotel Indigo 酒店、智选假日酒店和华邑等多个品牌。而万豪旗下的喜达屋集团形成了喜来登、圣-瑞吉斯、福朋喜来登、威斯汀、艾美、W 酒店、雅乐轩等全方位高档位品牌体系,分别用以满足不同市场需求。雅高酒店集团则按高、中、低档细分市场的不同待征,在我国引入了豪华五星级品牌"索菲特"、四星级品牌"诺富特"、三星级品牌"美居"、二星级商务酒店品牌"宜必思"等。

### 4)经营模式更多

国际酒店管理集团最初进入我国时,一般采用管理合同的经营模式。随着我国酒店管理市场竞争的日趋激烈,酒店管理合同期限呈现缩短迹象。一方面,国内酒店管理集团越来越多,激烈的竞争迫使不少酒店管理集团为争取管理合同,主动缩短合同期限;另一方面,委托方面临更多的选择。在签订酒店管理合同时也越来越有经验,对利润等关键条款拥有更多的主动权,且较短期限的管理合同更能刺激酒店管理集团的盈利能力。因此,委托方也极力压低合同期限,以便在酒店运转顺畅后尽早终止管理合同。在此背景下,一些国际酒店集团开始在中国尝试新的经营模式,例如,洲际酒店集团于 2016 年 5 月在中国推出为旗下中端精选服务类酒店品牌智选假日酒店量身定制的特许经营模式并大获成功。2017 年年底又相继开放旗下全服务品牌皇冠假日酒店、假日酒店的在华特许经营权。2018 年 12 月 12 日,洲际酒店集团在其华南站投资品鉴会上宣布新签约 14 家酒店,涵盖以上三个品牌且全部为特许经营项目。标志着这一模式日益受到市场认可,并将成为洲际酒店集团未来在华发展的新动能。除特许经营外,也出现了战略联盟、股权介入等经营模式。

### 5)嵌入合作更新

近年来中国酒店集团发展迅速,国内外酒店集团合作途径和方式更多样。2014

年,法国雅高酒店集团选择华住酒店集团作为合作伙伴,华住成为雅高在中国大陆、中国台湾和蒙古的独家总加盟商,雅高将旗下美爵、诺富特、美居、宜必思尚品和宜必思几个中低端品牌的经营与开发权交由华住代理。同年,希尔顿国际酒店集团牵手铂涛酒店集团正式引入欢朋酒店品牌。希尔顿开始尝试特许经营模式,而运营权则交予铂涛酒店集团,计划在未来 10～15 年内,希尔顿与铂涛酒店集团计划合作推出 400～500 家欢朋酒店。2016 年,万豪酒店集团与东呈酒店集团合作,授权东呈以特许经营的方式在中国内地推出万豪旗下的中端酒店品牌"万枫",并计划五年内开业 140 家酒店。这也是万豪首次尝试开发"管理授权+各项系统"无缝对接的合作模式。凯悦酒店集团也携手天府明宇商旅共同拓展凯锐旗下凯说嘉轩、凯悦嘉寓在中国的品牌影响力,而天府明宇商旅也将成为中国首家获得凯悦授权许可的特许经营酒店第三方管理公司。

### 3.3.2 我国酒店集团发展机遇和阻力

1)我国酒店集团化发展机遇

(1)酒店集团连锁化市场潜力巨大

作为全球最大的两个酒店市场,中国和美国的客房数分别为 1 700 万间和 500 万间,但中美酒店连锁化率分别是 20% 和 60%,这就意味着中国如果达到美国的连锁化率,中国市场的潜力与美国相比还有 10 倍的成长空间。以中国酒店目前所有的 1 700 万间客房计算,中国前三大酒店集团锦江、首旅、华住的总客房数占比也未超过 10%,中国连锁酒店业的成长空间依然巨大。

(2)本土酒店集团巨头出现

我国本土酒店集团经过近 30 年的发展,通过学习国际酒店集团管理经验以及自身的成长积淀,出现了锦江国际、华住、首旅如家等全球排名前十的酒店集团。与此同时,酒店集团的品牌地位也正在巩固,例如,万达集团的瑞华、文华、嘉华、锦华,以及最近大力推出中端万达美华品牌,绿地集团的铂瑞酒店和碧桂园的凤凰酒店品牌。国内一些以经济型酒店起步的酒店集团也在走品牌多元化发展的道路,尤其是向上延伸的中高端酒店和有限服务型酒店。这些酒店集团逐渐发展出了自己的特色,正在蓄势待发,做大做强,并且走向国际。

(3)消费者对酒店品牌的日益认可

随着消费层次的提高,人们的消费观念也在发生着变化,他们不仅追求产品消费的物质享受,而且追求产品消费的精神享受。这种能体现自我存在价值的感受,其最基本的表现就是认知品牌、注重品牌、追求品牌、增加品牌消费。消费者的购买动机往往是被品牌代表的形象、信誉及象征意义所激发甚至是被这些因素所支配的。因此,讲究品牌成了一种日益发展的消费趋向,这成为酒店企业实施集团化发展的驱动力。

2)我国酒店集团化发展阻力

（1）体制创新不足

酒店集团作为企业的集合,必须在现代企业制度下经营,做到产权清晰,自主经营,自负盈亏,才能健康发展。单一的、过多的计划行政手段会阻碍酒店集团的发展。地方护保主义或行政干预过多,市场竞争度不高,也会阻碍酒店集团化发展进程。

（2）品牌影响力不强

品牌作为无形资产对酒店集团的发展和扩大至关重要。目前我国很多酒店集团品牌意识已经加强,但整体来看,还存在以下问题影响着酒店集团化的发展:一是品牌多且杂乱;二是品牌层次不清,缺少品牌个性规划;三是品牌实力相对较弱,知名品牌少;四是品牌培育时间太短,往往还没成熟就推向市场。

（3）新技术应用不足

没有科技创新做支撑,尽管可以从服务和操作层面,以及品牌建构的角度取得一些进步,却无法从根本上缩小与国际酒店管理集团的竞争力差距,获得可持续发展。国外酒店集团几乎都有自己的销售预订系统,通过电话网络预订和成员酒店之间互相代办预订,实现全球范围的快捷预订业务,我国目前只有少数酒店集团拥有中央预订系统,如锦江和中旅酒店集团,新技术在酒店集团的应用还有很大的空间。

（4）融资能力不强

酒店集团的发展和扩张需要充足的资本做后盾,过去我国酒店集团资本的来源大致经历了从财政拨款到后来走向市场化的侨资以及再后来的外资。在这个过程中我们主要运用了金融资本、产业资本等。酒店是资金密集型企业,进入壁垒小、退出壁垒大。由于资本市场欠发达阻碍了酒店集团的扩张,纯粹通过银行借贷会使酒店集团的负债率过高。

### 3.3.3 我国酒店集团化发展创新举措

1)拓展发展路径,寻求集团化发展战略

酒店集团应认清自身在行业中的地位,采取适合自身集团化发展的可行战略,以长远眼光看待酒店集团的生存和发展问题。目前我国的酒店集团出现了以首旅如家、锦江国际、华住酒店集团等酒店集团为首的客房间数的市场领先者,以及客房间数紧随其后的市场跟随者。作为领先者,这些酒店集团虽然还没有具备与欧美国际酒店集团正面交锋的雄厚实力,但在其发展战略远景中,可将欧美国际酒店集团作为标杆,吸收、借鉴其国际化集团化的发展经验。其次,凭借自身的本土优势,争取与国际酒店合作的战略机会,充分利用国际酒店集团的平台,寻求最有利于自身的进入国际市场的发展战略。同时应逐渐向中高端酒店市场渗透,可通过差异化的市场定位和市场细分,避开欧美酒店集团占优势的传统市场,开发新的扩张领域。作为市场跟随者,相对高端市场而言,这些本土酒店集团应该借鉴经济型酒店扩张的成功经验。

2)加强品牌建设,提升集团核心竞争力

我国本土酒店集团在品牌开发、品牌架构、品牌内涵养成等方面与欧美酒店集团存在着很大的差距。以不断丰富内涵、切实加强品牌建设作为集团发展的首要任务,在扩张的同时提升品牌价值,构建集团的核心竞争力,是酒店集团扩张的长久之路。首先,我国本土酒店集团应了解现代消费市场的变化,掌握目标市场信息,创新和寻找稳定的市场发展培育点,合理进行市场定位,开发培育新的集团酒店品牌,尽快形成自己的优质市场品牌和相应的管理模式。其次,我国酒店集团应建立一整套行为规范、企业文化、经营哲学,包括品牌的定位、品牌标准的确定以及控制系统和支撑系统的构建,以此建立自己独特的品牌和企业形象,构建出完整的品牌内涵。最后,我国本土酒店集团应该及时梳理及整合所拥有的品牌。对于大型的酒店集团,特别是对于众多通过行政手段组成的酒店集团而言,品牌战略的实施还要以对现有成员酒店进行品牌梳理和整合为基础和前提,多个品牌之间应有各自明确的市场定位,互不交叉,从而构建集团的整体品牌架构。

3)开展资本运营,实现存量资产优化整合

酒店业资本运营可以通过多种方式运作,包括兼并与收购、股份制酒店集团以及委托经营等方式。酒店集团应在其成员酒店之间进行以资金为纽带的规范化操作,使合作建立在牢固的经济基础之上,以实现其共同的经济利益。我国本土酒店集团首先可以挑选内部优良资产以实现上市,为自己在资本市场运作奠定基础,在条件成熟之后,再通过上市公司以资本渗透的方式收购其他目标酒店或集团。其次,协议收购或利用行业外部集团资金进行扩张也是目前中国酒店集团利用资本运作实现集团扩张的可行方法。例如,2015年,锦江酒店集团对欧洲第二大酒店集团——法国卢浮酒店集团100%股权的成功收购。通过合理的资本运营,我国本土酒店集团可以完善集团的产品组合,增强多元化经营能力和系统抗风险能力,降低酒店进入新的经营领域和新兴市场的障碍等,提高集团的竞争实力。

4)培育人力资本,建立人才储备发展机制

人力资本是酒店的第一资本。培养一批经营训练有素、实际经验丰富、领导才能卓越、具有远见卓识的精英队伍是酒店集团化发展的必备条件之一,也是维持酒店竞争力的根本所在。通过聘请国际上优秀的外籍高层专业管理人士解决管理层面的人力缺口问题,是我国本土酒店集团的一个现实选择。但是要从根本上解决我国本土酒店集团成长过程中的人力资本短缺的困难,还要吸收、消化国外酒店集团在人力资源开发和培养方面的先进经验,迅速构建酒店企业家和职业经理人的集团管理人才梯形队伍。首先,合理的人才激励机制是最重要的。本土酒店集团应该加大民族酒店企业家的培育力度,建立起以年薪制、配股制、期权制为中心的有效激励约束机制,最大限度地激发企业家内在的才能,使其成为本土酒店集团化进程中的最活跃因素。同时,酒店集团应形成常规的职业经理人选拔和培育机制,保证优质中层酒店管理人员的持续性人力供给,这也是酒店集团扩张的重要人力保障。

## 【本章小结】

1.集团化管理在中国酒店业最近10多年的历程中获得迅速发展,在未来的十几年乃至几十年里,中国酒店业集团化发展的趋势将会呈现超级化、国际化、信息化三大特点。

2.酒店集团有直接经营、委托管理、租赁经营、特许经营、联盟经营和第三方管理公司等模式,随着中国酒店管理专业队伍的成长,特许经营和第三方管理公司管理将是未来我国很重要的酒店经营模式。

3.我国酒店集团化发展,目前面临着酒店集团化市场潜力巨大、知名酒店集团已经形成、消费者对酒店品牌认知意识逐步增强等优势,同时我国酒店集团化的发展也面临着体制创新不足、品牌影响力不强、新技术应用和融资能力欠缺等方面的劣势。应快速、多方位解决我国酒店集团化发展的痛点,促进酒店集团化率的提高。

## 【思考与练习】

1.简述中外酒店集团的管理模式。

2.酒店集团经营模式有哪些?

3.分析我国酒店跨国经营背景和阻力。

4.简述我国酒店集团化创新发展策略。

## 【案例分析】

### 国外万豪酒店与国内锦江饭店的管理模式对比

#### 一、万豪酒店的管理模式

万豪酒店在竞争激烈的市场上表现卓越和管理是分不开的。万豪酒店要求职工在工作中充分利用良好的生活习惯。例如,万豪酒店要求员工在工作过程中要注意身体,注重自身精神面貌,同时要严格遵守专业的管理规则。作为万豪酒店的领导层人员要关注他们员工的思想动态,对公司的忠诚度以及他们在实际工作过程中的团队配合能力及岗位使命感。目前,万豪酒店依然信奉如下服务准则:关照好你的职工,他们将关照好你的顾客;为顾客提供价格合理、品质优秀的服务和产品。

### 二、万豪酒店的经营之道

万豪酒店充分发挥员工积极性,留住优秀人才。万豪酒店将"人"提高到了一个至关重要的高度。在发挥员工积极性,留住优秀人才方面,万豪酒店还采取了一些有效的措施,包括建立公平的竞争机制、尊重员工个人价值、重视感情投资、优厚的员工待遇。这些经营之道影响到万豪酒店的房间规划类型。万豪酒店不仅设有豪华房间,还衍生出很多平价的公平套房。万豪酒店注重不同消费层次客户的多样化需求,及时填补市场空白。

### 三、锦江饭店人才管理模式

锦江饭店集团通过"锦江模式"统一管理,其《服务质量管理核心标准和通用标准》已实现数据化和网络化,由总部通过网络实施监控,通过规范和较完备的《年度预算》的制订、执行和监控,体现管理公司管理的质量和效益。《宾客满意率测评系统》《员工满意率测评系统》已开始推广并将实现数据化和网络化。锦江饭店注重人才培训,人才范围十分广阔。多样化的人才通过学习和培训,然后被分配到各个基层酒店进行指导工作。同时酒店高层领导注重人才的培养和提升,公司安排员工不断学习和创新,学习最先进的管理模式和经营方法。保证酒店的管理和经营始终处于领先地位。

### 四、锦江饭店成本管理模式

成本管理模式可以依托集团统一采购系统平台,获得相同产品的信息和价格资料,享受久经考验或颇具竞争力的、经过多年比价和多轮竞价的优质低价的物品、食品和设备的供应商资源,可以享受集团获得的相当一部分供应商给予的特优价。这样锦江饭店就在一定程度上控制着经营成本,可以在市场竞争中更具有优势。

**案例问题:**

1.对比万豪酒店集团与锦江饭店集团的管理模式,分析其管理模式的区别、优缺点与创新点。

2.结合材料,分析锦江饭店跨国经营的背景和阻力。

# 第4章 酒店组织管理

【学习导引】

结合当前酒店企业的实践发展和新业态发展的最新动态,本章主要介绍与酒店组织管理相关的酒店组织管理概念、特征、主要内容、组织架构类型与设计原则等主要内容进行介绍,同时围绕酒店核心竞争力提升与建设,对酒店企业组织管理制度的设计与创新发展进行探讨。

【学习目标】

1. 认识组织职能在酒店管理中的地位以及酒店组织管理对酒店经营的作用。

2. 学习管理者如何在执行组织职能时对酒店进行管理,了解酒店组织管理原则和内容以及组织制度。

3. 认识酒店非正式组织对酒店管理的影响和作用,掌握酒店组织的管理体制和酒店组织结构的类型。

## 4.1 酒店组织管理概述

### 4.1.1 酒店组织管理的定义

酒店组织是指为了达到酒店目标经由分工与合作及不同层次的权利和责任制度而构成的人的集合。这一定义包含三层意思:第一,组织必须具有目标,因为任何组织都是为目标而存在的,目标是组织存在的前提;第二,没有分工与合作也不能称为组织,分工与合作的关系是由组织目标限定的;第三,组织要有不同层次的权利与责任制度,要赋予每个部门乃至每个人相应的权利和责任,以便实现组织目标。酒店企业进行有效组织管理的意义在于提升组织效率,根据酒店目标,建立组织机构,合理分配人员,明确责任和权利,协调各种关系,有效实现组织目标的过程。

### 4.1.2 酒店组织管理的要求

酒店组织管理是社会组织形态的一种表现形式,它是为了满足接待活动需要,以一定的管理目标为宗旨,将员工组织起来的一种管理系统。所以,作为酒店组织管理系统,应该具备以下要求。

1)岗位职责明确,管理规范制度化

制度管理是酒店实施组织管理的重要保障。虽然现场管理比制度管理高效,但如果长期忽视制度管理,会让酒店建立的管理制度流于形式,让酒店管理者陷于具体琐事脱不开身,最终疏于考虑企业发展大计,在一定程度上导致企业战略性失误。所以,目前国内酒店业通行的做法是基于岗位责任制基础上的制度化管理,破除了传统的以"人治"为主的企业管理的随意性。

2)产权清晰,组织管理系统化

"产权清晰"是指组织机构的最高层要由投资主体、投资人代表组成,主要起对重大问题的决策领导和经济监督作用。他们一般不直接从事具体的酒店接待服务和经营管理工作,这些具体的经营管理工作要聘请以总经理为首的职业经理来承担。这样,产权人只维护产权利益,不参与具体的经营管理;经营者只关心经营好坏,不拥有企业财产所有权,并根据他们的能力和经营绩效来获得必要的报酬。"组织管理系统化"就是指从系统观念出发,从整体利益出发,做好酒店组织机构的设计、人员安排、职权分配,制订酒店管理制度、议事规则、各岗人员的职责规范等,使整个酒店的各项管理和服务工作成为一个系统。

3)等级清楚,管理幅度合理化

一般情况下,酒店组织机构的等级多少要根据企业规模来确定,而且不同等级和同一等级的各岗管理人员的职权划分一定要清楚明确,不能出现权力不清、职权交叉、互相冲突等情况。正常情况下,一个下级只能有一个上级领导,不能出现多头领导、下级无所适从等现象。管理幅度决定了组织中的管理层次,从而决定组织结构的基本形态,酒店的管理幅度根据酒店实际规模大小来确定。

4)机构精简,管理工作效率化

精简和效率是现代企业组织管理的基本要求。酒店运用组织机构进行管理时要注意因事设人,保证各岗人员工作量饱满,防止出现人浮于事的现象。否则不但会增加开支和成本,还会影响工作效率。流畅的意见沟通渠道是针对组织机构的信息系统而言的,在酒店管理中,若无内部的信息沟通,管理人员之间必然发生信息阻塞,使得决策失误,管理效率下降,从而严重影响服务质量和经济效益。除此之外,对重要工作和信息传递要规定明确的完成时限,这样才能使各级管理人员树立强烈的时间观念,进而提高工作效率。

### 4.1.3　酒店组织管理的内容

酒店组织管理活动是一个动态的过程,以人为中心,其内容包含两个方面:

一是酒店社会结构的组织。社会结构的组织主要是人们在酒店管理中分工协作和相互管理,它以组织机构的建立、职责权限的划分为中心。

二是酒店物质结构的组织。物质结构的组织主要是合理配备和使用酒店的物质资源,以降低消耗。物质结构的组织是通过社会结构的组织来实现的。

因此,在酒店组织管理中,组织管理的职能关键在于人力资源的调配和使用,以充分调动广大管理者和员工的主动性、积极性和创造性。具体内容如下。

1)酒店组织结构

(1)酒店部门设置和层次划分

一般情况下,酒店根据自身的规模情况、酒店的决策,把酒店业务按其内容性质合理地分成几大类,把内容性质相同或相近的业务归为一类,当业务量达到一定程度后就形成部门。部门的形成解决了组织管理中酒店横向结构的问题。组织管理除了横向结构还有纵向结构,纵向结构就是确定各部门的层次划分和组织跨度,每一个跨度形成大小不等的业务范围。由于业务范围的不同,由下到上、由小到大形成了组织管理的各层次。

酒店组织的横向结构和纵向结构便形成了酒店的组织结构。酒店组织结构主要有销售部、公关部、前厅部、客房部、餐饮部、娱乐部、康乐部、商品部等前台部门;后台部门有人事部、财务部、工程部、保安部、采供部、办公室等。

(2)酒店业务范围归属

酒店的业务种类繁多。当部门和层次确定后,酒店要将所有的业务归属到各部门、各业务单元中去,如餐饮、客房、娱乐、商务、公共卫生等。对于既可以归入这一部门,也可以归入那一部门的业务,特别是一些有交叉业务内容的业务,应该根据酒店的决策和业务归属的合理性给予合理安排。

(3)岗位和岗位职责的确定

在部门、层次、业务范围都确定之后,下一步就是确定各岗位和岗位职责,例如,由什么人,去完成什么工作,要达到什么样的标准等。酒店的组织结构是由酒店营业部门和酒店职能部门构成的。其中,酒店营业部门主要包括前厅部、客房部、餐饮部、康乐部、商品部、旅游部等;酒店职能部门主要包括人事部、安全部、销售部、财务部和工程部等。

（4）业务的组织联系

当酒店的组织结构基本构成后,组织要运行,运行要有相互间的联系,所以,必须设计组织纵向和横向的联系,建立信息系统,然后选择信息载体,最后再设计信息传输、信息利用、信息反馈的线路和内容,以形成酒店的业务组织。

2）人员的配备

酒店管理人员的配备就是组织用人。人员配备是人力资源管理中最困难、最复杂的环节。在酒店管理中,用人的能力是管理者特别是最高层管理者最应具备的能力。酒店在人员任用中,要坚持"德才兼备,以德为重"的原则,还要做到知人善任,用人不疑,疑人不用。

在人员配备过程中,按照人员配备程序操作:①确定候选人名单;②由人事部门和酒店相应层次的管理层对候选人进行考察考核;③根据管辖层次,由相应的管理层通过集体决策的方式确定该管理岗位的管理人员。

3）任务的分配

任务的分配就是把组织目标的具体任务分解、落实到各部门。

（1）建立目标

建立目标是组织管理实施的第一阶段。酒店目标是在分析企业外部环境和内部条件的基础上确定酒店各项活动的发展方向和奋斗目标,是酒店经营思想或宗旨的具体化。建立酒店目标首先要明确酒店的使命宗旨,并结合内外环境决定一定期限内的具体工作目标。

（2）分解指标和分配任务

酒店组织管理要在综合平衡的基础上根据业务决策、业务设计把与指标配套的各部门业务任务分配到各部门。也就是说,把总目标分解成各部门的分目标和个人目标,使所有员工都乐于接受酒店的目标,明确自己应承担的责任。

（3）目标的控制

为保证酒店组织目标的顺利实现,管理者必须进行目标控制,随时了解目标实施情况,及时发现问题并协助解决。必要时,也可以根据环境变化对目标进行一定的修正和变更。

（4）目标的考核

考核是按部门和阶段进行的,考核按各部门不同的考核项目进行,可以是月、季、半年、一年。目标管理注重结果,对部门及个人目标的完成情况必须进行自我评定、群众评议和领导评审。通过评价活动,肯定成绩、发现问题、及时总结目标执行过程中的成绩与不足,以完善下一个目标管理过程。

### 4)编制定员

编制定员是核定并配备各岗位、各班组、各部门及全酒店管理人员和服务人员的数量。

(1)编制定员核定

编制定员是个定数,酒店实际用工是个变数,它是围绕编制定员上下浮动的。编制定员核定包括以班组为基础进行人员核定、定量分析、分析相关因素,确定定员。

(2)用工类型

用工类型是指酒店所有员工因与酒店的关系性质不同而形成几种不同的类型。酒店用工类型的不同决定了员工与酒店的所属关系、契约关系、经济关系、劳动关系。

### 5)劳动组织

劳动组织是指通过一定的形式和方法使人和设施合理结合,组成岗位劳动,使岗位劳动联系成业务流程,使流程相互联系和协作,以便和谐地完成宾客接待的过程。劳动组织有两层含义:一是将单个的劳动组合成集体劳动,形成一个组织;二是纵向形成业务流程,完成酒店特定的接待过程。

(1)业务流程和协作

组织管理明确了岗位职责以后,要把有前后联系的相关岗位按一定的程序连贯起来形成一个过程,这叫业务流程。业务流程包括时序上的设计、空间上的联系、时空的合理结合。

(2)排班

排班就是排定班次,是根据各岗位及由岗位组成的班组的业务规律,规定他们的工作时间和时间段,规定他们的作业内容。排班可以按作业时间排成早、中、晚等时间班。也可以按业务内容排成业务班,如客房的卫生班和值台班,前厅的总台班和总机班等。时间班和业务班不是截然分开的,它们是交错联系的。酒店业务内容较多,各业务内容又不相同,酒店各部门的排班也多种多样。排班主要是基层管理者的职责。排班要从实际出发,因事、因时而定。

## 4.1.4 酒店组织管理的原则

酒店组织内容颇多,需要有一个准则,这就是酒店组织管理原则。

1）等级链和统一指挥原则

酒店作为一个组织系统,从上到下形成了各管理层次,从最高层次的管理者到最低层次的管理者之间组成了一个链条系统结构,这就是酒店组织的等级链。一个好的酒店组织只将命令发布权授予一个人。每个酒店员工应该只有一个上司,只听从一个人的指挥。

2）目标导向原则

酒店管理的一切都是为了目标,没有目标也就用不着管理,也就不需要组织机构。酒店的目标就是效益,即社会效益和经济效益的统一。

3）管理幅度与授权原则

管理机构之所以形成某种形式的组织结构,其基本原因在于管理幅度的限制。管理幅度是管理者出于精力、知识结构、时间和经验等方面的原因能够有效领导、监督、直接指挥下属的人数。酒店组织根据管理幅度而分成多个管理层次,每个层次的管理者要对目标、上司、下级负责。管理者要管理自己范围内的业务,就要拥有权力,组织管理的原则是对各级管理者进行授权。

4）权责相当原则

权即职权,是指人们在一定职位上拥有的指挥权、决策权,这是管理者所必需的管理权限。责即职责,是指在权力范围内应该履行的义务和责任,是酒店明确规定的每一位管理者和各个部门的职责范围。职责是义务,职权是履行职责时所运用的力量和工具,所以二者必须协调,只有职责没有权力,将会极大地束缚管理者的积极性,但是拥有权力而不履行职责,将会导致权力滥用和瞎指挥,对酒店的发展是极为不利的。所以,权责相当原则要求在酒店中逐级授权、分层管理、权责清晰,充分调动各级管理者的主观能动性。每位管理者和部门在拥有一定的权力的同时也必须承担一定的责任,责任更应该落实到相应的个人,坚决杜绝权责分离。

5）动态平衡原则

酒店的组织机构设置是和酒店的规模、发展水平相联系的。一般来说,在规模较小的酒店管理中,集中的权力可以多一些,在满足经营管理需要的前提下,把人员和机构数量减少到最低限度,使组织机构的规模和所承担的任务相适应;在规模较大的企业中,高层管理者要适度授权,不用事必躬亲。但是,高层管理者要对被授权的组织机构有一定的制约作用,以确保各部门相互联系,相互监督。

6）团结一致原则

组织是一个系统,酒店组织要把系统中的各种资源聚集成一股力量并指向统一的目标,而且酒店目标的实现要靠酒店全体员工的团结一致和万众一心。因此,酒店内部要搞好团结。要使酒店组织能真正团结一致,首先,各级管理人员在组织团结一致方面应起模范表率作用,同时想好消除不团结的隐患的对策,对不团结现象保持高度的警惕性并准备及时纠正。其次,以制度的形式界定破坏团结的范围,并辅之相关的处罚手段。再次,要加强酒店的企业文化建设,使人们从道德观念上建立起人与人之间的正确关系,互相尊重,互相关心,团结一致。

# 4.2　酒店组织结构的设计和创新

## 4.2.1　酒店组织结构设置的原则和依据

酒店组织结构是设置和管理体制、各管理层次的职责权限、管理和作业的分工协作以及酒店管理的规章制度等。酒店组织是酒店正常运转的重要条件,又是酒店管理的重要职能。

酒店组织结构设置是对组织活动和组织结构的设计过程,是把任务、权利和责任进行有效组合和协调的活动。组织结构设置的基本功能是协调组织中人员与任务之间的关系,使组织保持灵活性与适应性,从而最有效地实现组织目标。组织结构设置不仅要从组织的战略目标出发,还要和人员相适应,因此,酒店组织结构的设置要遵循一定的原则和依据。

1)酒店组织结构设置的原则

尽管酒店组织的状况千差万别,管理者的思想观念差异,酒店的接待对象、规模、经营内容和方式也各不相同,一般而言,酒店组织结构设置的原则如下。

(1)组织结构的设置应符合经营的需要

一般来说,酒店组织根据市场需求、决策目标、酒店规模情况,把酒店业务按工作内容、性质分成几大类,并妥善地确定部门的归属。部门构成酒店组织管理中的横向结构。此外,酒店还要按规模来确定各部门层次的划分以及各个层次的组织跨度,这是酒店的纵向结构。酒店的横向结构和纵向结构形成酒店的组织结构。

(2)组织结构的设置应服从效益目标

酒店经营的最大目标是争取经济效益的最大化和资源的优化设置。为达到效益目标,酒店的组织结构设置要以产生最佳效益为目标。为了酒店的效益,酒店在组织结构的设置和组织管理上,应该根据跨度原则和实际需要来确定酒店的组织结构,按需设岗。

（3）组织结构的设置要考虑人的工作效率

人的效率只有在某种限度的工作时间内才是最高的，超过此限度效率就会降低。因此，酒店组织结构的设置和工作设计要适合人的生理和心理需要，工作和职责的划分应该具有弹性，使员工在工作岗位上有自由发挥才能的机会。

（4）因事设职和因人设职相结合

组织结构的设置应该是"因事设职"和"因人设职"并举，其核心是"因才施用"。因事设职是指一个正确的岗位设定准则应该是需要什么样的岗位，然后根据该岗位设定相应的人选，只有这样才能够较好地发挥员工的长处，避开其短处，为员工进一步成才创造充分的条件。因人设职，是围绕酒店的总体目标以及部门的目标，根据人才的特点来设置或提供相应的平台，为员工提供更多的"名利双收"的机会，这样才能较好地达到人尽其才的效果。因事设职，可以使酒店事事有人做，没有空缺的环节。

**2）酒店组织结构设置的依据和方法**

建立高效合理的组织结构有利于酒店工作效率的提高。组织结构是构成体系本身以及经营管理的重要组成部分，是质量体系各要素间协调联系的结构纽带和组织手段。组织结构的设置主要取决于组织的规模和组织的质量目标，具体如下。

（1）酒店规模和类型

在酒店管理组织领导体制确定的基础上，不管是宾馆、酒店、公寓或涉外酒店，其管理组织结构的大小和形式都是由酒店的规模档次和接待对象决定的。酒店规模一般是以酒店的客房和床位的数量多少、餐厅类型、商场分割面积和经营种类、康乐服务项目的多少为依据，酒店床位越多，规模越大。酒店规模直接决定酒店组织管理的层次多少、管理幅度、机构大小和部门设置、用人多少等各个方面，是酒店组织结构设置的重要依据；酒店类型越多，专业化分工越细，内部人员、部门越多，组织结构的规模就越大。

（2）酒店星级高低

酒店星级越高，设备越豪华，经营管理和服务质量的要求就越高、越细致。用人也就相对越多，必然会加大酒店组织结构的规模。因此，规模相同的酒店，星级高低、豪华程度不同，其组织结构的形式、岗位设置和组织机理均有较大区别。

（3）酒店专业化程度和服务项目的多少

酒店专业化经营是集中经营一种产品，以增强专业运行独立性的方式，强化其经营管理的职能，最大限度地发挥资源的优势作用，实现效能、业绩的最大化。实施专业化经营方式的优势在于便于集中所有人力、物力和财力发展一种产品，所需的资金量相对较少，资金使用效率较高。然而专业化经营也有其局限性，不利于酒店迅速扩大规模,同时如果选择的专业本身市场前景狭窄,实施专业化经营的核心竞争力不够,将会严重影响酒店的发展,因此也会影响酒店组织结构的设置。

(4)酒店投资结构和经营市场环境

投资结构是酒店经济性质和产权关系的本质体现,它常常决定酒店组织管理模式和组织结构的形式。特别是投资结构的不同,反映出投资主体意识和酒店高层管理的人员结构也必然不同,他们必然决定和影响酒店组织结构的设置及其管理工作。所以,投资结构是酒店管理组织结构设置的主要依据之一。

酒店所处发展时期不同,市场环境不同,就会有不同的生存之道和经营战略,也就有不同的组织结构设置。酒店要想获得长远的发展,市场环境的事前预测以及对其变化进行相应的组织结构调整是必需的。

### 4.2.2　酒店组织结构的类型

酒店组织结构是组织内部分工协作的基本形式或者基本框架。随着酒店组织规模的扩大,仅靠个人的指令或者默契远远不能高效实现分工协作,它需要组织结构提供一个基本框架,事先规定管理对象、工作范围和联络路线等事宜。酒店企业的组织结构基本类型包含以下三种。

#### 1)直线式组织结构

直线式组织结构(Line System)是最早出现的一种简单的垂直领导的组织结构形式,又称为军队式结构或单线制。其特点是从酒店最高层到最低层按自上而下建立起来的垂直系统进行管理,层层节制,一个下属部门只能接受一个上级部门的命令,上下形成一个垂直管理系统,不存在管理的职能分工。这种形式要求各级管理者是一个具备全面知识和才能的人。这种形式只适用于产品单一、规模较小、业务简单的小型酒店企业,或被现代化大型酒店运用于部门以下的基层管理中,如餐饮部、客房部、商品部等业务经营部门。直线式组织结构图如图4-1所示。

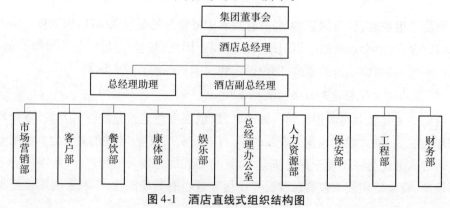

图4-1　酒店直线式组织结构图

直线式组织结构的优点是结构层次比较简单,权力集中,责任分明,命令统一,便于管理。缺点是在组织规模较大的情况下,所有的管理职能都集中由一人承担,往往由于个人的知识及能力有限而感到难于应付,会发生较多失误。就权力分布而言,直线式组织结构是权力高度集中的组织结构。管理事务多,工作难度大。多见于经济型酒店、小型私人酒店,如民宿等。

2)职能式组织结构

职能式组织结构(Functional System)是企业中最常见的组织结构形态,它主要是将企业的全部任务分解成多个任务,并交与相应部门完成。当外界环境稳定,技术相对成熟,而不同职能部门间的协调相对不复杂时,这种结构在企业中是最有效的。

职能式组织结构的核心优势是专业化分工,例如,让一组人专注于生产,而另一组人专注于销售的效率,比两者兼做的效率要高很多。这种组织结构,部门岗位名称会非常稳定,很少变动,人员的升迁、调动也是以技术水平为依据的。职能式组织结构图如图4-2所示。

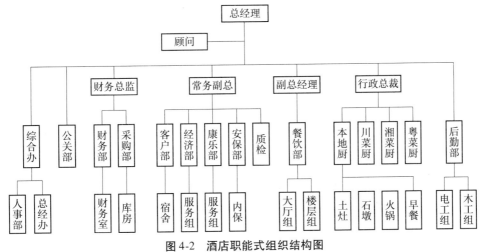

图4-2 酒店职能式组织结构图

职能式组织结构存在的最大问题是对外界环境变化的反应太慢,而这种反应又需要跨部门协调。除此之外,该组织结构的企业很难树立起一种崇尚技术的管理文化,企业的产品和服务缺乏技术深度,因此不能发挥提高技术水平的优势。该组织结构多适用于大中型酒店,酒店部门越多,层级越多。

3)直线-职能式组织结构

直线-职能式组织结构(Line-Functional System)是目前我国酒店普遍采用的组织结构形式,是直线式和职能式组织结构的结合,在直线-职能型组织结构形式下,酒店的各部门分为主线部门与职能部门两大类。主线部门是指负责酒店一线经营和接待业务的部门;职能部门不直接参与酒店的一线经营和接待活动,是为一线服务,执行某项专门管理职能的部门。它兼有直线式和职能式组织结构的优点。既可以保持指挥统一的优点,又可以发挥专业管理的长处。直线-职能式组织结构图如图4-3所示。

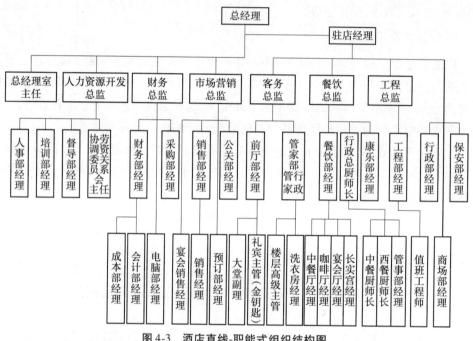

图4-3 酒店直线-职能式组织结构图

直线-职能式组织结构的缺点是各职能单位自成体系,部门间容易出现摩擦,还可能增加管理费用,若授权职能部门权力过大,则容易干扰直线指挥命令系统;不重视信息的横向沟通,工作易重复,造成效率不高;而且职能部门缺乏弹性,对环境变化的反应较迟钝。

4)事业部制组织结构

事业部制组织结构(Federal System)是指酒店对于具有独立的产品和市场实行独立核算、具有独立的责任和利益的部门实行分权管理的一种组织系统形态。事业部制组织结构的优势是能把稳定性和适应性、统一性和灵活性结合起来,集中政策,分散经营、专业化分工,提高生产率,还可以减轻高层管理人员的负担,明确各酒店的利润责任等。事业部制组织结构图如图4-4所示。事业部制组织结构适用于规模庞大、品种繁多、技术复杂的大型酒店,是国内外较大的联合公司所采用的一种组织形式。

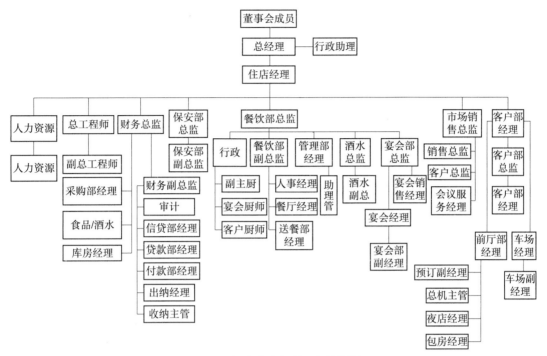

图 4-4　酒店事业部制组织结构图

### 4.2.3　酒店组织结构的创新

　　酒店的组织结构是为实现既定的经营目标和战略目标而确立的一种内部权力、责任、控制和协调关系的形式。传统的、垂直的、职能化的组织结构,具有鲜明的等级制度,任何一个等级层次上的决策者都可能成为信息进一步交流的障碍,而职能化的部门设置又可能导致不同部门之间各自为政,阻碍相互之间的合作与交流。面对快速变化的市场条件和不断增加的竞争压力,为适应不断变化的外部经营环境,又出现了一系列具有创新性质的组织结构形式,包括三叶草结构型组织、虚拟组织、星形组织、扁平化组织等。这些新型组织结构形式的一个共同特点,是通过酒店的组织重构简化内部组织结构,尤其是正式组织结构,弱化等级制度,促进组织内部信息的交流、知识的分享和每位成员共同参与决策过程,使得酒店组织对外部环境的变化更敏感、更具灵活性和竞争实力。

　　在这些新型组织结构形式中,三叶草结构型组织和扁平化组织更具代表性。其中,扁平化组织结构的特点如下:一是使酒店内部作业流程缩短,信息沟通畅通有效。机构少层,效率高一级。对于酒店等级制的金字塔状组织结构,管理学的定律是越往上层其管理难度越大,而管理幅度则越小。二是管理人员更贴近员工和顾客,能够根据员工和顾客的要求及时调整经营。三是在员工工资水平不降、一线员工不减的情况下,同等薪酬福利水平,劳动生产效率增高,又不会影响对顾客的服务。四是由于撤销部分管理岗位,节省出来的办公场地可改造成营业场所或商务房,增加收入,还有减少内耗、减少文秘、减少办公费用的效应。五是有利于酒店应对多变的市场,能使酒店对市场变化做出快速应变。组织结构简化后,酒店提高了组织协调能力,降低了管理成本,对外部环境的变化更加敏感,从而增强了竞争实力。然而,在这些创新型组织结构中,精简掉的不仅是多余的管理人员或职能部门,还包括酒店中不经常发生、处于非核心地位的管理职能。

## 【知识关联】

### 当前竞争形势下,酒店应建立什么样的组织架构

在竞争日趋激烈的今天,酒店必须从组织结构上进行改革。管理人员的管理宽度必须加大,减少和压缩后台人员的编制,一线部门结构扁平化势在必行,这样才能使员工成本不断攀升的势头得到遏制。我们在这一方面做了一些有益的尝试,实践证明是可行的。比如,一家300间客房以下的中型酒店,不超过1 000个餐位数,桑拿和娱乐对外承租,其组织结构建议为:总经理下设行政部(分管总办、安全和人事)、销售部(兼管前台)、工程部(兼管客房)、财务部和餐饮部,总共五个部门即可。行政经理下设四个主管,分别负责安全和人事培训。财务部经理下设几个主管分管收银和信贷、成本控制、财务总账、采购及库管等。销售部经理主管下的前厅部不再设经理,由大堂副理监管前厅日常事务。餐饮部经理下设厨师长和多名主管协助工作,不再设领班。工程部经理(亦可是客房部经理)下设若干主管,分别负责客房、PA、洗衣和维修。改革的结果表明,管理层人数减少了,中间层次减少了,管理层工作强度加大了,矛盾减少了。150间客房以下的酒店,就只需设行政部负责所有后台管理,设营业部负责营业部门,也就是设一个经理带两名助手即可。

(资料来源:刘伟.酒店管理[M].北京:中国人民出版社,2014.)

# 4.3　酒店组织制度与创新

## 4.3.1　酒店组织制度的文化保障

组织文化是指酒店内部员工所具有的共同价值观体系,是由大多数员工所认同和

接受的信念、期望、理想、态度、行为等构成的,其核心是酒店员工共同遵循的价值观。

酒店文化是社会文化与组织管理实践相融合的产物,主要包含四个层次:第一,精神文化。酒店精神是酒店文化的高度浓缩,是全体员工共同一致的内心态度与意志。酒店精神决定着员工的行为,也决定着酒店的服务质量和经营业绩,是酒店文化最重要的部分。第二,制度文化。制度文化是酒店文化中人与物、人与运营制度的中介和结合,是约束酒店员工行为的规范性文化。第三,行为文化。它是指酒店员工在生产经营、学习娱乐中产生的活动文化,是酒店经营作风、精神面貌的动态体现。第四,物质文化。作为酒店文化的子系统,它是由员工创造的产品和各种物质设施等构成的器物文化。

酒店文化与酒店战略实施两者之间有着密切的联系。一方面,优秀的酒店文化是酒店获得战略成功的必要条件。优秀的酒店文化能够突出酒店的特色,形成共同价值观,有利于酒店制订出与众不同的战略。另一方面,酒店文化是确保战略实施的关键,优秀的酒店文化不仅能为酒店创造良好的发展软环境,而且能凝聚全体员工的精神力量,使大家齐心协力地为实现战略目标而努力。

### 4.3.2　高效率酒店组织管理的特色

组织管理存在的意义在于提高组织效率,那么高效率的酒店组织标准是怎样的呢?一般来说,高效率的酒店组织取决于下列两方面的因素:第一是酒店组织要拥有能吸引宾客和员工的个性特征;第二是酒店组织方式要能促进酒店管理。

1)酒店组织的个性特征应与酒店经理人相独立

酒店组织的个性特征与酒店的任何一位经理甚至一群经理是相互独立的。虽然强有力的领导给酒店组织带来了积极的影响,但从总体上来说,酒店组织是与构成它的个人相分离的。例如,虽然今天许多庞大的酒店集团是由某些个人的雄心产生的,如康纳德·希尔顿先生创建了希尔顿酒店集团,凯蒙斯·威尔逊先生创建了假日酒店集团,威拉德·马里奥特先生创建了万豪酒店集团。但是,这些公司的继续生存与发展依赖于它们的组织能不断拥有吸引宾客与员工的特性,而不是这些创始人本身,公司在它们创始人离开后还能继续蓬勃发展就是明证。

2)酒店组织要拥有能吸引宾客和员工的个性特征

一些酒店组织之所以能长期存在,保持蓬勃生命力的源泉是因为它们拥有能吸引宾客和员工的个性特征。一个酒店组织的个性特征可以分为外部和内部两个方面。外部的个性特征是指宾客对这家酒店的感觉、印象,如希尔顿酒店是高级商务酒店,假日旅馆是中等的汽车旅馆。一般来说,外部个性特征来源于酒店的产品、服务、价格、广告和公共关系的定位努力。酒店的不同星级就是一种非常重要的外部个性特征,宾客对不同的星级酒店的关注点会存在较大差异。对于一星级酒店,大多数宾客关注的重点在于"安全清洁住一夜",安全是重中之重。对于二星级酒店,"清洁方便住一夜"成为宾客主要的关注点,方便可能表现在位置便利,有停车场,5 层以上要有电梯,12 小时供应热水等方面。对于三星级酒店,"方便舒适住一夜"将是宾客对其的要求,舒适可能体现在客房装修良好、美观,有软垫床、梳妆台或写字台、衣橱及衣架、座椅或简易沙发、床头柜及行李架等配套家具。电器开关方便宾客使用,24 小时供应热水等。对于四星级酒店,宾客将对其提出更高一层的要求,"舒适享受住一夜",为了达到"舒适性",就要求 70% 客房的面积(不含卫生间)不小于 20 $m^2$,有标准间(大床房、双床房),有两种以上规格的套房(包括至少 3 个开间的豪华套房),套房布局合理等。对于五星级酒店,"舒适性"已经不能满足宾客对其要求和期待,"享受豪华住一夜"将成为这个星级酒店的要求,"享受性"体现在内外装修应采用高档材料,符合环保要求,客房及公共区域整体氛围协调,风格突出,设施、设备齐全等方面。

酒店组织的内部个性特征是指酒店自己把自己看成是什么?内部员工将酒店看成是什么?员工将酒店企业看作是主人、伙伴,抑或练兵场、剥削者?这些都是通过酒店文化、经营理念、管理风格、管理制度等长期形成。例如,万豪酒店集团认为员工是酒店的第一位顾客,宾客是酒店的第二位顾客,他们是员工的顾客。因此,万豪酒店集团首先注意员工的满意问题。内部的个性特征在形成酒店的外部个性特征方面也起着很大的影响作用。

### 3)酒店组织方式要能促进酒店管理

从组织管理角度来讲,酒店管理就是用好的组织方式即行为规则,包括工作规范、作业程序、奖惩制度等,使酒店中的员工养成和发展一种良好的工作习惯。例如,酒店需要在没有众多重复决策的情况下完成日常工作,建立日常的工作规则就能使这一点成为可能。这样,管理者就能从日常的事务中解脱出来,将注意力投向更重要的事情上,努力为适应市场变化而不断进行创新,从而保持酒店的活力,使酒店不断成长。

坏习惯与好习惯是一起发展的。当习惯是好的,管理者就需要强化它们;当习惯是坏的,管理者就必须改变它们。员工的积极流动、奖励与惩罚是改变行为的有力武器。通过使用激励和威慑因素,酒店管理者还可以使自己工作得更容易一些。

综上所述,高效率酒店组织方式的特点包括:第一,能创造出使每一个员工独立和主动工作的环境。如事先给每一个员工一份工作计划和作业规程,让他始终知道做什么以及如何去做。第二,高层管理者要将他的主要精力投入到创新工作中去,而不是放在重复的日常工作里。第三,奖励、强化积极行为,惩罚、消除消极行为,以养成全体员工良好的工作习惯。第四,重视积累知识和经验。这往往表现为对员工特别是管理者进行专业化分工,同时,注重保护和挽留有经验的技术管理人员。

### 4.3.3　酒店组织制度建设与组织创新

**1）酒店组织制度的含义**

"没有规矩,不成方圆。"酒店管理,制度为基。要保证酒店的正常运行,并实现预期的目标,就必须实施制度化管理。酒店组织制度是酒店企业组织管理过程中借以引导、约束、激励全体组织成员行为,确定办事方法,规定工作程序的各种章程、条例、守则、规程、程序、标准和办法的总称,是以文字形式表述的规范与准则。

**2）酒店组织制度建设的意义**

（1）组织制度是酒店正式组织的重要标志

正式组织是组织正式任命,以完成组织目标为宗旨的组织,以组织成本和效率为主要标准。酒店正式组织需要一系列规章制度支撑组织的建立和运行,例如,酒店招聘、解雇员工,对员工工作质量的评估等都必须以酒店的规章制度为准绳。酒店正是通过以制度为依据的有序管理,建立酒店运行的正常秩序,保证业务经营活动的正常进行。酒店制度也是一个组织区别于另外一个组织的重要标志。

（2）酒店制度是酒店高效率运行的保障

酒店制度一方面需要约束机制,即压力;另一方面,也需要激励机制,即动力。通常酒店的约束机制是由组织控制、制度控制、检查控制和核算控制组成,比如,考勤制度、成本控制等。而激励机制通常由竞争激励、物质激励和领导激励组成,比如,技能比赛、领导表扬等。酒店高效率运行需要其约束机制和激励机制共同作用,才能形成活力,即压力+动力=活力。

**3）酒店组织制度的类型**

依照制度规范涉及层次和约束内容的不同,一般可将酒店组织制度分为以下四类。

（1）基本制度

基本制度主要包括企业的法律和财产所有形式、企业章程、董事会组织、高层管理组织规范等方面的制度和规范。

（2）管理制度

管理制度通常包括酒店的人事管理制度、安全管理制度、财务管理制度等。管理制度在组织管理的体系中占有重要地位,它是将单独分散的个人行为整合为有目的的集体化行为的必要环节,是酒店管理的基本手段。

（3）业务技术规范

业务技术规范是指涉及某些技术标准、技术规程的规定,如服务规程、操作规程等。

（4）个人行为规范

酒店企业中，个人行为规范是指专门针对个人行为制订的规范，如礼貌服务守则、员工行为规范等。

### 4）酒店组织创新与发展

（1）酒店组织创新的价值

酒店组织有其内在的结构要求和制度规范，而外界市场在不断变化，酒店也在不断发展，组织创新成为必然。有一位大师曾经说过，世界上唯一不变的就是变化。就酒店而言，在改革开放初期市场供不应求的情况下，多数酒店没有设置市场营销部门。如今，在买方市场情况下的市场营销部门是大多数酒店的主要部门，且在互联网快速发展的今天，营销的组织结构也发生了巨大变化。因此，酒店组织创新始终是酒店需要面对的问题。酒店组织创新涉及组织结构的重组、流程的再造、制度政策的修订和完善等多方面。

（2）组织结构重组反思酒店组织存在问题

我国绝大多数酒店在组织结构设计上都采用的是直线型组织结构，按照这种分工思路，无论酒店规模大小，在部门设置上都容易陷入过分求全和管理官僚化的误区。相反，扁平式组织结构借助于现代计算机技术和通信技术，实现了信息的高效共享。酒店可以通过流程再造提高对顾客需求的反应速度，按照酒店企业的基本价值链将整个企业组织体系分解成若干相互联结的流程模块。简化过去相互割裂的部门建制，全员营销，前移服务重心，突出直接为顾客创造价值的环节。例如，一些酒店"倒金字塔"的组织结构就是强调员工是直接服务于顾客的，因为只有管理者服务于员工，总经理服务于管理者和员工，才能更好地为顾客服务。

（3）流程再造提升顾客价值体验

对原有流程进行全面的功能和绩效分析，发现其存在的问题。首先是确定流程中是否存在功能障碍。对原有流程的分析，要以顾客价值为标准，查找影响服务功能实现的因素。同时根据重要性原则，将酒店的服务定位于核心竞争力，果断放弃消耗资源又不代表酒店特色的业务，让酒店经营变得简洁而高效。对业务流程的反思，一定要与企业所能支持的技术水平、员工素质相结合，客观评估一项流程的实施所需要的资源是否为企业所掌握。

流程再造的一般性方法，通常是将目前的数项业务或工作进行整合。流程再造是一个开放性的循环，客观上只存在阶段性的最优状态。企业的业务流程是否合理，是由外部环境与内部积累相互博弈决定的。在市场环境快速变化的今天，整个流程再造项目的结束往往意味着下一阶段调整的开始。

管理是人类有目的的活动,人类活动总是通过一定的组织来协调,组织是酒店得以正常运转的保证,它对酒店的经营有着根本性的影响,因此,组织理论是管理理论界一直研究的问题。在现代社会中,组织通过管理职能的履行来实现管理目标的作用日益明显,组织方面的才能也成为管理者能力的重要表现方面,在管理理论中,有"组织是管理的心脏"的说法。实现酒店经营活动的计划目标,必须有组织保证。酒店组织既是酒店运转的重要条件,又是酒店管理的载体,因而组织管理对酒店管理具有重要的意义。酒店管理的组织职能就是依照酒店发展计划目标的要求,确定酒店管理体制,制订酒店管理规章制度、条例,选配所需的各类人员并规定其职责和权利,提供必要的物资设备条件和资金,使酒店的人力、物力和财力正确地结合,使酒店各部门之间相互协调。

## 【本章小结】

　　1.简述酒店组织管理,包括酒店组织管理的定义、要求、内容和原则。

　　2.简述酒店组织结构设计与创新,重点分析了组织结构设计的原则、常见酒店组织结构类型及未来扁平化组织结构创新的特点。

　　3.酒店企业组织制度与创新主要包括酒店企业组织制度的文化保障、高效率酒店企业组织管理的特色以及组织制度的建设与创新。

## 【思考与练习】

　　1.简述酒店组织管理的要求、内容和原则。

　　2.简述酒店组织结构设置的原则和依据。

　　3.简述酒店常见组织结构类型及特点。

　　4.对一家四星级或五星级酒店进行实际调研和考察,分析这家酒店组织结构的设置,并分析该酒店的组织管理经验。

## 【案例分析】

违反酒店制度以后

　　某酒店是一家开业近半年,按三星级标准建设和管理的旅游酒店。开业前夕,酒店各部门制订了一系列的规章制度,并于开业后正式实施。半年来,酒店管理制度的实施情况不尽如人意,主要问题体现在两个方面:一是由于开业准备仓促,酒店的制度基本上是根据国外酒店管理公司管理的一家中外合资酒店的制度制订的,有些条文缺乏实施的客观条件,导致执行上的困难。二是由于在制度管理问题上思想认识不一

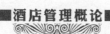

致,导致处理意见上的分歧或感到左右为难,以下案例即属此类。

一天,值班经理巡查时发现餐厅服务员小王在餐厅吃馒头,值班经理按酒店制度对小王进行了处罚,但小王感到非常委屈,有些员工及部分管理人员对此也有些异议。事情是这样的:当天,小王接待一桌重要宴请,由于接到任务较迟,等做好准备工作,已是客人即将到达之际,所以小王只好饿着肚子为客人服务,一直忙到晚上8:30,客人尽兴而归。此时小王已经饿得眼冒金星,收台时,他就顺手往嘴里塞了几片刀切馒头,正好被值班经理看到。

**案例问题**1:如果你是经理,你认为该不该处罚或者怎样处罚小王。

一天,一位酒店管理专家来到酒店,临走时,对酒店的盛情款待表示感谢,并提出了几条建议作为回报,其中提到酒店从管理人员到普通员工,行为举止比较随便,如手插口袋,工作场所拨弄头发,两三人并行等。酒店总经理听后觉得很有道理,当天就布置总经理办公室秘书拟订了一份员工的行为规范,并于第二天下午召开部门经理会布置并贯彻执行,第三天下午发到每个员工手中,第四天开始正式执行。为了加强执行的力度,规定:凡违反行为规范者,扣发当月奖金。但遗憾的是,行为规范执行的第一天就有相当一部分人违反了行为规范。

**案例问题**2:遇到这种情况,该如何处理?该不该执行规范?

# 第5章 酒店运营管理

【学习导引】

  酒店各部门的运营情况会直接影响酒店管理目标的实现,本章对酒店前厅部、客房部、餐饮部和康乐部四大主要营业部门的运营管理进行阐述。通过本章的学习,了解前厅部、客房部、餐饮部和康乐部的地位与作用、组织架构、业务管理内容、运营管理的重点等,从整体上认识和把握各部门运营管理知识,同时培养学生对酒店运营管理的兴趣,并引导学生关注和思考运营管理过程中的各种问题。

【学习目标】

  1.了解前厅部、客房部、餐饮部和康乐部在酒店的地位与作用。

  2.了解前厅部、客房部、餐饮部和康乐部的组织架构。

  3.掌握前厅部、客房部、餐饮部和康乐部运营管理的内容。

## 5.1 酒店前厅部运营管理

### 5.1.1 前厅部的地位与作用

  前厅部(Front Office)也称为客务部、前台部、大堂部,是酒店组织客源、销售客房商品、沟通和协调各部门的对客服务,并为顾客提供前厅系列服务的综合性部门。前厅管理系统、工作规范程序、员工素质和工作表现对酒店服务质量尤其是经营效果具有非常重要的影响。

  第一,前厅部是酒店形象的代表。前厅部的服务与管理在一定程度上反映了一家酒店服务质量和档次的高低,主要体现在前厅大堂的设计、装饰、布置、灯光等设施的舒适度和豪华程度,更取决于前厅部员工的精神面貌、服务态度、办事效率、服务技巧、礼貌礼节、服务特色和组织纪律等诸多方面。

第二,前厅部是给顾客留下第一印象和最后印象的场所。顾客抵达酒店后首先接触的是前厅部,它是给顾客留下第一印象的场所。此外,顾客离店时最后接触的也是前厅部,因此,前厅部也是给顾客留下最后印象的场所。

第三,前厅部是创造经济收入的关键部门。前厅部通过与酒店销售部门的协同合作,积极主动销售酒店客房产品,提高酒店平均房价和客房出租率,以争取获得良好的客房经济效益。

第四,前厅部是酒店业务活动的中心。前厅部被喻为酒店的大脑,负责联络和协调各部门的对客服务工作,很大程度上控制着整个酒店的经营活动。

第五,前厅部的工作有利于提高酒店决策的科学性。在对客服务方面,前厅部掌握着酒店所有顾客的相关资料和信息,将这些信息反馈给酒店其他相关部门和管理层,有助于其进行有针对性的分析。在酒店经营方面,前厅部保存有大量实时经营数据。

第六,前厅部是建立良好顾客关系的重要环节。前厅部是与酒店顾客接触最多、最频繁的部门,前厅部员工也最容易获知顾客的需求,通过尽可能地满足顾客个性化需求,建立良好的顾客关系,以提高酒店顾客满意度。

### 5.1.2 前厅部的组织架构

虽然每家酒店在性质、规模、风格等方面有所不同,也存在不同的组织架构,但其组织机构设置都应遵循从实际出发、机构精简、分工明确的原则,以免造成资源浪费或职能空缺。

1)典型的前厅部组织架构

在图5-1的组织架构图中,描绘了一个典型的酒店前厅部组织架构。职能部门包括预订处、前台接待处、话务中心、商务中心、行政楼层管理处、礼宾处。

2)前厅部的主要机构及其职能

(1)预订处

预订处负责酒店的订房业务,接受顾客以电话、传真、信函或口头形式等方式的预订;负责建立酒店与有关公司、旅行社等提供客源单位之间的业务关系;保持与接待处的密切联系,及时向前厅经理及接待处有关部门提供有关客房预订资料和数据;与市场营销部门进行有效的沟通。

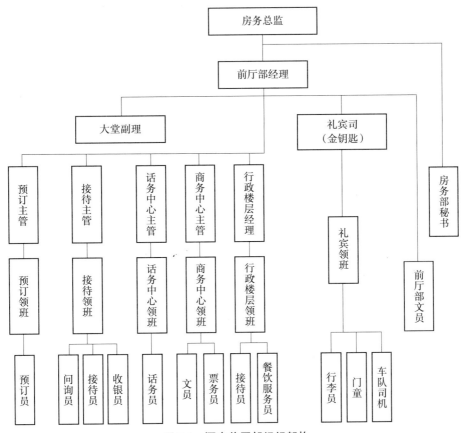

图 5-1 酒店前厅部组织架构

（2）前台接待处

前台接待处也称为开房处、接待问询处等，主要职责是销售客房，接待住店顾客（包括团体顾客、散客、常住顾客、预订顾客和非预订顾客等），为顾客办理入住登记手续，分配房间，分发钥匙；掌握住客动态及信息资料，控制客房状态，与客房部员工沟通；制订客房营业日报表等；协调对客服务工作。

（3）话务中心

话务中心主要负责转接电话；为顾客提供"请勿打扰"服务；叫醒服务；回答电话问询；接受电话投诉；电话找人；电话留言；播放酒店背景音乐。

（4）礼宾处

礼宾处主要为顾客提供迎送服务、行李服务和各种委托代办服务；为顾客在娱乐、交通、旅游以及酒店所在地区保姆服务等方面提供大量的信息。

（5）收银处

收银处的职责主要包括为离店顾客办理结账退房手续；提供外币兑换服务；与酒

店各营业部门的收账员联系,催收核实账单;处理顾客的法律赔偿;统计酒店当日营业收益并制作相关报表。

（6）商务中心

商务中心的主要职责是为顾客提供打字、翻译、装订、复印、长话、传真、订票、上网、小型会议室出租等商务服务,同时也为顾客提供秘书服务。

（7）宾客关系部与大堂副理

现在,大多数高档酒店都在前厅部设置宾客关系部,主要代表酒店总经理,协助大堂副理负责前厅服务协调、VIP 顾客接待、投诉处理等工作。而在不设置宾客关系部的酒店,这些职责由大堂副理负责。

### 5.1.3　前厅部业务管理

1）客房预订业务管理

预订是指顾客在抵达酒店前通过各种途径与方式提出对酒店客房及其他服务的预先约定。顾客通过电话、网络、传真等各种方式与酒店联系,预约一定时间段的客房使用权,酒店则根据客房状况决定是否满足顾客的订房需求。

临时性预订:指未经书面确认或未经顾客确认的预订。酒店通常与顾客约定将房间保留至入住当天的下午 6 点,若顾客未到店,则预订将被取消。

确认类预订:通常指酒店以书面形式与顾客确认过的预订。酒店为顾客保留订房至某一事先声明的规定时间,若到了此规定时间顾客仍未到店,且未与酒店联系,酒店可将客房出租给其他顾客。

保证类预订:指顾客通过信用卡、预付定金、签订合同等方式,保证酒店的客房收入,而酒店则必须为其提供所需客房的预订方式。

2）接待业务管理

（1）总台接待业务管理

总台接待业务主要是指为顾客办理入住登记手续,以及与之相关的修改订单、更换客房、调整房价、续住办理、延迟退房办理等业务。在顾客入住时体现酒店的热情服务有助于树立酒店良好的形象和保证后续的商业关系,办理入住登记手续主要包括以下步骤:

①热情待客,向顾客表示欢迎。

②询问及核对预订信息。应当核对的基本预订信息包括入住人姓名、抵离店日期、房型、预订渠道、付款方式等。

③填写住宿登记表,安排客房。为散客办理入住登记时,需要确认的内容包括顾

客的基本信息、住宿信息、确认签名。为团体顾客办理入住登记时,则应请团体领队确认团队签字及团队住宿登记表的预订信息;另外,还应在团体领队的配合下填写团体资料单。

④确定付款方式。常见的付款方式有现金、信用卡、旅行支票、转账等。

⑤交付客房钥匙。

⑥完善系统信息。及时将住宿登记表上的有关内容输入生产管理系统(PMS),包括顾客姓名、抵离店日期、房号、客房类型、房价等。

⑦其他业务。如询问顾客是否有贵重物品需要寄存,指引客房方向或引领顾客进房,通知其他相关服务部门等。

(2)行政楼层接待业务

行政楼层是高星级酒店为了接待高档商务顾客等高消费顾客,为其提供特殊优质服务而专门设立的楼层。入住行政楼层的顾客,其入住、离店等手续都可以直接在行政楼层由专人负责办理,以避免顾客长时间的排队等候。此外,行政楼层还设有顾客休息室、会议室、报刊资料室、商务中心等,为商务顾客提供更加温馨的环境和各种便利。

(3)礼宾接待业务

①迎送宾客。酒店门童应为顾客提供热情周到的迎送服务;指挥酒店入口交通,保证酒店入口处的安全,以确保顾客入住和离店的有序性。

②行李服务。主要包括行李运送和行李寄存服务;若顾客需要寄存行李或贵重物品,则按照酒店规定做好寄存登记和物品存放工作。

③委托代办。满足顾客提出的特殊要求;处理票务邮件、旅游与娱乐项目代办。

## 【知识链接】

### 金钥匙服务

金钥匙是一种委托代办服务,建立在一般服务基础上,是一种主动服务,即在顾客没有提出要求之前,就设身处地地考虑顾客会有什么服务上的需求。在满足顾客一般需求的基础上,通过提供个性化服务,使得服务超过顾客的期待值。"尽管不是无所不能,但一定要做到竭尽所能"是金钥匙的服务哲学。

"国际金钥匙组织"(UICH)是一个国际性酒店服务专业性组织,于1929年在法国成立,距今已有90多年的历史。1999年2月,中国国家旅游局正式批准成立中国酒店金钥匙组织,划归中国旅游饭店业协会管辖。这是国际金钥匙组织第31个成员国团体会员,也是中国旅游饭店业协会的一个专业委员会。

（4）总机接待业务

酒店总机的接待对象既包括酒店顾客，也包括其他部门员工等。主要工作内容包括电话转接及留言服务、回答问询及查询服务、"免打扰"服务、电话叫醒服务、火警电话处理等。

（5）商务中心接待业务

为了满足顾客的需要，尤其是商务顾客的需要，现代酒店大多都设有商务中心为顾客提供打印、复印、翻译、传真收发、上网、会议记录、会议室出租、代办邮件等服务。

3）客账与离店业务管理

前厅收银处每日负责核算和整理酒店各业务部门收银员送至总台的顾客消费账单，并为顾客办理结账离店手续。结账退房流程一般包括以下步骤：

①接受退房要求。

②询问酒店产品与服务的质量。

③收回客房钥匙。

④通知查房。通知楼层服务员迅速检查客房的目的在于避免有顾客的遗留物品或客房物品有丢失、损坏。

⑤检索电子对账单并核对其完整性。

⑥顾客决定付款方式并付款。在办理入住登记时，顾客会表明他打算使用哪种方式付款，可能的方式包括信用卡、汇总结算、现金或者支票。退房时，还应再次与顾客确认支付方式。

⑦归档。将有顾客签名的对账单以及相关文件归档，以便财务部门进行核查。

## 5.1.4 前厅部运营管理重点

1）接待业务安排

前厅部经理应根据当日客情、顾客当日抵离店统计表等资料，对各部门当日业务进行安排和指导。若前日有遗留未解决的业务问题或顾客投诉等，应在当日尽快处理。

若当日有大型接待活动，如大型团队接待、发布会、酒店促销活动，或 VIP 接待等，应提前制订好接待计划，落实具体经办人，并在人员组织、物资采购等方面做好充足准备。

2）信息管理

酒店信息是指酒店在经营过程中可提供的各种消息和资料。作为酒店信息的集散中心，前厅部应当提供正确的信息并及时传输新信息，以便提高酒店员工的工作效率,从而为顾客提供及时周到的服务。

(1)酒店外信息

酒店外信息包括区域划分、交通路线、相关法规、商贸中心、银行、医院、娱乐场所等短时间内变化较小的固定信息;也包括文艺演出时间和内容、体育赛事时间和内容等可变信息。

(2)酒店内信息

酒店内信息包括酒店内各种设施及服务项目等信息,如各餐厅的位置、营业时间、销售菜品等;还包括酒店内每日可变信息,如每日顾客抵离店情况、促销活动、宴会、商务会议等。

(3)前厅部与其他部门的信息沟通

前厅部在与酒店其他部门进行信息沟通时,要明确沟通的目的,实事求是,顾全大局,及时采取行动,共同配合努力完成任务。

①前厅部与市场营销部。前厅部与市场营销部负责酒店产品和服务项目的销售工作,前厅部主要针对零星散客出售客房产品,而市场营销部则负责酒店长期、整体的销售,尤其是团队和会议顾客的客房销售。两个部门之间的联系是紧密的,通过协同合作,有助于提高酒店客房出租率和增加客房收入。

②前厅部与客房部。一方面,前厅部就客房状态、客房利用情况、客房安全、住店顾客资料、顾客对客房设备和用品的需求等,与客房部进行信息沟通,要求信息准确、及时,以免影响接待效率和质量。另一方面,客房部依据酒店客房销售预测,合理、科学地安排和处理员工的请假、休假事宜。

③前厅部与餐饮部。餐饮部要向前厅部获取顾客的相关信息,以确定顾客是否可以签单挂账;依据住店顾客信息,餐饮部能够合理排版和预测营业收入,从而决定相应的采购方案。同时,餐饮部也要将各营业处的顾客消费信息及时、准确地提供给总台收银处,以便记入顾客的账单。

④前厅部与康乐部。通常前厅部向康乐部递交顾客情况书面通知,如顾客特殊需要、预订信息等;并主动向顾客推荐介绍康乐设施,及时向康乐部传递顾客健身及娱乐信息等。

⑤前厅部与财务部。前厅部与财务部进行信息沟通的目的在于避免出现漏账、逃账现象,给酒店带来经济损失。

3)销售管理

前厅销售管理不仅有利于客房出租率的提高,也能带动和促进酒店餐饮部、康乐部等其他业务部门的经营。

（1）编制前厅销售计划和销售预算

前厅销售计划是在一定时间内,前厅客房销售量预计达到的目标;销售预算则是为了实现这一经营目标而需支出的费用。科学合理的销售计划和销售预算有利于前厅管理者严格控制销售成本,通过各种销售手段和方法来完成销售目标,从而达到实现酒店经济效益的目的。

（2）把握顾客特点,架构客源网络

不同顾客的不同特点,导致其对酒店有不同的要求。在激烈的市场竞争环境下,应树立强烈的销售意识,针对不同的顾客采取不同的销售手段和方法。

（3）准确掌握客房状态

随时掌握最新的客房状态,既能保证总台接待员分房工作的顺利进行,也能使其在进行客房销售时做到合理调配房间和灵活处理顾客对客房的要求,从而保证现有客房的销售以及客房出租率的提高。

（4）加强客房预订管理

前厅部应尽量全面、准确地掌握顾客资料,主动与客房预订的主要客源市场联系,如旅行社、机关单位、商务组织等,随时了解顾客情况并通报酒店信息。

（5）加强销售信息管理

通过编制每日或定期销售报表,准确了解销售状况和客房状态,有利于酒店内关于销售信息的沟通交流,以便管理者及时调整销售策略和方法。

# 5.2 酒店客房部运营管理

## 5.2.1 客房部的地位与作用

客房部（Housekeeping Department）,又称为管家部,是酒店管理有关客房事务,向顾客提供住宿服务的部门。酒店是为顾客提供食宿娱乐等的场所,客房是酒店的基本设施,酒店的一切活动都是围绕客房展开的。客房产品是酒店的核心产品。

首先,客房是酒店的基础设施和构成主体。酒店提供的首要基础服务是住宿服务,即客房产品是酒店招徕顾客的最基本吸引物。在酒店的建筑面积中,客房通常占总面积的 50% ~90%,且客房也是酒店绝大部分固定资产所在处。

其次,客房收入是酒店经济收入和利润的主要来源。客房收入一般占酒店总收入的 40% ~60%,客房利润一般占酒店总利润的 60% ~70%。

再次,客房水平是酒店等级水平的重要标志。顾客在酒店的大部分时间都是在酒店客房度过,因此客房水平在很大程度上反映了酒店的整体水平,顾客对酒店的反馈意见也多集中在这一部门。客房水平主要包括硬件指标(如各种硬件设施设备状况、客房布置、装饰等)以及软件指标(如服务人员的工作态度、服务技巧、服务方法等)。

最后,客房部管理直接影响整个酒店的运作。一方面,酒店客房服务带动了酒店各种综合服务效益。另一方面,客房部的工作涉及客房、酒店环境建设、设施设备维护、员工管理等各个方面,因此,客房部的管理直接影响整个酒店的运作。

### 5.2.2 客房部的组织架构

根据酒店的规模、档次、性质、特点、管理目标等的不同,客房部的组织架构也有所不同。另外,不同酒店也会有不同的客房部的组织架构。

1)典型的客房部组织架构

不同规模酒店的客房部组织架构特点大致可以归纳为:酒店规模越大,分工越明确,层级越分明。图5-2描绘了典型酒店客房部组织架构。

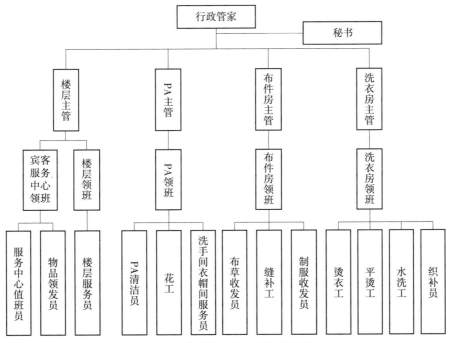

图5-2 典型酒店客房部组织架构

2)客房部主要业务团队

(1)楼层服务工作团队

楼层服务工作团队主要负责客房所在楼层的客房、楼道、电梯厅等处的清洁卫生和为住客提供客房服务,是客房产品的直接生产者,也是接待住客的主力军。通常设立楼层服务员、楼层领班、楼层主管等岗位。

(2)公共区域服务工作团队

公共区域服务工作团队主要负责酒店除厨房、客房楼层外的所有公共区域的清洁卫生及酒店整体环境维护。通常设立公共区域清洁员、公共区域领班或主管等岗位。

(3)布件房服务工作团队

布件房服务工作团队主要负责酒店布件,员工制服的收取、保管、发放、送洗、缝补等工作。通常设立布件房服务员、布件房领班或主管等岗位。

(4)客房部办公室工作团队

客房部办公室工作团队主要负责客房部日常行政事务工作,包括文案处理、来访接待、与其他部门联络协调等相关工作。通常设立行政管家、副行政管家、行政管家助理、秘书、文员等岗位。

(5)客房服务中心工作团队

客房服务中心是客房部的信息传递中心,是配合客房楼层进行对客服务、本部门内部协调调度,以及与外部门正常业务往来的关键部门。通常设立服务中心文员、主管等岗位。

(6)洗衣房服务工作团队

洗衣房服务工作团队主要负责客衣及酒店所有布件与员工制服的洗涤、熨烫等工作。通常设立一名主管以及客衣组、熨烫组等。

3)客房部运营管理

(1)客房服务质量管理

客房服务质量是指以设备或产品为依托所提供的劳务适合和满足顾客物质和精神需求的程度。适合和满足的程度越高,服务质量就越好。主要包括以下几个方面:

①客房设施设备用品质量包括客房家具、电器设备、卫生间设备、防火防盗设施、客房备品和客房供应品的质量。这些是客房服务提供的物质基础,其舒适完好程度如何,将直接影响整个客房服务的质量。

②客房环境质量是指客房设施设备的布局和装饰美化,客房的采光、照明、通风、温度、湿度的适宜程度。良好的客房环境能使顾客感到舒适惬意,产生美的享受。

③劳务质量包括服务态度、服务语言、服务礼节礼貌、服务方法、服务技能技巧、服务效率、安全与卫生等方面。劳务质量是客房部一线服务人员对顾客提供的服务本身

的质量。

（2）客房清洁质量管理

①客房日常清洁管理。又叫做"做房"，主要内容包括除尘、物品整理、更换和补充用品、擦洗卫生间、检有设备等，是酒店每天都需要进行的工作。客房的清洁程度是顾客入住酒店最关心的问题之一，也是顾客选择酒店的标准之一。客房服务员必须按时、按服务规程和标准的要求，认真、高效地清洁房间。

按照清洁程度来分，客房清洁主要分为简单清洁、一般清洁和彻底清洁；按照清洁对象来分，客房清洁主要分为走客房的清洁和住客房的清洁和空房的清洁。客房服务员在了解并核实了自己所要清洁客房的状态后，应根据客房状态的急缓先后、顾客情况合理安排房间的清洁顺序，使得在满足顾客客房清洁需求的同时，又能够保障客房的出租周转率。标准清洁顺序：VIP房—"请即打扫"房—住客房—未清扫空房—空房。

②客房计划卫生管理。也叫作客房周期清洁管理，是指有计划的、周期性的对某些区域和卫生死角进行彻底的保养和清洁活动。客房部管理人员要根据酒店清洁保养的要求、设备设施的配备情况和客房出租率情况等因素，综合确定客房计划卫生的循环周期。

为科学、合理、有序地将周期清洁安排与落实到位，酒店一般采用的办法是将清洁项目按清洁周期的长短进行分类，然后根据周期的长短进行合理安排，按照时间周期可分为周计划、月计划、季度计划、年度计划和淡旺季计划。按照时间跨度的长短，上述计划种类又可分为短期计划、中期计划和长期计划。同时，客房计划卫生的管理组织方式可分为单项计划卫生、单房间计划卫生、突击计划卫生及季节性大扫除。

③客房定员。是客房部规定的人员编制名额，即按照规定能容纳的人数；同时，客房定员也是指规定客房部人员编制名额。客房部应根据酒店的经营理念、档次、目标市场定位等条件来进行客房定员。

客房定员应遵从的步骤：划分职能区域、确定岗位设置、明确各岗位班次划分、确定各班次需要的人数。常用的方法包括客房部特殊岗位定员法、客房部岗位职责范围定员法、客房部人员比例定员法、工作定额定员和统筹定员法。

# 5.3 酒店餐饮部运营管理

## 5.3.1 餐饮部的地位与作用

餐饮部包括中餐厅、西餐厅、宴会厅、咖啡厅、酒吧等,主要任务是生产高质量的餐饮产品,并通过为顾客提供热情、周到的服务,满足顾客的就餐需求。随着世界经济的迅速增长,社会生活节奏加快,前往酒店、餐厅用餐的人数日益增加,餐饮业得到繁荣发展,酒店餐饮部的地位也得到提升。

第一,餐饮部为顾客提供优质菜点及饮料。饮食已作为消费者对美的追求和享受,餐厅提供的餐食不仅能够满足顾客的基本生理需求,还能通过色、香、味、形、营养使顾客得到多角度的享受。

第二,餐饮收入是酒店收入的重要组成部分。餐饮部收入在酒店总收入中所占比例因地理位置、酒店而异。就目前国内星级酒店而言,餐饮部营业收入占酒店总营业收入的38% ~40%,这一比例仍有上涨趋势。另外,虽然餐饮部的成本开支与酒店其他部门相比较大,但其盈利仍可占到酒店利润总额的10% ~20%,这对于一家年利润上千万的酒店而言,比例相当可观。

第三,餐饮部管理和服务水平直接影响酒店声誉。酒店顾客能够直接感受和体会到餐饮服务水平,而服务水平是管理水平的最终表现。顾客可以根据餐饮部提供的食品、饮料的种类、质量和分量、服务态度及方式来判断一个酒店服务质量的优劣和管理水平的高低。

第四,餐饮部的经营活动是酒店营销活动的重要组成部分。相较于酒店的其他营业部门而言,餐饮部在竞争中具有更高的灵活性、多变性和可塑性,因此,餐饮和其他服务设施常被顾客作为在挑选同等级酒店时的重要参考因素。同时,餐饮经营还可以为本地消费者提供良好的就餐场所。酒店餐饮部也可以根据自身的优势和环境状况,举办各种食品节等餐饮推广、义卖活动等,树立酒店良好的市场形象,增加酒店的餐饮收入。

第五,餐饮部是弘扬中华民族灿烂的烹饪文化艺术的重要部门。中国饮食历史悠久、文化博大精深,又具有强烈的民族特色及生活风貌,饮食作为美的追求和享受,已经成为顾客心理满足的重要需求之一。

### 5.3.2　餐饮部的组织架构

**1）典型的餐饮部的组织架构**

餐饮部的组织架构设计除了要遵循科学合理、高效精简、统一指挥等组织机构设计的基本原则,还应根据自身的经营特点进行调整。图5-3为大型酒店餐饮部常见的组织架构图。

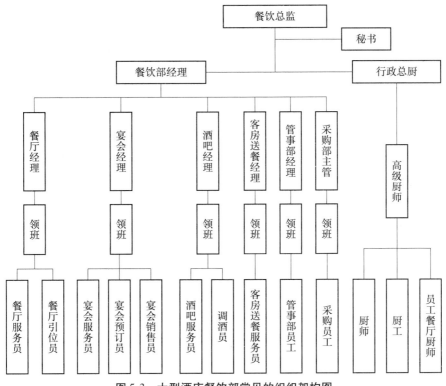

**图5-3　大型酒店餐饮部常见的组织架构图**

**2）餐饮部的主要机构及其职能**

**(1)餐厅**

餐厅是指提供食品、饮料及就餐服务的场所,其主要职能包括:按照既定的标准和程序,以熟练的服务技能、耐心周到的服务态度为顾客提供餐饮服务,并根据不同顾客的不同需求提供个性化服务;加强宣传促销力度,保证餐厅的经济效益;控制费用开支,降低经营成本;做好餐厅设施、设备的维修、保养工作等。

**(2)厨房**

厨房是餐厅的主要生产部门,其主要职能包括:负责整个酒店菜点的制作、创新;

食品原材料采购计划的制订;餐饮部成本控制;厨房设施、设备的维修、保养工作等。

（3）宴会部

宴会部通常拥有多个不同规格的宴会厅,是餐饮部的重要创收部门,其主要职能包括:宣传、销售各种类型的宴会产品,并提供相应的服务;控制宴会产品的成本与费用,增加收益;做好相关设施设备的维修保养工作等。

（4）管事部

管事部是餐饮部重要的后勤保障部门,其主要职能包括:提供餐饮部所需的设施设备与餐具;清洁一般餐具与厨具,并负责银器等高档餐具的清洁与维修、保养;负责所有提供餐饮服务部门后台区域的清洁卫生;收集和处理餐饮部生产与经营过程中产生的垃圾;控制餐具的损耗,降低成本;做好相关设施、设备的维修、保养工作等。

3）餐饮部运营管理

（1）菜单设计与管理

①菜单的作用。菜单是餐饮部或餐饮企业为了方便与顾客沟通产品信息而提供给顾客的关于菜肴名称、价格、烹调方法等信息的商品目录和介绍书。在餐饮部运营管理过程中,菜单具有十分重要的作用。

第一,菜单是餐厅和顾客进行信息沟通的桥梁。通过顾客点菜的偏好,餐厅可以了解顾客的需求特点,从而判断菜单设计是否合理;顾客也可以通过菜单了解餐厅的类别、经营风格、菜品特色及价格。

第二,菜单可以指导餐厅的经营和管理工作。菜单的菜式品种、水平和特色决定了餐厅选择购置的设备、炊具、工具和餐具,也决定了厨师及服务人员的技术水平和人数、配备等。

第三,菜单反映了餐厅的经营方针。菜单是餐厅经营者和生产者通过对客源市场需求的分析以及竞争对手产品的研究之后,结合本餐厅具体资源状况制订的,因此,菜单是餐厅经营方针和经营思想的具体体现。

第四,菜单标志着餐厅菜肴的特色和水准。菜单上食品、饮料的品种、价格和质量都向顾客传达了本餐厅商品的特色和水准,并反映出餐厅的整体风貌。

第五,菜单代表了酒店餐厅的档次和文化特色。设计精美、雅致动人、色调得体、洁净靓丽的菜单,读起来赏心悦目,看起来心情舒畅,有助于树立餐厅、酒店的良好形象。

②菜单的种类。综合考虑各类餐饮企业的经营类型、经营项目、就餐形式及服务对象等因素,菜单主要分为零点菜单、套餐菜单、宴席菜单和自助餐菜单。此外,按照菜单更换的频率,也可以将其分为固定性菜单、循环性菜单和即时性菜单。

③菜单设计的原则。

首先,以满足顾客需求为首要依据。不同年龄、性别、职业的顾客在餐饮口味、热量需要、菜式品种、餐饮价格、份额大小、服务速度等方面都有较大区别。除宗教禁忌外,菜单设计人员应推测顾客的地区性饮食习俗、就餐动机等。

其次,树立酒店市场形象,突出酒店风格特色。企业应充分利用菜单,设法在顾客心目中树立起有别于其他餐饮企业的鲜明独特的形象,突出企业餐饮风格特色。此外,菜单还应尽量选择反应餐厅风格特色、厨房擅长菜式品种进行推销,突出招牌菜和特色菜,同时注意品种搭配,不断推陈出新。

最后,充分考虑现有生产能力和原料供应状况,避免菜单设计的盲目性。凡列入菜单的菜式品种,餐厅应无条件保证供应;管理人员在考虑菜单品种时,应首先正确核算菜品的成本与毛利,了解菜品的盈利能力及其潜在销售量。

（2）餐饮成本管理

①采购管理。坚持执行原材料采购规格标准,保证餐饮产品质量;根据营业情况、现有库存量、原料特点、市场供应状况等,严格控制采购数量,努力使采购计划与实际需要相符;在确保原料质量符合采购规格的前提下,尽量争取最低价格。

②验收管理。对所有验收的原料、物品进行称重、计数和计量,并如实登记;核对交货数量与订购数量是否一致,交货数量与发货单原料数量是否一致;检查原料质量是否符合采购规格标准;检查购进价格是否与所报价格一致,如发现数量、质量、价格方面有出入或差错,应按规定采取拒收措施;尽快妥善贮存、处理各类进货原料;正确填制进货日报表、验收记录等票单。

③库存管理。原料的贮存保管应由专职人员负责,未经许可不得进入库区;库门钥匙应由专人保管,门锁应定期更换,以确保安全。同时,应对贮存环境进行有效管理,如区分干藏仓库、冷库、冷藏室等,一般原料和贵重原料也应区分贮存。

各种原料都应贮存在固定位置,原料经验收后应尽快存放到位,以免造成损失;为避免腐烂,应先对生鲜食品加以保管,再对温度进行严格控制,并注意防止细菌繁殖;对库存品经常按照易腐性进行检查,对出现异常的食品原料应及时处理,防止污染;保持仓库区域清洁卫生,杜绝虫害、鼠害;定期对仓库原料进行盘存并进行相应的记录。

④出库管理。建立申领制度;对肉类等高价品应按烹调所需的大小规格进行采购,或采购后按统一标准进行加工,避免浪费;对长期未使用的在库品,应主动提醒厨师长,避免造成死藏;规定领料次数和时间;控制食品原料的直接发放。

⑤加工管理。切割烹烧测试要严格按规定的操作程序和要求进行加工,达到并保持原料应有的净料率;对粗加工过程中的剔除部分（肉骨等）应尽量回收,提高利用率;坚持标准投料量;切配时应根据原料的实际情况,坚持整料整用、大料大用、小料小用、下脚料综合利用的原则。

（3）餐饮费用管理

①劳动力成本管理。劳动力成本逐渐成为餐饮企业的一项重要支出,加强劳动力

成本的控制是餐饮企业管理人员的重要任务之一。首先,为降低成本,提高经济效益,餐饮部管理者首先应制订科学的劳动定额,即根据餐饮企业确定的服务或产品质量标准及工作难度等内容来制订。其次,在劳动定额的基础上,根据各自的规模、营业时间、营业的季节性等因素配备适量的员工。最后,在满足餐饮企业经营需要的前提下,进行合理的排班,既发挥员工的潜力,又考虑员工的工作效率,并保障员工的身心健康。

②水电及燃料费用管理。编制年度预算;培养员工节约用水、用电的良好习惯;加强对水电及燃料设施、设备的保养;定期进行费用差异分析,找出产生问题的原因,采取有效的相关措施。

③餐饮用具管理。确定消耗标准,并监督服务人员切实执行;各类不同的餐饮用具应有固定的存放位置,严禁乱堆乱放,以免无故损耗;指定专人负责餐饮用具的管理,制订相关的领用手续并严格执行;定期进行餐饮用具的盘存,检查消耗量是否在规定的消耗标准内,若发现问题,应及时分析并找出原因,采取相应措施;餐饮部管理人员应制订详细的餐饮用具管理制度,如餐饮用具损耗统计制度、奖惩制度等。

# 5.4 酒店康乐部运营管理

## 5.4.1 康乐部的地位与作用

康乐是指人们为了调节身心、恢复体力和振作精神,在闲暇时间,在一定场地和设施条件下参与的休闲性和消遣性活动。随着社会经济的发展,人类物质文明、精神文明的高度发展,文化水平的不断提高,酒店康乐部应运而生。如今的酒店不只是为顾客提供住宿、餐饮等基本服务的场所,也是为顾客提供康体类、休闲类、保健类和娱乐类活动等的场所。

从酒店角度而言,康乐部体现了高星级酒店的档次和魅力;通过满足不同顾客的不同需求,提高其市场竞争力;康乐部能够帮助酒店增加客源,延长顾客的停留时间,提高经济效益和综合效益。

从顾客角度而言,顾客对康乐项目的需求日益增加;康乐活动也能增加顾客在酒店、旅游目的地的经历;酒店的康乐部通过提供场所和活动以增加与顾客交往的机会。

## 5.4.2 康乐部的组织架构

### 1)典型的康乐部的组织架构

酒店康乐部项目较多,品种各异,消费方式、计价方式、服务方式差别较大,因此,康乐部的组织架构设置具备多样性和管理复杂性。图5-4为典型的康乐部的组织架构。

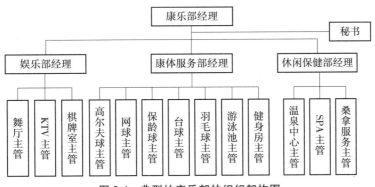

图5-4 典型的康乐部的组织架构图

2）康乐部组织架构的设置依据

（1）市场需求

顾客的需求会随着市场的发展、环境的变化、时间的推移而不断增加；市场需求也会随着经济收入、文化、竞争规模、商品供应量和价格、资源开发等因素的变化而变化。酒店康乐部的服务项目设置应以满足顾客需求为目的，并进行相应的调整和更新。

（2）资金能力

康乐项目的设置及规模应根据投入的资金情况量力而行。

（3）客源消费能力

酒店康乐设施的设置应在调查研究的基础上根据客源层次及其相应的需求来决定。根据不同顾客的不同需求设置相应的康乐设施，市场定位要准确。

（4）酒店接待能力

只接待住店顾客的酒店应从酒店客房的接待能力推算康乐部需要的接待能力，同时接待店外散客的酒店康乐部则还应考虑市场半径之内的客流量，以此决定康乐设施的大致规模。

3）康乐部各岗位职责

康乐部的岗位设置原则和指导思想是以事为中心，因事设岗，事职相符，由岗择人。在进行岗位设置时，应遵循的原则包括：岗位设置的数目要符合最低数量原则、有效配合原则、效应积极原则；所有岗位要体现经济、科学、合理、系统化原则。

（1）康乐部经理的职责

康乐部经理的职责包括以下几个方面。

①全面管理康乐部的经营管理工作，严格执行酒店各项管理制度及上级下达的各

项指令,对部门的经营管理及经营效益负责。

②制订部门工作计划,建立和健全部门管理制度、各岗位具体工作内容、职责规范、服务质量标准,并监督贯彻实施。

③分析经营状况及市场发展趋势,组织各下属部门完成营业指标任务,抓好财产管理及核算,控制各项开支,提高经济效益。

④充分发挥各下属部门经理的工作积极性,通过部门经理检查、监督部门服务人员的工作态度、服务质量,不定期地抽查各岗位的工作情况,做到奖惩分明。

⑤做好下属员工的思想教育工作,制订培训计划,安排对下属员工进行各类业务培训,使之达到专业水平。

⑥收集和征求顾客意见,处理顾客投诉,分析服务质量管理中的问题并提出整改措施。

⑦参加酒店例会及其他有关会议。主持部门例会,听取下属各部门经理的工作汇报,研究问题,布置任务。

⑧与酒店其他部门进行协调配合。

(2)台球厅岗位的职责

台球厅岗位的职责包括以下几个方面。

①熟悉台球厅的工作内容和服务程序,掌握台球比赛的规则和计分方法,有一定的示范指导能力。

②准确使用礼貌用语,区别不同服务对象,对新顾客能主动介绍本球厅的特色和服务内容。

③正确引导顾客到指定球台,协助顾客挑选球杆,为顾客码球;当顾客开始打球后,应在不影响打球的位置上随时注意顾客的需求。

④顾客打球结束后,应将球杆摆在杆架上,将球码放整齐,将台面清理干净。

(3)舞厅及音乐厅岗位的职责

舞厅及音乐厅岗位的职责包括以下几个方面。

①舞厅、音乐厅灯管较暗,服务人员应勤巡视、勤观察,及时为顾客提供服务,多推销饮品。

②本场所顾客较复杂,应细心注意顾客和设备的安全,若发生意外事件应沉着冷静,妥善处理。

③准备好各种酒水、小吃、零食等,为顾客提供周到的服务。

④保持场所空气清新,使舞厅、音乐厅环境舒适幽雅。

(4)棋牌室岗位的职责

棋牌室岗位的职责包括以下几个方面。

①清洁室内环境及设备,开窗或打开换气扇通风;营业前补齐各类营业用品和服务用品,整理好桌椅环境。

②将顾客引领至正确位置,并主动询问顾客是否需要酒水;若顾客需要脱衣摘帽,应主动为顾客服务,并将衣帽挂在衣帽杆上。

③顾客示意结账时,主动将账单递送给顾客;顾客离开时,主动提醒顾客不要忘记随身物品;随后迅速清洁桌面,整理好桌椅,准备迎接下一批顾客。

(5)游泳池岗位的职责

游泳池岗位的职责包括以下几个方面。

①负责顾客游泳的绝对安全,勤巡视泳池内顾客的动态,克服麻痹思想,落实安全措施,发现溺水者后迅速冷静处理,做好抢救工作并及时向有关领导报告。

②认真做好每天的清场工作。

③负责泳池水质的检测、保养及场地环境卫生的管理。

④工作期间不与无关人员闲谈,救生台不得空岗,无关人员不得进入池内。

⑤定期检查更衣室,杜绝隐患。

⑥如遇雷雨天气,迅速安排顾客上岸,确保顾客安全。

## 【本章小结】

1.前厅部是酒店对外经营的重要部门,其业务涉及客房预订、办理入住及退房、销售客房、为住店顾客提供其他系列服务等。前厅部的日常运营管理包括接待业务安排、信息管理、销售管理以及与其他部门的沟通协调等方面。

2.客房部是酒店重要的盈利部门,其日常运营管理的主要内容包括清洁质量、服务质量、客房部劳动定员等。

3.餐饮部成为酒店收入来源的重要部门,主要工作是为顾客提供色香味俱全的餐饮产品。餐饮部运营管理包括菜单设计与管理、餐饮成本管理、餐饮费用管理等方面。

4.康乐部日益成为高星级酒店必不可少的部门,加强对餐饮部的运营管理有利于酒店增加客源和提高经营收益。常见的康乐部服务内容包括台球厅、舞厅和音乐厅、棋牌室、游泳池等。

## 【思考与练习】

1.试述酒店前厅部的地位与作用,前厅部运营管理的重点。

2.试述酒店客房部的地位与作用,客房部运营管理的内容。

3.试述酒店餐饮部的地位与作用,菜单设计与管理、餐饮成本管理、餐饮费用管理的内容。

4.试述酒店康乐部的地位与作用,康乐部各岗位职责。

## 【案例分析】

### 酒店游泳池事件

李女士带着6岁的女儿到酒店健身中心游泳,女儿一直在儿童泳池里游泳,李女士则躺在不远处的按摩椅上。过了一会儿,李女士发现女儿的表情有些不对劲,便询问女儿怎么了,女儿回答说脚有点儿疼。李女士让女儿上岸,为其检查,发现脚底有一道新的伤口,正在流血,她想向工作人员寻求帮助,环视一圈却没有发现泳池工作人员。无奈只能用浴巾裹着女儿离开泳池,本想去健身中心前台反映此事,却发现健身中心前台也没有人。

李女士带着女儿回到房间后,拨打酒店前台的电话,希望能送酒精和纱布到房间,不料前台回复说此事应当找酒店话务中心便挂断了电话。李女士很生气,随后拨打话务中心要酒精和纱布,并投诉了健身中心和前台员工。

案例问题:

1.在此案例中,健身中心和前台员工的做法有哪些不妥之处?

2.如果你是话务中心的员工,接下来你会怎样处理此事?

# 第6章　酒店服务质量管理

【学习导引】

　　服务质量是酒店的生命线,越来越多的酒店管理者开始重视服务质量管理,学术界也不断关注酒店服务质量管理理论的发展与实践。生产和消费的共时性决定了酒店服务质量的抽象性和复杂性,因此,酒店的服务质量管理工作是一项综合性强、复杂程度高的系统化任务。本章概述酒店服务质量的内涵、特点与内容体系,阐明酒店服务质量管理体系,介绍酒店服务质量评价与分析的基本原理和酒店服务质量管理的模式,包括酒店交互服务质量管理和酒店顾客期望差距管理。

【学习目标】

　　1.理解酒店服务质量管理的内涵及特点。
　　2.明确酒店服务质量管理体系的内容。
　　3.掌握酒店服务质量评价与分析的基本原理和方法。
　　4.了解常见的酒店服务质量管理模式。

## 6.1　酒店服务质量管理概述

　　酒店是一个服务性行业,酒店为顾客提供的产品主要是服务。因此,现代酒店质量管理的实质就是服务质量的管理。"服务质量是酒店的生命线",酒店管理人员应当把服务质量的管理作为酒店管理的重要内容。

　　我国酒店质量管理以中国颁布关于酒店星级评定标准的时间为划分标准,经历了从无到有、从小到大、从不规范到规范的发展。1988 年,国家旅游局正式颁布了旅游酒店星级评定标准,把"标准化、规范化、程序化、制度化"作为酒店质量的关键点,此时期质量管理以产品质量为导向。1997年,我国颁布了《旅游涉外酒店星级的划分及评定》,不仅对不同产品的标准化和规范化进行了充分阐述,还用不同顾客需求档次来区分产品层次,由此开启了酒店服务质量以顾客为导向的新历程。随着酒店行业的竞争日益激烈,探讨酒店服务质量问题并构筑科学的质量管理体系,对提高我国酒店企业的竞争力有着极大的现实意义。它能给我国酒店业当前的高速度、低效益增长提供转变的契机;现代质量管理理论与方法的不断更新,也将促使我国酒店在服务质量上与时俱进、不断发展,保持顽强的市场生命力。

### 6.1.1 酒店服务质量内涵

1)酒店服务质量的定义

从顾客的角度来看。酒店服务质量是指顾客在消费活动中,所体验的服务表现的总和。在消费活动范围之内,顾客会对酒店服务质量进行感知,并做出评价。从酒店角度来看,酒店服务质量是酒店提供的服务给顾客带来的效用以及对顾客需求满足程度的综合表现。因此,酒店服务质量实际上是从顾客和酒店角度认识服务质量的一种平衡,即二者是否能实现有机统一,而成为一个整体。达到统一的服务质量,既能有效地满足顾客的需求,服务提供者又可以实现既定的效益和目标。

2)酒店服务质量的内容

(1)技术性质量。技术性质量是指酒店服务结果的质量,即酒店提供的服务项目、服务时间、设施设备、服务质量标准、环境气氛等满足顾客需求的程度。例如,酒店为顾客提供的客房和床位,餐馆为顾客提供的菜肴和酒水。服务结果是顾客服务体验的重要组成部分,顾客对它的评价往往较为客观。

(2)功能性质量。功能性质量是指酒店服务过程的质量。酒店服务具有生产与消费同时性的特征,在服务过程中发生的互动关系,必然会影响顾客感知的服务质量。功能性质量与服务人员的仪表仪容、礼貌礼节、服务态度、服务程序、服务技能技巧等有关,还与顾客的心理特征、知识水平、个人偏好等因素有关,同时,还受到其他外在条件的影响。顾客对功能性质量的评价往往较为主观。

技术性质量和功能性质量相互作用、相互影响,是一个有机的统一体,在二者之间合理配置资源,有助于服务质量的优化。

### 6.1.2 酒店服务质量的特点

酒店服务所需要的人与人、面对面、随时随地提供服务的特点以及酒店服务质量特殊的构成内容使其质量内涵与其他企业有着极大的差异。为了更好地实施对酒店服务质量的管理,管理者必须正确认识与掌握酒店服务质量的特点。

1)酒店服务质量构成的综合性

酒店服务质量的构成内容既包括有形的设施设备质量、服务环境质量、实物产品质量,又包括无形的劳务服务质量等多种因素,且每一种因素又由许多具体内容构成,贯穿酒店服务的全过程。其中,设施设备、实物产品是酒店服务质量的基础,服务环境、劳务服务是表现形式,而顾客满意程度则是所有服务质量优劣的最终体现。它既涵盖了衣食住行等人们日常生活的基本内容,也包括办公、通信、娱乐、休闲等更高层面的活动,人们常用"一个独立的小社会"来说明酒店服务质量的构成具有极强的综合性。因此,要求酒店管理者树立系统观点,把酒店服务质量管理作为一项系统工程来抓,从而提高酒店的整体服务质量。

2)酒店服务质量评价的主观性

尽管酒店自身的服务质量水平基本上是一个客观的存在,但由于酒店服务质量的评价是由顾客享受服务后根据其物质和心理满足程度进行的,因此,带有很强的个人主观性。顾客的满足程度越高,对服务质量的评价也就越高,反之亦然。这就要求酒店在服务过程中通过细心观察,了解并掌握顾客的物质和心理需要,不断改善对顾客的服务,为顾客提供有针对性的个性化服务,并注重服务中的每一个细节,重视每次服务的效果,用符合顾客需要的服务本身来提高顾客的满意程度,从而保持并提高酒店服务质量。正如一些酒店管理者所说,"我们无法改变顾客,那么就根据顾客的需求改变自己。"

3)酒店服务质量的情感性

酒店服务质量还取决于顾客与酒店之间的关系,关系融洽,顾客就能比较容易谅解酒店的难处和过错,而关系不和谐,则很容易致使顾客小题大做或借题发挥。因此,酒店与顾客之间关系的融洽程度直接影响着顾客对酒店服务质量的评价,这就是酒店服务质量的情感性特点。酒店服务人员通过真诚为顾客考虑的服务赢得顾客,在日常工作中与顾客建立良好的和谐关系,使顾客最终能够谅解酒店的一些无意的失误。

4)酒店服务质量显现的短暂性

酒店服务质量是由一次次内容不同的具体服务组成的,而每一次具体服务的使用价值均只有短暂的显现时间,即使用价值的一次性,如微笑问好、介绍菜点等。这类具体服务不能储存,一旦结束,就失去了其使用价值,留下的也只是顾客的感受而非实物。因此,酒店服务质量的显现是短暂的,不像实物产品那样可以返工、返修或退换,如要进行服务后调整,也只能是另一次的具体服务。因此,酒店管理者应督导员工做好每一次服务工作,争取使每一次服务都能让顾客感到非常满意,从而提高酒店整体

服务质量。

5）酒店服务质量对员工素质的依赖性

酒店产品生产、销售、消费同时性的特点决定了酒店服务质量与酒店服务人员表现的直接关联性。酒店服务质量是在有形产品的基础上通过员工的劳动服务创造并表现出来的。这种创造和表现能满足顾客需要的程度取决于服务人员的素质高低和管理者管理水平的高低。因此，酒店服务质量对员工素质有较强的依赖性。酒店管理者应合理配备、培训、激励员工，努力提高他们的素质，发挥他们的服务主动性、积极性和创造性。同时，管理者也要提高自身素质及管理能力，从而培养出满意的员工，而满意的员工是满意的顾客的基础，是不断提高酒店服务质量的前提。

6）酒店服务质量内容的关联性

顾客对酒店服务质量的印象，是在其进入酒店直至离开酒店的全过程而形成的。在此过程中，顾客得到的是各部门员工提供的一次又一次具体的服务活动，但这些具体的服务活动不是孤立的，而是有着密切联系的，因为在连锁式的服务过程中，只要有一个环节的服务质量出问题，就会破坏顾客对酒店的整体印象，进而影响其对整个酒店服务质量的评价。因此，在酒店服务质量管理中有一个流行的公式：$100-1=0$，即100次服务中只要有1次服务不能令顾客满意，顾客就会全盘否定以前的99次优质服务，进而影响酒店的声誉。这就要求酒店各部门、各服务过程、各服务环节之间协作配合，并做好充分的服务准备，确保每项服务的优质、高效，确保酒店服务全过程和全方位的"零缺点"。

### 6.1.3　酒店服务质量的内容

酒店服务质量是酒店提供的服务产品适合和满足顾客需求的程度。要提高酒店服务质量和服务水平，就必须分析酒店服务质量的内容，这是提高酒店服务质量、形成市场竞争力、促进酒店发展的重要途径。酒店服务质量的内容主要包括有形产品质量和无形产品质量两大部分。

1）酒店有形产品质量

有形产品质量是指酒店提供的设施设备和实物产品以及服务环境的质量。酒店不像一般的工厂那样将原材料加工成产品，完全依靠大量产品的出售而获得附加在产品上的简单劳动力的报酬而盈利，它是一个主要为顾客提供服务、让顾客得到满意、从中获取经济效益的企业单位。其有形产品只是提供无形服务的一个依托，大多数情况下并不是出售产品本身。一般的商品交易是商品和货币的交换，在酒店内，却是服务和货币的交换，顾客带走的是享受，而不是产品，因此，酒店有形产品质量管理的关键是及时维护和有效保养。

（1）设施设备

设施设备是酒店给顾客提供服务的主要物质依托，是酒店赖以存在的基础。从一定程度上来说，顾客对酒店档次的高低感受与配套设施设备的条件有很大的联系，它反映了酒店的接待能力，酒店应保证其设备设施的总体水平与酒店所属的星级标准规定相一致。对于设施设备质量的管理，应随时保持其完好率，严格按照酒店设备设施的维修保养制度定时、定量地对酒店的设备设施进行维修保护，保证设施设备的正常运转，充分发挥设施设备的效能。

（2）实物产品

酒店内实物产品可以分为两类：一类实物产品不是由酒店生产出来的，酒店只是其交换的场所，包括客用品、商品和服务用品。其中客用品是直接提供给顾客消费的各种生活用品，如日常消耗品牙具、棉织品、梳子、拖鞋等；商品是酒店为满足顾客购物的需要而在客房或酒店商品部为顾客提供的各种各样的生活用品；服务用品则是针对酒店服务人员而提供的各种用品，如清洁剂、推车、托盘等。另一类实物产品是经由酒店加工生产出来的产品，包括菜肴饮品、水果拼盘等带有酒店特色的产品，酒店对于这部分实物产品的质量应特别注意，因为它们直接影响顾客对酒店质量的印象，用料要上乘，食品和饮料尽量针对不同的顾客设计不同的口味，并能体现出酒店的特色和文化内涵。

（3）服务环境

对于服务环境质量，应满足整洁、美观、有序和安全的要求。安全问题是顾客入住酒店最关注的一个问题，因此是酒店质量管理中一个重要的环节。顾客的人身和财产安全应当是酒店质量管理考虑的首要问题。酒店环境有一种安全的气氛，才能给顾客以安全感，但是安全氛围的营造应避免过度的戒备森严，要让顾客处在一种安全、轻松的环境中。酒店的清洁卫生直接影响到顾客的身心健康，是顾客评价酒店的主观标准之一，更是优质服务的基本要求，对于高档次的酒店来说，这一点显得尤为重要。员工是酒店服务的主要提供者，员工的工作态度和仪容仪表对环境的营造和改善顾客的心情有很大的作用。另外，酒店的建筑装潢、布局及装饰风格等都是营造环境氛围的重要方面。

2）酒店无形产品质量

无形产品质量是指酒店提供服务的使用价值的质量，主要包括酒店员工的服务态度、服务技能、服务方式、礼貌礼节、服务效率、职业道德和职业习惯等。一方面，无形产品的众多特性使得其质量管理的难度加大，难于控制；但同时，酒店无形产品是酒店服务质量体现的关键所在，酒店有形产品可以模仿，但无形产品却能够体现出酒店的竞争优势,无形产品的使用价值被顾客使用完以后,其服务形态便消失了,仅给顾客留下不同的感受和满足程度。酒店个性化服务的体现和差异化战略的实施通常离不开酒店无形产品质量的精心打造。

(1)服务态度

服务态度是指酒店服务人员在对客服务中所表现出来的主观意向和心理状态。酒店员工对客服务态度的好坏直接影响到顾客的心情,很难想象恶劣的服务态度会让顾客继续购买该酒店的产品。员工无论在什么情况下都应该保证良好的服务态度,如面对一位挑剔的顾客,有些服务员认为是晦气、倒霉,而有些服务员则认为是机遇、运气。前者必然是冷漠、呆板、急躁、被动的服务态度,而后者则必然表现为热心、虚心、耐心、主动的服务态度,其结果当然也就可想而知了。员工不能把自己生活中的情绪带到工作中,而是必须时刻保持积极热情的工作态度,这样才能为顾客带来愉快的心理感受,从而赢得顾客的肯定。

(2)服务技能

酒店员工所掌握服务技能的整体水平是酒店服务质量高低的重要体现。酒店员工不仅要具备基本的操作技能和丰富的专业技术知识,能够应对酒店日常的工作事务,还应有能灵活应对和处理各种无章可循的突发事件的技巧和能力。我们知道酒店服务的顾客群体是来自五湖四海且各不相同,面对顾客多样化的需求,酒店员工必须灵活运用各种服务技能,充分满足顾客的需求,使他们获得心理上的满足,提高他们的满意度。员工的服务技能是酒店服务质量的重要保证。

(3)服务效率

服务效率是指在尽可能短的时间内为顾客提供最需要的服务,服务效率是提高顾客满意度的重要因素,也是酒店服务质量的重要保证。顾客在登记入住、用餐、结账离店等方面如能享受酒店高效率的服务将会使其心理上获得很大的满足感,获得愉悦的心情,从而对酒店服务质量会有很高的评价。当前很多酒店努力追求方便、快捷、准确、优质的服务就是追求服务效率的具体体现。

(4)礼节礼貌

礼节礼貌主要表现在员工的面部表情、语言表达与行为举止三个方面。员工的面部表情、微笑服务始终是最基本的原则。希尔顿的创始人每天对员工说的第一句话就是:"今天你微笑了吗?"沃尔玛服务顾客的秘诀之一就是"三米微笑原则",但是仅有微笑是不够的,微笑服务要与自身的仪表仪态相统一,对顾客有发自内心的热情,辅以亲切、友好的目光,并在服务中及时与顾客沟通,顾客看起来才能亲切礼貌。服务用语必须注意礼貌性;在什么场合适时运用得当的礼貌用语,同时还必须注意艺术性和灵活性,注意语言的适时性和思想性,并且做到言之有趣,言之有神。行为举止主要体现在主动和礼仪上,如主动让道、主动帮助、注重礼节等。

（5）职业道德

职业道德是员工在工作过程中所表现出来的"爱岗敬业""全心全意为客人服务""顾客至上"等酒店行业所共有的道德规范。只要是从事酒店行业的人,就必须共同遵守酒店职业活动范围内的行为规范。职业道德是酒店服务质量的基本构成之一,员工只有具备良好的职业道德,才能真心诚意地为顾客服务,才能真正具备事业心和责任感,不断追求服务工作的尽善尽美,为酒店的服务质量带来保证。

（6）服务方式

酒店的服务方式也是体现酒店无形产品质量的基本构成要素,酒店消费之所以远远高于外面同类型的物质产品,一个重要的原因就是酒店服务方式的不同。酒店的服务设计要合理,服务项目的设置要到位,服务时间的安排及服务程序的设计都要科学。酒店独特的服务方式可以创造无形产品的使用价值,为酒店的物质消费增加附加值,它也是酒店服务质量的重要体现。因此,创新酒店的服务方式,不断为顾客创造惊喜、提高顾客满意度,是酒店服务质量不断提升的重要手段。

酒店服务质量的内容还远不止上述几个方面。随着酒店业的不断发展,酒店服务质量会不断提升,服务质量所包含的内容也将会不断扩充和延伸。但是,酒店服务质量管理的本质是不会变的,其最终结果永远是不断提高顾客满意程度。顾客满意度是指顾客享受酒店服务后得到的感受、印象和评价,也是酒店服务质量管理者努力的目标。只有不断提高酒店的质量才能获得持久的市场竞争力,目前酒店所遵循的一条规律——质量等于竞争力,充分说明了质量管理在酒店所处的重要地位。

# 6.2 酒店服务质量管理体系

酒店服务质量管理是酒店经营管理中的重要内容。服务质量是酒店的生存之本,代表着酒店的竞争能力,是酒店能否吸引并留住顾客的关键,也是酒店能否在市场竞争中制胜的关键。目前我国酒店正处在蓬勃发展期,多数酒店已拥有了同国际接轨的现代化服务设施、设备,但是服务质量却达不到现有的国际标准。因此,对我国酒店进行服务质量的控制与管理是促进我国酒店健康持续发展的重要保障。

## 6.2.1 酒店服务质量管理的原则

1）以人为本,内外结合

酒店的质量管理一方面必须坚持顾客至上,把顾客的需要作为酒店服务质量的基本出发点;另一方面,员工是酒店的内部顾客,酒店管理者必须关注员工,注重员工的塑造、组织和激励,以提高员工的素质,使其达到最佳组合,最大限度地发挥积极性,从而为保证质量的稳定、提高奠定良好的基础。

2)全面控制,"硬、软"结合

酒店服务质量构成复杂,要提高服务重量,必须树立系统观念,实行全员、全过程和全方位的管理。在酒店组织内,每一个员工要明白自己在组织中的角色和自身贡献的重要性,清楚自己的职责、权限及其和其他员工之间的关系,知晓自己的工作内容、要求和工作程序,理解其活动的结果对下一步工作的贡献和影响,要主动地寻求增加知识、能力和经验的机会,不断地提高自身的专业技术水平和实际工作能力。

3)科学管理,点面结合

酒店的服务对象是人,来酒店消费的顾客既有共同需求,又有特殊的要求。作为酒店,既有酒店的共性,但同时不同的酒店又有自己的特点。顾客,酒店服务质量,既要注重顾客的共同需求,又要注意照顾顾客的特殊要求;既要坚持贯彻国家的服务标准,抓好面上的管理,又要根据自己的特点,具体情况具体处理,确立具有特色的服务规范和管理办法。

4)预防为主,防管结合

酒店服务具有生产和消费同一性的特点。因此,要提高服务质量,就必须树立预防为主、事前控制的思想,防患于未然,抓好事前的预测和控制。同时各级管理者要坚持走动式管理,强化服务现场管理,力求把各种不合格的服务消灭在萌芽状态。

### 6.2.2  酒店服务质量管理过程

1951 年,美国著名质量管理专家约瑟夫·M. 朱兰(Joseph M. Juran)在其经典著作《米兰质量手册》中提出了"质量管理三部曲"的理论,即质量计划、质量控制和质量改进。这是三个与质量有关的过程,通过这三个过程的循环,实现质量的不断提升。质量管理三部曲作为一种通用的提高质量的方法,为质量目标的实现提供唯一有效的途径,同样也适用于酒店业。一般而言,酒店服务质量管理包括以下三个方面。

1)酒店服务质量计划

酒店服务质量计划,也叫作服务质量设计,是指在酒店服务交付之前,通过服务传递系统的设计、服务设施的规划、服务设备的配备、服务标准的制订、人员的配置和培训制度体系的建立、管理职能的发挥等方面来保证服务质量能满足顾客期望和需求的控制。酒店服务质量计划的过程也就是构建企业服务质量体系的过程,通过对服务质量的计划可以为服务质量的实现提供基础。

（1）整体服务质量观念

整体服务质量观念是指酒店自上而下、每个部门、每个员工、每个过程都应该树立服务质量的意识，即酒店的每个人都应承担质量责任。在顾客看来，员工的服务表现并不代表个人，而是代表酒店。因此。酒店内部个人之间、部门之间、上级和下级之间只有相互配合、相互协调、相互支持，以整体服务质量为导向来处理问题，才能赢得顾客的满意。

（2）管理者的质量管理职能

首先，服务质量方针是酒店总的质量宗旨和方向，是酒店在服务质量方面总的意图。酒店的最高管理层应高度重视质量方针的制订，并以正式文件的形式予以颁布。同时应采取必要的措施确保质量方针的传播、理解、实施和保持。在服务质量方针中，应明确酒店提供服务的等级、质量形象和信誉、服务质量的目标、保证服务质量实现的措施、全体员工的作用等。

其次，酒店为了实现服务质量方针，需要识别建立服务质量目标为主要目的。建立服务质量目标的主要目的包括：顾客需求与职业标准相一致，不断改进服务质量，考虑社会和环境方面的要求，提高服务效率等。

最后，管理者要明确质量的职责和权限，并规定一般的和专门的职责和权限。这些职责和权限包括酒店内部和外部各个接触面上顾客与服务提供者之间的相互关系。在设计和识别质量活动的基础上，按照分解、细化的质量职责，将其一一对应分配到各层次、各部门、各岗位，最终落实到具体的每个员工。同时，管理者还需要对企业的服务质量体系进行正式、定期和独立的评审，以便确定质量体系在实施质量方针和实现质量目标中是否持续和有效。

## 【经典案例】

### 里兹·卡尔顿酒店的全面管理

里兹·卡尔顿酒店在酒店的标准中是以整体服务质量而闻名的。强调在遇到顾客投诉时，每个员工必须确保迅速安抚顾客，对顾客的问题做出迅速反应，20 min 后要电话跟踪，确认顾客的问题得到解决，尽可能不失去任何一位顾客。另外，在酒店的边缘服务法则中也强调，员工应尽可能满足顾客的需求，如果需要其他部门员工的协助，其他部门的员工应立即放下手中的正常工作协助满足顾客需求。这充分体现了整体服务质量的意识，也为酒店树立了良好的服务形象。

以下是里兹·卡尔顿酒店的全面质量管理方针。

①对质量承担责任：全面质量管理的第一步是最高领导层，特别是公司的总裁、首

席执行官要求承担质量管理责任,重视培育质量文化。

②关注顾客的满意度:成功的全面质量管理公司必须清楚地知道顾客到底需要什么,始终满足和超越顾客的需要与期望。

③评估组织的文化:从公司各层人员中选出一组人来考察公司的文化行为,集中评估公司文化与全面质量管理文化的适应性。

④授权给员工和小组:授权给员工和小组解决顾客问题的权力,同时培训他们有效地使用好他们的权力。

⑤衡量质量管理的业绩和成就:这是全面质量管理方法特别重要的一点。要求建立质量衡量标准,建立信息收集与分析制度,以便及时发现问题与解决问题。

里兹·卡尔顿酒店强调质量管理始于公司总裁、首席执行官与其他13位高级经理,且无论总经理还是普通员工都积极参与服务质量的改进。高层管理者要确保每一位员工都投入这一过程,要把服务质量放在酒店经营的第一位。高层管理人员组成公司的指导委员会和高级质量管理小组。他们每周会晤一次,审核产品和服务质量措施,顾客满意度情况,市场增长率和发展,组织指标、利润和竞争情况等,要将其1/4的时间用于与服务质量有关的事务。

里兹·卡尔顿酒店在服务质量方针的指导下,提出100%满足顾客是里兹·卡尔顿高层管理人员承诺的质量目标,并针对这一目标开展了"新成员酒店质量保证活动",以保证新成员的服务和产品都能满足集团和顾客的要求。

(3)酒店服务标准化设计方法

酒店服务标准化设计方法可以使酒店预先采取措施来提供优质的服务,而不是在服务问题发生之后再采取措施。酒店服务标准化设计常用方法有两种:田口式模型和Poke-yoke法。

①田口式模型。该模型是以田口的名字命名的,田口认为,"通过对产品的超强设计,以保证在不利的条件下产品具有适当的功能。"对顾客而言,产品质量最有利的证明是当它非正常使用时,产品的功能仍然能够正常。对酒店而言,服务质量可以通过不断提高服务过程的质量标准,使它能超过顾客的期望,也可以在服务的过程中使用标准化的作业程序,来保证对顾客服务的一致性。例如,经济型旅馆可以使用在线计算机自动提醒系统提醒服务人员在顾客没在房间的时候去清扫。让服务人员清楚哪一间客房可以清扫,以避免突然闯入客房所引起的质量问题。

②Poke-yoke法。Poke-yoke法是使用可避免员工出错的检查表或手册。Poke-yoke可以直译为"傻瓜也会做"。通过对服务过程的巧妙设计,在没有丝毫强迫的暗示下规范服务行动,以最大限度地减少员工犯错误的概率,从而在无形中提高顾客感知的服务质量。例如,麦当劳使用的炸薯条的勺,这种勺可按标准量分配薯条,既保证

了卫生,又增加了美感,而且不易出差错。由于管理者很难干涉服务过程,同时对服务过程的检查、考核需要承担大量的成本,因此,通过有形的设计或是标准化的程序来限制员工产生错误行为就成为一种重要的策略。

2）酒店服务质量控制

（1）酒店服务质量控制概述

酒店服务质量控制也称为酒店服务质量过程控制。酒店服务传递是一个复杂的过程,对顾客感知的服务质量有很大影响,对它进行有效的控制,可以全面地改善服务质量,提高顾客的满意度。酒店服务生产与消费的同时性使服务过程的监控变得非常困难。管理者很难介入服务过程对服务质量进行控制,这必然会影响服务质量的输出。酒店服务质量的过程控制一般可以从两个方面展开:一是从酒店来看,酒店服务质量控制可看成是一种反馈系统,在该系统中,把输出的服务结果与服务标准相比较,发现偏差,找出问题的症结所在,以便及时改进。例如,金陵酒店规定,顾客进店,接待员从开始服务到离开柜台,不得超过 2 min;顾客结账,收款员要在 3 min 内全部完成;接线员必须在三次铃响内做出反应;顾客用餐,从点菜至上菜不得超过 15 min。通过细致的服务标准,可以在服务过程中对其进行有效的检查、考核和控制,从而保证服务质量达到顾客的期望。二是酒店也可以在服务过程中对顾客的满意度进行评定,以控制服务质量。据统计,只有4%的不满顾客愿意提供对服务质量的看法,而96%的不满顾客在不给出允许采取纠正措施的信息之前就停止消费服务。因此,片面依赖顾客对服务质量的评定,可能会导致错误的结论,以致影响酒店的决策。因此,酒店应采取顾客控制和企业控制相结合的方法,保持二者之间的相容性,才能有效控制服务质量。

（2）酒店服务质量过程控制方法

酒店服务过程的质量可以通过服务绩效来衡量,服务绩效可用关键指标来判断。例如,酒店客房服务员的工作绩效可以通过每天清扫客房的合格率来判断,前台服务员的服务绩效可以用办理住宿登记的平均时间来衡量。若服务过程的绩效不能达到预期的目标,通常的办法是运用科学的方法进行调研,探明问题的真正原因,并采取适当的方案进行更正。但是一些随机事件或是不明确的原因可能会干扰对绩效变化的正常判断,因此,在质量控制过程中存在两种风险:一是认为良好服务系统发生失控,即生产者的风险;二是对服务过程失控缺乏认识,即消费者的风险。

3）酒店服务质量改进

酒店服务质量改进指的是为向本组织及其顾客提供增值效益,在这个组织范围内所采取的提高活动和过程的效果与效率的措施。酒店服务质量改进工作应贯穿酒店服务质量管理活动的全过程,不断寻求改进的机会,通过纠正已有的问题弄清产生问题的根本原因,从而减少或消除问题的再发生。

酒店服务补救措施是一种常见的酒店服务质量改进方法。当酒店服务传递系统出现故障时,服务补救(Service Recovery)就显得格外重要。服务过程中的错误是无法避免的,但绝不能让顾客一直不满意。很显然,顾客每一次抱怨都是酒店再一次向顾客承诺和赢得满意的机会。服务补救是服务企业对服务失败或是顾客不满意所采取的应对行动,目的是希望顾客能重新评价服务质量,避免坏的口碑宣传,并留住顾客。服务补救是服务业中新的管理哲学,它把赢得顾客满意从成本层面转变为价值层面。

常见的服务补救措施有:建立聆听机制,鼓励并欢迎顾客积极抱怨;建立快速反应系统,对员工授权采取补救措施;公平的对待顾客,让顾客感受到结果、过程和对待公平;追踪和分析服务补救过程,获知服务传递中的问题,对服务交付系统进行完善和修复。

# 6.3　酒店服务质量评价与分析

## 6.3.1　酒店服务质量评价的内容与范围

酒店服务质量评价的内容与范围主要包括酒店服务质量的内容、酒店服务的过程、酒店服务的结构、酒店服务的结果和酒店服务质量的影响五个方面。

1)酒店服务质量的内容

酒店服务质量的内容是酒店服务质量评价的核心内容。服务质量的硬件组成部分因酒店实际情况和顾客需求而有所差异,但也有现实客观的衡量标准。而服务质量的软件组成部分则因依赖于服务提供者的个体差异和接受方的主观体验,很难有客观量化的衡量标准。因此,酒店服务质量的内容关键在于考察酒店服务是否遵循了标准程序,例如,服务员在整理床铺时是否按照一套公认的方法进行。对于酒店各项服务而言,其服务质量标准是早已制订好的,并希望每一位服务人员都能遵守这些既定规则。服务质量标准作为酒店质量管理体系中的前提,为酒店服务质量评价提供了依据,并将通过评价来确保其执行。

2)酒店服务的过程

酒店服务过程的评价主要考察酒店服务中的各环节顺序是否科学、合理,是否保持服务活动的逻辑顺序和对服务资源的协调利用。以服务员打扫房间为例,服务员是应该先打扫走客房、住客房还是维修房?酒店服务工作的各项作业流程如何?通过对酒店服务过程、作业流程的规定与评价,可以发现并改正服务工作中的协调性与行动顺序上的问题,并不断改善服务质量。

3)酒店服务的结构

酒店服务的结构主要评价酒店为顾客提供服务的酒店组织构成以及酒店服务本身的结构。对酒店服务而言,主要是指有形设施和组织设计上是否充足。有形设施只是酒店服务结构的一部分,人员资格和组织设计也是重要的质量因素。以餐饮部各班组为服务的活动单位为例,卫生、清洁、高档的餐具可以提高餐饮服务的质量,更重要的是,在各班组中开展评比与竞争,将激励机制引入其中,使每一位服务人员都产生工作的压力,才有利于保证与提高餐饮的服务质量。

4)酒店服务的结果

酒店服务的结果是酒店服务质量评价的重要内容之一。酒店服务的结果不仅是顾客评价酒店服务质量的重要方面,也是酒店进行服务质量管理的主要内容。酒店服务质量评价所考察的酒店服务结果包括"酒店服务会导致哪些状况的改变""顾客满意吗"等涉及酒店服务最终结果的问题。例如,餐桌上那些要求顾客评价服务质量的卡片,是反映质量结果的有效指标之一。顾客抱怨水平的上升一定说明服务质量的不可接受。通过对服务结果的某些指标(如投诉率)的分析可以评判酒店服务质量的好坏。

5)酒店服务质量的影响

酒店服务质量的影响是酒店服务结果的后续,是酒店服务结果的延伸,也是酒店服务质量评价的重要范围。酒店服务质量评价从两个方面考察酒店服务质量的影响。一方面是酒店服务对顾客的影响,这是酒店服务最直接、最重要的影响。例如,通过顾客的回头率可衡量酒店服务质量的优劣。另一方面是对酒店服务易获性及其对酒店社区公众的影响。一家提供优质服务的酒店必然会在本社区中形成良好的公众形象,也会积极参与社区活动,能得到社区的认可与好评,并通过社区的宣传与口碑吸引更多的顾客。

### 6.3.2　酒店服务质量评价主体

酒店服务质量的评价主体可分为顾客方评价、酒店方评价、第三方评价和社交媒体评价。

1)顾客方评价

顾客是酒店服务的接受者,也是酒店服务的购买者。酒店服务讲究"宾至如归、顾客至上",因此,最大限度地满足顾客需求是酒店服务的根本任务。由顾客来评价酒店的服务质量是最直接、最有说服力和最具权威性的,可以说顾客是酒店服务质量高低最关键的评判者。酒店服务质量的顾客方评价有意见调查表、电话访问、现场访问、小组座谈和常客拜访等多种形式,其目的是通过酒店与顾客之间的互动来了解顾客对服务的满意程度。影响顾客评价的因素包括以下几个方面。

(1)顾客预期的服务质量

顾客对服务质量的期望是口碑传播、顾客个人的需求和过去的服务体验,以及酒店的营销传播活动等多种因素共同作用的结果,它构成了顾客评价酒店服务质量的心理标尺。

(2)顾客体验的服务质量

顾客体验的服务质量是由其所实际经历的消费过程决定的,它往往需要一个比较的尺度,也就是酒店服务的标准化程度和个性化程度。酒店服务的标准化程度是指酒店提供标准化、程序化、规范化服务的可靠程度,是提供优质服务的基础;酒店服务的个性化程度是指酒店根据顾客的多元化需求与偏好,提供的有针对性的个性化、特色化服务的程度。

(3)顾客的感知价值

顾客的感知价值是顾客感受到的服务价值减去其在获取服务时所付出的成本而得出的对服务效用的主观评价,体现顾客对酒店服务所具有的价值的特定认知。当顾客体验的服务质量与预期的服务质量一致时,顾客能够得到满意的感知价值;当顾客体验的服务质量超过预期的服务质量时,顾客感知价值的满意程度会很高;而当顾客体验的服务质量达不到预期的服务质量时,顾客感知价值的满意度低。

2)酒店方评价

酒店作为服务的提供者,评价自身服务水平是其质量管理工作的重要环节。服务质量是酒店内各个部门和全体员工共同努力的结果,是酒店整体工作和管理水平的综合体现,在日益激烈的市场竞争环境下,以质量求效益已成为酒店可持续发展的必然选择。酒店服务质量的自我评价需要由相应的内设评价机构来执行,在评价机构设置方面,各个酒店的做法不尽相同。有些酒店设置由多部门管理者共同组成的服务质量管理委员会,有些酒店成立专设的服务质量监督部门,有些酒店在总经理办公室下设服务质量检查评价工作小组。

3)第三方评价

第三方是指除顾客和酒店之外,独立于利益相关者的团体和组织。当前我国酒店服务质量评价的第三方主要有各级旅游行政管理部门、各类酒店行业协会组织和国际质量认证组织。例如,国家文化和旅游部下设的全国旅游星级酒店评定委员会,根据《旅游酒店星级的划分与评定》国家标准对酒店进行等级认定,其中包含众多涉及服务质量的"软件"指标。酒店行业协会组织多通过具有公信力的评奖形式使服务质量卓越的酒店脱颖而出,如被誉为中国酒店业奥斯卡的"星光奖"评选。国际标准化组织推行的 ISO 9000 质量管理体系标准也在酒店服务质量评价中得到广泛运用。

4)社交媒体评价

社交媒体是互联网上基于用户关系的内容生产与交换平台,人们可以通过社交媒体来分享意见、见解、经验及观点。随着互联网技术与应用的不断发展,社交网站、微博、微信、博客、论坛、播客等社交媒体层出不穷,逐渐改变着人们的生活方式和消费习惯。越来越多的消费者乐于利用旅行博客、旅游论坛等社交平台对酒店住宿体验发表在线评论,或者利用手机社交软件即时分享自己酒店住宿体验过程中的见闻和感受,无论这种网络口碑传递的信息是好是坏,都将对酒店潜在顾客的购买行为产生深远影响。因此,社交媒体评价可以看作顾客依托第三方网络平台对酒店服务质量进行评价的一种新的融合性维度。

### 6.3.3 酒店服务质量评价要素

美国学者贝里等人的研究成果从顾客满意的角度,将评价酒店服务质量的要素归纳为有形性(Tangibles)、可靠性(Reliability)、可信性(Assurance)、响应性(Responsiveness)和移情性(Empathy)五种。

1)有形性

有形性是指酒店服务产品的有形部分,包括酒店的建筑外观、设施设备、用品用具、宣传资料以及服务人员的形象等。有形的环境是服务人员对顾客细致关照的具体体现,是表明酒店对顾客殷勤关心的有形证据。

2)可靠性

可靠性是指酒店准确无误地履行服务承诺的能力。可靠的服务是顾客所期望的,必须做到服务的一致性、稳定性与准确性。缺乏可靠性的服务不仅会给酒店造成直接的经济损失,还会使酒店的形象和声誉受损,从而失去很多的潜在顾客。酒店获得的星级评定等级或一些荣誉称号等就是可靠性的体现。

3)可信性

可信性是指酒店员工的知识、技能、礼节和态度等素质综合表现出来的自信和可信的能力,它能增强顾客对酒店服务质量的信心与安全感。服务质量的可信性要求员工具备良好的专业知识、服务技能、礼仪礼貌和沟通能力,以及真心实意的服务态度。

4）响应性

响应性是指酒店随时准备为顾客迅速而有效地提供服务的能力。在出现服务质量问题或处理顾客投诉时，及时做出回应和迅速解决问题会给顾客的服务质量感知带来积极的影响，在某种程度上甚至还能提高顾客满意度。例如，酒店规定电话铃响起3声内接起，客人需求在 5 min 内反馈，小的维修申请在 10 min 内响应等。

5）移情性

移情性是指酒店真诚为顾客着想以及对顾客给予特别的关注，了解顾客的实际需要并予以满足，使酒店的整个服务过程既具有个性化又富有人情味。移情性要求员工态度友善亲切，具有亲和力，易于接近，能够敏锐地洞察顾客需求并设身处地地替顾客考虑问题。

### 6.3.4 酒店服务质量评价指标

酒店服务或服务特性可以是定量的（可测量的）或者是定性的（可比较的），这取决于评价人员如何评价以及是由酒店组织、第三方进行评价，还是由顾客进行评价。许多由顾客做主观评价的定性特性，也是酒店组织做定量测量的选择对象。酒店的服务标准必须依据可以观察到的和需经顾客评价的特性加以明确规定，而提供服务的过程也必须依据顾客不能经常观察到的但又直接影响服务业绩的特性加以规定。

酒店服务质量评价中的服务质量特性包括：设施、能力、人员的数目和材料的数量等待时间、提供时间和过程时间；卫生、安全性、可靠性和保安性；应答能力、方便程度、礼貌、舒适、环境美化、胜任程度、可信性、准确性、完整性、技艺水平、信用和有效的沟通联络等。因此，酒店服务质量的评价指标应包括以下内容：

1）顾客满意指标

如顾客满意率、平均顾客满意度、顾客投诉率、投诉回复率、二次购买率等。

2）服务硬件质量指标

如房间数量、设施设备档次与数量、设备完好率、设备维修率等。

3）服务软件质量指标

如服务限时、服务人员高素质率、服务人员外语水平等。

4）酒店经济指标

如利润总额、销售利润率、利润增长率、资产利润率等。

### 6.3.5　酒店服务质量分析

**1）ABC 分析法**

**（1）ABC 分析法的概念**

ABC 分析法又称为帕累托分析法、主次因素分析法、重点管理法等，由意大利经济学家维尔弗雷多·帕累托（Vilfredo Pareto）于 1879 年首次提出。它是根据事物在技术或经济方面的主要特征，进行分类排队，分清重点和一般，从而有区别地确定管理方式的一种分析方法。ABC 分析法以"关键的是少数，次要的是多数"这一原理为中心思想，通过对影响酒店质量各方面因素的分析，以质量问题的个数和质量问题发生的频率作为两个相关的标志进行定量分析，可以找出酒店存在的主要质量问题。其基本原理是先计算出每个质量问题在总体质量问题中所占的比重，然后按照一定的标准将质量问题分成 A、B、C 三类，以便找出对酒店质量影响较大的一至两个关键性问题，并把它们纳入酒店的质量管理循环中，从而实现有效的质量管理，既保证解决重点质量问题，又照顾到一般质量问题。

**（2）ABC 分析法的程序**

①确定酒店质量问题信息的收集方式，主要包括服务质量调查表、顾客投诉和各部门的检查记录等。

②对收集到的有关质量问题进行分类，如将酒店服务质量分为服务态度、服务效率、语言水平、清洁卫生、菜肴质量、设施设备等，然后统计各类质量问题出现的次数，并计算每类质量问题在总体中所占的百分比。

③进行整理，根据质量问题存在的数量和发生的频率，归纳 A、B、C 三类问题。A 类是关键问题，特点是项目数量少，但是发生频率高；B 类是一般问题，特点是项目数量一般，发生的频率相对少一些；C 类是次要问题，特点是项目数量多，但是发生频率低。

④制订合理且针对性强的解决方案，即首先致力于解决 A 类问题，防止 B 类问题上升，并适当注意 C 类问题。

**2）因果分析法**

**（1）因果分析法的概念**

因果分析法是 ABC 分析法的一种有益补充。ABC 分析法虽然找出了酒店的主要质量问题，但是却没有揭示这些主要质量问题形成的原因，而因果分析法是分析质量问题产生原因的一种简单而有效的方法。在酒店经营过程中，影响其服务质量的因素是多方面的，且错综复杂，因果分析法对影响质量（结果）的各种因素（原因）之间的关

系进行整理分析,并把原因与结果之间的关系用示意图直观地表现出来,如图 6-1
所示。

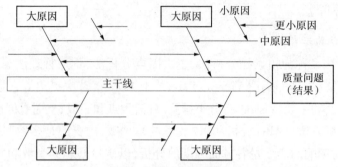

图 6-1　因果分析法图示

比如,顾客对酒店服务质量进行负面评价作为一种质量问题的结果,其原因之一
可能是因为客房清洁工作不及时使得顾客在入住时的等待时间较长;而导致客房清洁
工作不及时的原因可能是客房服务人员数量不足,也可能是客房清洁工作流程不科
学;导致客房服务人员数量不足的小原因可能是客房服务人员的流失率过高;导致客
房服务人员的流失率过高的更小原因则可能是客房服务人员的工资待遇过低或额定
工作量过大。

（2）因果分析法的程序

首先,确定要分析的质量问题,即通过 ABC 分析法找出 A 类质量问题。其次,发
动酒店全体管理人员和员工共同分析,寻找 A 类质量问题产生的原因。找出各种原
因以后,还需进一步分析,即查明这些原因是怎样形成的,应该如何防止。再次,将找
出的原因进行整理后,将结果与原因之间的关系画在图上。

# 6.4　酒店服务质量管理模式

酒店服务质量实质上是一种顾客感知的服务质量,随着消费水平的不断提升,酒
店的质量管理手段也必须随之不断提高。根据目前的消费需求、酒店服务项目和酒店
业发展水平,酒店可采用的服务质量管理模式很多,这里主要介绍如下两种。

## 6.4.1　酒店交互服务质量管理模式

### 1）酒店交互服务质量管理模式的内涵

从本质上讲,服务是过程而不是产品,服务的生产与消费是同步进行的,顾客要参

与服务生产,就要与服务企业发生多层次和多方面的交互作用。交互过程的好坏直接决定着顾客对服务的评价,直接决定着服务水平的高低。于是,如何加强交互过程的服务质量管理便成为一种重要的质量管理模式。

酒店服务的生产与消费是同步进行的,顾客在酒店里得到的服务由两个部分组成:一是作为过程的服务,是一种交互式的服务形式,顾客参与服务生产过程;二是作为过程结果或产出的服务,是服务的最终结果,是顾客购买服务的基本目的。服务质量是产出质量和交互质量综合作用的结果。酒店所提供的产品存在着较大的同质性,而且很容易被模仿,为了在竞争中取胜,酒店必须通过过程质量来获得差异性。因此,管理好交互服务质量,对于酒店提高市场竞争力具有重要的作用和意义。酒店交互服务质量管理模式是指酒店为提高交互服务质量而采取的加强交互过程的控制、服务人员的培训,并创造顾客参与环境等管理活动。

2)酒店交互服务质量管理模式内容

酒店作为服务企业,顾客参与酒店服务产品的生产过程,增加了酒店服务质量的变异性和不稳定性。从管理角度来看,提高交互服务质量需要的不仅仅是微笑和热情。具体可从以下几个方面改进和提升服务质量。

(1)服务供求管理

调节服务供求关系,满足酒店消费的淡旺季需求。需求旺季,顾客蜂拥而至,酒店服务应接不暇,服务人员不足,将直接导致服务不畅,超出服务供应的正常水平,服务质量将直接下降;酒店淡季,顾客需求下降,服务人员过多将增加服务成本,甚至出现不必要的员工内部的非服务过程或服务工作的矛盾,增加组织内部的不协调,直至影响服务质量。酒店管理者应当根据淡旺季的需求特征,提早安排服务人员,调节工作需求。

(2)员工授权管理

给予员工必要的授权,增强员工的工作主动性。由于酒店服务是面对面的直接交互过程,顾客提出的要求,服务过程中出现的问题需要员工当场解决,倘若员工缺乏必要的授权则将激化顾客的不满,导致服务质量的大幅度下降。必要的授权有利于调动员工的工作积极性,提高处理应急事件的水平和提供个性化的服务,发挥员工的积极性和创造性,挖掘员工的潜能。

(3)服务补救管理

及时进行服务补救,以免激化顾客的不满意情绪。在服务的交互过程中,要做到万无一失是很难的,只要服务人员能够在出现服务失误时及时采取措施加以补救,不仅能够将不利因素转化为有利因素,往往还能够增强顾客的好印象。导致服务失误的原因很多,不论出于何种原因,酒店都要通过员工向顾客承认失误的存在,向顾客真诚的道歉,积极采取补救措施,这些都能起到很好的作用。

(4)现场督导管理

交互服务是在"现场"完成的,因此现场督导和监控十分重要。服务的过程完全暴露在顾客面前,成为顾客评价酒店服务质量高低的重要组成部分,交互过程的任何差错都可能给顾客留下不好的印象。同时,顾客直接参与服务合作,他们也认识到酒店服务项目的多样性以及服务过程的复杂性,要求其投入较多的时间,因此,酒店需要加强现场督导和监控,从而使交互过程顺利进行。尽管一些酒店对员工进行了授权,但这种权力是十分有限的,同时这也与员工的能力关系密切,当员工得到较好的指导与培训时,他们处理顾客关系的能力就相对较强。

(5)人际交往管理

提高人际技能,妥善处理与顾客的关系。交互服务过程是员工与顾客之间直接的面对面的服务,服务人员要与各种类型的消费者接触,服务人员的行为将直接成为顾客感知的主要部分。服务人员的工作表现从顾客的角度来看,就是一种服务"表演",表演水平的高低既取决于服务人员的服务意识、服务技能,更取决于服务人员的人际调控能力,恰到好处地处理各种顾客的消费需求和消费心理,满足顾客的各种需求,包括妥善处理部分顾客的无理要求。

### 6.4.2　酒店顾客期望差距管理

1)酒店顾客期望差距管理的内涵

服务质量实际上是顾客期望与其对服务表现的感知间的差距,顾客所反映的质量问题都是因为这个"差距"超过了顾客所能容忍的限度。因此,准确把握这个"差距",并且找出缩小"差距"的解决办法,不仅能够帮助酒店管理者理智地找出酒店服务质量问题产生的根源,还能促使他们有针对性地改进和提高酒店的服务质量。酒店顾客期望差距管理是指通过分析顾客期望与感知的差距,通过有效的管理措施,提高顾客满意度的一种管理方式。

2)酒店顾客期望差距管理的内容

差距分析管理是指酒店出现的质量问题除酒店本身的原因以外,还必须考虑顾客的个体因素,包括顾客因为从外界得到的信息或者以往的经验对酒店产生了过高的期望,从而导致顾客对服务质量的不满。实际上,除顾客的期望与现实的差距以外,酒店的质量管理过程会出现多种差距,大致包括五种类型。酒店管理者进行服务质量管理的关键和主要任务就是准确分析酒店产生了哪种差距,从而及时地、有针对性地对差距进行纠正和控制。

第一种差距是顾客对酒店服务的需求和期望与酒店管理人员对顾客需求和期望感知判断之间的差距，即酒店管理者不了解顾客需要什么、期望什么，或者对顾客的需求和期望错误地理解或缺乏理解。

纠正这种差距的办法有：①改变管理者传统的经营观念，树立以满足顾客需求为企业第一经营目标的现代市场营销的新观念；②加强市场调研，认真、准确地了解、分析顾客对酒店服务的需求和期望；③不断改革酒店内部管理机制，保证顾客、员工、管理者之间信息传递畅通。

第二种差距是制订的酒店服务质量规格标准与酒店管理者所判定的顾客需求、期望之间的差距。这种差距有两种情况：一是对顾客需求期望判断有误，制订的服务质量规格标准必然不能适合顾客的要求和口味。二是判定是正确的，但制订规格标准时出现了错误。

纠正这种差距的方法有：①准确判定顾客的要求和期望；②酒店管理者应该牢固树立服务质量第一的观念；③酒店要制订明确的质量目标，这样才会有准确的质量规格和标准；④强化质量管理的计划职能；⑤上下配合，管理者与服务人员共同制订服务质量规格和标准以及落实的措施。

第三种差距是酒店制订的服务质量规格标准与实际提供给顾客的服务之间的差距，酒店员工在提供服务时没有按照酒店所制订的服务质量规格标准去做，使各项服务规格标准成为一纸空文。这是目前酒店经营管理中最常见、最严重的问题。

解决这个问题的方法是：①根据顾客的要求和酒店硬件、软件的实际情况制订和修正服务质量规格；②加强员工的培训，使他们在技术上、观念上、行为上都能够了解和适应服务质量规格的要求；③树立新的管理观念，改善酒店的管理、监督、激励机制。酒店每日大量发生的是人对人的服务、人对人的感情，只有管理者体贴关心自己的员工，员工才会体贴关心酒店的顾客。因此，在酒店中实行感情管理是酒店管理者应当具备的领导方法和管理艺术，也是酒店提供优质服务的秘诀。

第四种差距是酒店的市场宣传促销活动与实际提供给顾客的服务之间的差距，也可称为许诺与承诺之间的差距。当顾客从酒店做的广告和其他营销活动中获得了良好的外部信息，同时也就形成了对酒店服务质量很高的期望值。如果顾客慕名而来，亲身经历的服务却并不令人满意，使顾客产生上当受骗或希望越大、失望越大的感觉，这便严重地破坏了酒店的声誉和形象。为此，酒店要抓好外部营销和内部营销两种营销活动，建立内外运转协调、统一的机制。力争做到对外宣传和许诺的服务是顾客最需要的，且能够完全地、如实地在酒店得到落实。

第五种差距是顾客期望的服务与经验服务之间的差距，即顾客的期望值与实际感受的服务不相等。如果期望值过多地高于实际感受,将会造成顾客强烈不满和严重的不良口头宣传;如果期望值过多地低于实际感受,将会使酒店付出不必要的高成本,有时成本、利益指数会出现负值。产生这种差距的原因与前四种差距密切相关,如果酒店的管理者能够正确判断顾客的期望、需求,制订合理的服务规格和标准,按照规格标准提供给顾客适当、满意的服务,并实事求是地做好市场宣传促销,即使存在一定的顾客主观因素,这种差距也能大大地缩小。

服务质量管理差距分析为酒店的管理者提供了科学的、有逻辑性的思考问题、解决问题的方法。它把服务质量的管理和控制作为一种战略,向酒店管理者表明:当一个酒店出现了服务质量问题时,应该从哪些方面去寻找原因,应该采取何种方式来缩小各种差距,从而从根本上解决问题。这种方法可供不同等级、类型、规模的酒店管理者参考、借鉴。

## 【本章小结】

1.广义的酒店服务质量是一个完整的概念,它是指酒店综合自身所有资源和要在使用价值上满足顾客物质和精神需要的程度。它既包含为住店顾客提供的服务在使用价值上满足顾客物质和精神价值,包括酒店设施设备、实物产品等实物形态服务的使用价值,也包括非实等实物形态服务的使用价值,还包括非实物形态服务的使用价值。

2.酒店服务质量管理过程包括服务质量计划、服务质量控制和服务质量改进三个环节。

3.酒店服务质量的评价主体可分为顾容方评价、酒店方评价和第三方评价、可信性、响应性和移情性五个方面。酒店服务质量价要素主要包括有形性、可靠性、可信性、响应性和移情性五个方面,分析方法主要有 ABC 分析法和因果分析法。

4.酒店服务质量管理模式多种多样,比较普遍运用的有酒店服务交互式管理模式和顾客期望差距管理模式。

## 【思考与练习】

1.简述酒店服务质量的含义和内容。

2.简述酒店服务质量管理过程。

3.如何进行酒店服务质量评价与分析?

4.阐述酒店酒店交互服务质量管理内容。

# 【案例分析】

**广州碧水湾酒店的亲情化服务案例**

### 案例1：亲情服务，一年收2 000封感谢信

现象解读：服务员不仅能准确地喊出"张先生""黄小姐"，还时常亲切地称顾客为"爷爷""姥姥""叔叔""阿姨"……顾客咳嗽，服务员会端上一杯姜茶或雪梨糖水；顾客困了，服务员会送上一杯暖暖的咖啡；一年之内，度假村收到顾客以手写形式发来的感谢信近2 000封，有的洋洋洒洒两三千字。

对度假型景区来讲，服务口碑非常重要。树立了口碑，才能稳固客源，有了稳固的客源，才能开拓更广阔的市场。碧水湾开业初期就确立了"以顾客满意为中心，品牌经营，服务取胜"的经营理念。在服务上，碧水湾独辟蹊径，推出"亲情服务"，从软件上超越了硬件水平一流的竞争对手，实现了"弯道超车"。把顾客当家人，不仅会使顾客感到亲切、尊贵，也会让服务员的心态有所转变，觉得有尊严。

截至目前，碧水湾的个性化服务规范化内容已达200多条，如"记住顾客姓名""看到顾客泡温泉拿着手机，及时提供防水袋""看到顾客咳嗽，递上一杯姜茶或雪梨糖水""看到顾客手里拿着湿泳衣，主动帮忙拿去脱干"等，每个部门还在不断地完善个性化服务、规范化的项目。标准化服务让顾客满意，亲情化服务让顾客感动、惊喜。现阶段，碧水湾在极力推动"个性化服务规范化"工作，使"亲情碧水湾"形成品牌。亲情化的服务，为碧水湾赢得了顾客的赞誉。

### 案例2：以德治村，员工互助互爱亲如家人

现象解读：同事过生日，员工自己掏钱为同事购买生日礼物，设计生日晚会；哪怕是总经理，每天也会给当天过生日的员工发送生日祝福的短信；有员工生小孩，来看望的同事络绎不绝，带来一堆营养品和婴儿穿的衣服；度假村管理干部80％以上是自己培养出来的。

文化是一个企业的灵魂。碧水湾把"创造独特企业文化"作为重要一条写入奋斗目标，同时把"创造友爱的人文环境"作为企业核心价值观写入《文化手册》。"德"是碧水湾的核心文化。在碧水湾，一个好的管理人员必须有良好的品德，要立德、崇德、养德，做人有爱心，能够爱别人，其次是做人要忠信，对企业、对别人、对自己要忠诚、可靠、言而有信。在人员管理上，碧水湾倡导人文关怀、以人为本，工作上强调严，生活中强调爱，实行严与爱相结合的管理方式，创造了"干部五四文化"和"员工五四文化"。以德治村，使碧水湾有了好的风气、氛围。

### 案例3:科学管理,年营收突破亿元大关

现象解读:在仅有200余间客房、36个温泉池的条件下,碧水湾全年的客房入住率达到80%以上,75%以上是回头客,2011年营收突破1亿元大关。"顾客满意度调查"计划启动后,2011年度假村的顾客满意度为96%,在携程网上的顾客评价分值保持在4.7分(满分5分),连续18个月蝉联广州地区酒店满意度第一位。每年前来学习"碧水湾管理模式"的交流考察团队络绎不绝。

碧水湾的奋斗目标是"建立一套科学管理模式,造就一批旅游专业人才,创造独特企业文化,打造中国知名旅游品牌"。在过去的12年中,碧水湾一直在摸索和完善企业管理,希望建立一套科学管理的"碧水湾模式"。

在碧水湾,员工在管理服务上出现问题,首先会查看有没有操作制度、流程、标准可依,如果没有,立刻完善制度,员工免受处罚。碧水湾特别强调"走动式"管理,抓落实,抓现场,并建立督导检查机制——质检部日常检查、管理者现场检查、部门交叉检查、录音录像检查。此外,碧水湾还特别强调"对检查者有检查",实行多重检查机制,杜绝流于形式,确保服务质量。

而所有文化和制度的运行,必须通过建立完善的机制来实现。为此,碧水湾建立了"学习培训机制、问题处理机制、信息管理机制、快速反馈机制、员工考核机制、及时奖惩机制"。例如,在学习培训方面,碧水湾实行"三级培训""交叉培训""案例培训"的制度,每天坚持进行正反三个案例的学习。目前,碧水湾基本实现了"管理制度化、工作标准化、服务规范化、操作程序化、检查经常化"的目标。

碧水湾虽然规模不大,硬件水平在蓬勃发展的温泉队伍中不占优势,但却屡创行业奇迹,值得行业学习和借鉴!

(案例来源:解读温泉行业的"碧水湾现象")

**案例问题:**

1.通过案例总结广州碧水湾酒店在酒店服务质量管理的措施?

2.碧水湾的亲情化服务是怎样体现出酒店服务质量交互式管理模式的?

# 第7章 酒店客户管理

【学习导引】

　　酒店客户管理是以酒店客户关系管理为基础的对酒店客户的全方位管理方法,是酒店市场营销的重要组成部分,对提高服务质量和市场占有率具有极其重要的意义。酒店高层管理人员通过提高顾客的满意度和忠诚度从而提高酒店的市场占有率,并最终提高酒店的营业收入和利润。本章通过系统地讲解现代酒店客户管理的基本概念和原理、酒店客户管理各项实务活动的工作思路和内容,并关注酒店运营管理中客户管理热点话题和创新发展趋势,同时培养正确的职业认知与认同感,拥有"以客户为中心""精益求精、服务至上"的对客服务意识与现代客户管理观念,具备符合现代酒店客户管理人才的职业道德、素质和能力。

【学习目标】

　　1.概述酒店客户管理的概念、特点、作用和主要内容。

　　2.阐述和说明酒店客户管理的主要思路和内容。

　　3.讲解客户的满意度和忠诚度的概念、衡量标准和提升方法。

## 7.1 酒店客户管理概述

1)客户、酒店客户与酒店客户管理

(1)客户的定义

　　从广义的角度来看,凡是接受或者可能接受任何组织、个人提供的产品和服务的购买者(包括潜在购买者)都可以称为客户。

首先,客户不仅是指个体,也包括企业、政府、非公益性团体等组织。其次,购买的对象包括产品和服务两方面,其中产品不仅包括用于消费者生活的物品,也包括用于工业生产的各类生产资料。而服务方面则涵盖了消费者需要的各种类型的服务项目,这些服务直接可以满足顾客的各种需求。如看病就医、旅游休闲、住宿餐饮、娱乐购物等。再次,客户包括现实客户和潜在客户。其中,现实客户是指对企业或者个人的产品或者服务有需求,并且与企业或者个人直接发生交易关系的组织或者个人;潜在客户是指对企业或者个人的产品或者服务有需求而没有购买能力,或者是有购买能力但是由于种种原因无法与企业或者个人发生交易的组织或者个人。

从狭义的角度来看,客户只是指与企业或者个人发生直接交易关系的组织或者个人,即广义概念中的现实客户。

(2)酒店客户

从广义上来讲,酒店客户就是酒店的服务对象,即酒店的所有顾客。按照这个定义,处于社会中的个人、酒店、事业单位和政府等营利或非营利的个人和单位都有自己的客户。酒店客户是酒店服务或产品的采购者,他们可能是最终的消费者,也可能是代理人或供应链内的中间人。酒店客户可能是个体、群体或组织。

2)酒店客户管理

(1)酒店客户管理是一种"管理"

"管理"是指有目的的活动,是计划、组织、指挥、领导、控制、协调和沟通的综合过程。酒店客户管理就是酒店对与顾客之间的关系进行有目的的管理活动,这就意味着这样的客户关系管理绝不只是使用一套软件、建立一个客户数据库那么简单,而是涉及酒店的整体定位、战略布局、业务经营、服务流程、运营管理、市场营销、企业品牌文化等一系列的问题。

(2)酒店客户管理是对"客户关系"的一种管理

根据《现代汉语词典》中对"关系"一词的解释包括:事物之间相互作用、相互影响的状态;人和人或人和事物之间的某种性质的联系;关联、牵连或牵涉等。此外,"关系"是有生命周期的,即关系的建立、发展、维护和破裂。

客户关系管理无论是从市场营销学的角度,还是从管理学的角度,都离不开"以客户为中心"的理念,酒店与客户之间既是利益关系,也是伙伴关系,酒店产品和服务的销售和客户的购买使酒店和客户都能够从中获利,只要酒店与客户能互相从对方身上获利,只要关系不断,买卖交易也就不会中断。

由此可见,酒店客户管理需要注重研究客户关系的建立、维护、挽救等问题,从关系的持久性来看,酒店实施客户管理必须实现客户与酒店的"双赢"效益,实现客户价值最大化和酒店收益最大化之间的平衡。此外,酒店客户管理也是一种企业文化,酒店不能把客户管理当作"某个人"或"某个部门"的事情,只有让所有部门和员工都意识到自己与客户之间的相互关系,才能更好地贯彻酒店客户管理的管理理念和思想。

客户管理是涵盖客户销售、客户市场、客户支持与服务数据库及支撑平台等各个方面的一种复杂的管理过程,其核心是"客户关系管理"。酒店通过客户关系管理不断地收集全面的、个性化的客户资料,强化跟踪服务、信息分析的能力,协同建立和维护一系列与客户之间卓有成效的"一对一关系",从而使酒店得以提供快捷和周到的优质服务,提高客户的满意度和忠诚度,吸引和保持更多的客户,进而增强酒店的核心竞争力。

酒店客户管理是建立在市场营销思想和现代信息技术基础之上的先进管理理念与策略,是专门研究如何建立客户关系、维护客户关系、挽救客户关系的科学,它将管理的事业从酒店内部扩展到酒店外部,是现代酒店管理理论发展的新领域。

# 7.2　酒店客户管理的主要内容

## 7.2.1　酒店客户管理的目标

酒店在制订和实施客户管理工作的目标时,既需要正确衡量和评价自身实际管理水平、经营规模、酒店定位、酒店产品、酒店品牌战略、酒店资源配置等方面的内在优劣势,还需要充分考虑外在市场出现的机遇与挑战,绝不能生搬硬套其他酒店在客户管理工作方面的成功做法,因为没有一个固定的模式、方法、系统、软件能让酒店轻松实现其客户管理目标。具体而言,酒店客户管理的主要目标有以下几个。

1)提高工作效率,提升客户满意度

酒店运用CRM系统的现代信息技术和全新业务模式,可以实现酒店客户管理业务处理流程的自动化,在酒店范围内实现客户信息共享;有助于提高酒店员工的工作效率,使酒店内部部门之间的协作和沟通能够更有效地运转;有利于提升酒店与客户的双向沟通效率,帮助酒店及时获取目标客户的第一手资料,在第一时间发现客户需求或潜在需求的变化,帮助酒店及时推出广大客户喜爱的新产品,缩短新产品的开发周期和降低成本;酒店能够从客户的投诉、抱怨中发现自己的不足,从而有助于酒店及时改进或调整经营策略,从而实现提高客户满意度与忠诚度的发展目标。

2)拓展市场份额,提升销售收入

对于酒店的长期发展来说,拥有相对稳定的客户群体和客户关系,能够稳定酒店营销、降低酒店经营成本和风险,并且提高销售效率和成功率、增加销售利润收入、扩大酒店品牌的市场份额。此外,良好的客户管理,能让新客户对酒店的产品和服务产生好感,从而有利于降低对酒店产品、服务、价格的敏感度,在一定程度上可以实现愿意容忍酒店经营的某些失误,不会轻易流失客户。

3)创造客户价值,增加酒店利润

酒店以创造客户价值为目标,为客户提供具有价值的产品和服务,并以某种价格在市场上进行销售。由于客户有更多的了解,酒店客户管理人员能够抓住客户兴趣点,有效地进行销售,避免盲目地以价格让利取得交易成功,从而提高销售利润。

### 7.2.2 酒店客户管理的主要内容

酒店客户关系管理是一个与客户之间不断加强沟通、不断发掘需求、不断改进酒店产品服务品质,实现满足客户需求,提升客户忠诚度,创造客户终生价值的完整过程。酒店要实现这一过程需要利用现代信息技术和互联网技术实现对客户资源的整合,围绕以客户为中心的酒店营销的技术和管理实现。酒店客户管理的主要内容如图7-1所示,主要包括以下方面。

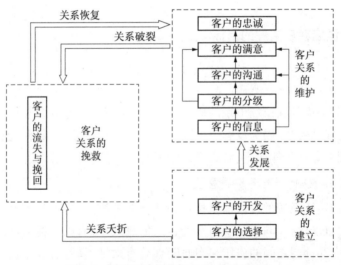

图 7-1　酒店客户管理的主要内容与流程

1)酒店客户关系的建立

酒店客户关系的建立就是要让潜在客户和目标客户产生购买酒店产品和服务的欲望并付诸行动,酒店客户管理人员需要主动地、努力地去建立关系,使这些潜在客户尽快成为酒店的现实客户。为了便于酒店后期进行客户关系的维护与稳定,酒店在建立客户关系之前必须有选择地建立关系,而不是盲目地与所有客户都建立关系。

在建立和开发客户关系之前,酒店客户管理人员需要做好前期工作,即做好客户调查,通过人口特征、生活态度、生活方式、消费历史、消费媒介等对目标客户进行分析,迅速了解客户需求,及时掌握客户信息,把握市场动态,及时调整产品的营销策略。

（1）酒店目标客户的选择

客户的选择是指酒店对其服务对象的选择,是在客户细分的基础上,对各细分客户群的赢利水平、需求潜力、发展趋势等情况进行分析、研究和预测,最后根据酒店自身状况、竞争状况,选择和确定的细分客户群作为自己的服务对象。酒店需根据大量客户的个性特征、消费习惯、购买记录等数据,事先确定对其有意义和价值的客户群体,从而为酒店成功实施客户管理提供保障。选择正确的客户是成功开发客户及实现酒店客户忠诚的前提,有助于酒店筛选出有价值的客户并实现与客户更好地沟通互动,从而提升客户满意度,同时也可以增强客户对酒店的忠诚度,实现酒店市场占有率和利润的提高。

## 【知识关联】

### 帕累托法则

二八定律（帕累托法则,Pareto's Principle）：在购买企业产品和服务的自然人或组织中,有20%的客户会给企业带来80%的业绩或者利润。企业在进行客户关系管理和运营时,理所应当更加注重这20%的重点客户群体,也会投入专门的资金购买甚至开发合适的客户关系管理系统。企业客户管理的目标是确保与这20%的重点客户群体有良好的关系,以便当这些客户有产品和服务需求时,会优先选择该企业的产品和服务。

帕累托法则说明了20%重要客户的价值,而另外80%的客户数量多,但由于过于分散而且单个客户的贡献不高,因此企业投入资源进行客户管理的投资回报率并不理想。

（2）酒店目标客户的开发

客户的开发就是酒店目标客户产生购买欲望并付诸行动,促使他们成为酒店现实客户的过程。无论是新开业的酒店还是已有一定市场份额的酒店,首要的任务就是源源不断地吸引和开发新客户。根据一般的酒店经营经验而言,每年客户流失率为10%～30%,因此,酒店除了努力培养和维持已有客户的满意度和忠诚度,还需不断寻求机会开发新客户,尤其是开发优质客户,这样一方面可以弥补客户流失的缺口,另一方面可以壮大酒店的客户队伍,提高酒店的综合竞争力,增强酒店的盈利能力且实现可持续性发展。

# 【经典案例】

## 代客保管剩酒

近年来,香港刮起了一股"代客保管剩酒"之风。各家酒店先后都增设了精巧的玻璃橱窗,里面陈列着各式各样的高档名酒,在这些酒瓶的颈上都系有一张小卡片,上面写着客户姓名,这就是为客户保存的剩酒。客户上次没有喝完的酒水由酒店替其保存,以便顾客下次继续享用。

"保管剩酒"这招一经问世,马上就受到了客户的欢迎和青睐,因此很快风靡香港,其魅力在于:一是可以有效地招徕回头客。客户剩的酒在这家酒店里被妥善保存,下次当然还会选择继续去这家酒店消费,而客户在下次用餐时,可能还会要新酒,也就可能还会剩酒,如此良性循环使得酒店的酒吧、餐厅的生意保持良好的运营状态;二是有助于激发客户消费高档酒的欲望,客户一般不想喝低档酒,又担心喝高档酒无法一次喝完而白白浪费,拿走又不太雅观就干脆不喝了这样的消费心态。有了保管剩酒的服务可以让顾客大胆放心地消费高档酒,顾客可以选择分次喝完,且每次分摊下来的花费也不高;三是可以增加对客户的亲切感,有半瓶酒在酒店存着,显得该酒店好像是自己的家,来此就餐便会有宾至如归之感,与酒店的感情也自然拉近了。

### 2)酒店客户关系的维护

酒店客户关系的维护是指酒店客户管理工作人员通过使用适当的方法来巩固及进一步发展与客户长期、稳定关系的动态过程和策略。其目标就是要实现客户的满意和忠诚,特别是要实现优质客户的忠诚,避免优质客户的流失。俗话说,"打江山易,坐江山难"。虽说建立客户关系也不易,但要做好长期维护客户关系更有难度。原因在于:一方面是酒店市场竞争大,产品和服务项目、形式得到了极大的丰富;另一方面酒店产品服务相似性较强,而市场已开始由卖方市场向买方市场发展,客户的选择余地越来越大,流失的风险越来越小也变得越来越容易,而留住客户却是越来越难。要实现长期维护客户关系,酒店客户管理人员需要做好以下四方面的工作。

### (1)客户信息管理

酒店客户信息管理主要包含收集客户信息、客户档案建立、数据库管理和客户信息研究应用等方面工作内容,酒店根据自身的需求和客户特点事先界定信息收集的范围和来源,再选择合适的渠道和方法收集、提取客户数据,建立并运用客户个性档案和数据库等综合数据,对客户需求和消费行为、市场拓展业绩、一对一客户营销策略等进行动态管理,努力维护已有的客户关系,不断加深和提升关系,从而让客户为酒店创造更多的价值。

（2）客户分级管理

酒店客户分级管理主要包括客户定级分类、分级管理策略、客户价值管理、不同渠道客户管理等内容，酒店根据客户的不同价值将客户区分为不同的层级。客户分级管理是指企业依据客户带来价值的多少对客户进行分级，区别对待不同价值的客户，同时积极采取有效的激励措施以提升各级客户在客户金字塔（图7-2）中的级别，从而为针对不同级别的客户进行区别服务与管理提供依据。

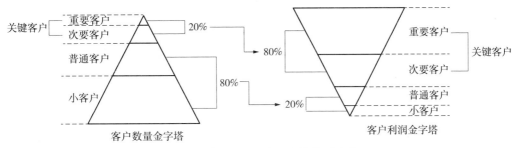

图7-2 客户数量与利润金字塔的对应关系

（3）客户沟通管理

客户沟通管理是指酒店通过与客户建立信息交流与互换的桥梁与纽带，加深与客户的感情互动、交流与巩固，从而赢得客户满意度与忠诚度所采取的行动，其中包括客户拜访、客户追踪与反馈、客户沟通技术管理三个方面。酒店通过与客户互动沟通，将自己的产品服务信息、服务宗旨、服务理念、有关政策、经营意图等关键信息传递给客户，主动征求客户意见和建议，加强双方合作。有效的客户沟通不仅有助于拉近酒店与客户之间的距离，也有利于巩固、提升和发展客户关系。

## 【知识关联】

### 酒店处理投诉技巧之CLEAR方法

酒店运营过程中，处理顾客投诉是酒店服务提供者的一项重要工作，如何平息顾客的不满情绪，让被激怒的顾客"转怒为喜"是酒店获得顾客忠诚的最重要的手段。掌握CLEAR方法，即顾客愤怒清空技巧，能够帮助酒店妥当地处理最棘手的情形，令顾客心情晴朗。应对顾客投诉的CLEAR方法包括以下五个步骤。

①C—Control 控制好你的情绪。

②L—Listen 倾听顾客的抱怨和诉说。

③E—Establish 建立与顾客产生共鸣的局面。

④A—Apologize　对顾客的遭遇表示歉意。

⑤R—Resolve　提出应急和有预见性的解决方案。

3）客户满意度与忠诚度管理（具体内容详见本章第3节）

### 7.2.3　酒店客户关系的挽回

在客户关系的建立阶段、提升阶段、维护阶段随时都可能发生客户关系的破裂。如果酒店没有尽快、及时地挽救和恢复客户关系，就可能造成客户的永远流失。相反，如果酒店能够及时地采取有效的补救措施和流失管理，就有可能使破裂的客户关系得到恢复，挽回已经流失的客户，促使他们重新选择和购买酒店的产品和服务，使客户能够继续为酒店创造价值。据研究表明，挽回曾经存在的客户关系比招揽一个新的客户更有价值，也更加容易，因此，要实现及时、快速、有效地控制客户流失率，酒店客户管理人员需要充分重视客户流失的影响，及时识别客户流失指标，客观分析客户流失原因，积极应对客户流失并实施恢复补救策略。

# 7.3　客户满意度与忠诚度管理

### 7.3.1　客户满意度

1）客户满意度概述

（1）客户满意度的概念

客户满意度是指客户对产品或服务满足自己需求的一种判断，是客户得到满足后的一种心理反应，而其判断的标准是以这种产品或服务满足客户需求的程度进行评估。换句话说，客户满意度是指客户对所接受的产品或服务过程进行评估，以判断是否能够达到他们所期望的程度。亨利·阿塞尔（Henry Assael）认为，客户满意度取决于商品的实际消费效果和消费者预期的对比，当商品的实际效果达到了消费者的预期，就实现了满意，否则就会导致客户不满意。菲利普·科特勒（Philip Kotler）指出，满意度是指个人通过产品或服务的可感知效果与其期望值相比较后所产生的愉悦或失望的感觉状态。

综上所述，客户满意度是一种心理活动，是客户的主观感受，是客户的预期被满足后形成的状态。当客户的感知没有达到预期时，客户就会产生不满意、失望的情绪；当感知与预期一致时，客户是满意的；当感知超出了预期时，客户就会感到非常满意，甚至会感觉到惊喜和物超所值。

（2）客户满意度的衡量

客户满意度是指客户满意的高低程度,衡量客户满意度一般可以从以下指标反映。

①美誉度。美誉度是指客户对酒店或品牌的褒扬程度,借助其美誉度可以知晓客户对酒店或品牌所提供的产品服务的满意状况。一般来说,持褒扬态度和愿意向他人推荐其品牌产品服务的,肯定对酒店或品牌的满意度较高,反之则较低。

②指名度。指名度是指客户指名消费购买某家酒店或某个酒店品牌的产品服务的程度。如果客户在消费或者购买的过程中,主动放弃其他品牌选择而指定购买该品牌,则表明客户对该品牌的产品服务的满意度较高,反之则较低。

③回头率。回头率是指客户消费了某品牌或酒店的产品和服务之后,愿意再次重复购买的次数和程度。客户是否愿意继续购买该品牌或酒店的产品和服务是衡量客户满意度的主要指标。客户愿意持续购买的程度和次数越多,表明其满意度越高,反之则越低。

④容忍度。容忍度是指客户在购买或消费了某酒店或品牌的瑕疵问题产品和服务之后,愿意包容、容忍的程度。一般来说,客户容忍度越高,客户满意度越高,反之则越低。例如,当顾客在消费酒店产品和服务的过程中,出现了服务差错、质量问题、价格上调等情况,顾客若表现出一定的包容和容忍态度（既不投诉,也不流失）,说明顾客对该酒店的产品、服务、品牌比较满意。

⑤购买额度与购买决策时间。购买额度是指客户购买酒店或品牌产品和服务的金额多少。而购买决策时间是指客户在选择和决定购买某个酒店或品牌产品和服务时所需耗费的时间,一般而言,客户的购买额度越高且决策时间越短,说明客户对该酒店产品和服务的满意度越高,反之则越低。

综上所述,客户满意度是一种暂时的、不稳定的心理状态,为此酒店应经常性地进行测试和衡量,例如,经常性地对现有客户群中开展随机抽样的方式,向其发放调查问卷或进行电话回访,了解其对酒店产品服务的满意状况,如对产品或服务是否满意、满意程度如何、对产品或服务的改善和提升意见、建议等关键信息,如果得到的反馈是满意度较高的结果,说明酒店为客户提供的产品或服务是受客户欢迎和喜爱的,酒店与客户的关系也是良好且紧密的,酒店可再接再厉,将优质的产品和服务发扬光大,为客户提供让其满意和超越预期的产品和服务。反之,应多思考其改进方案,不断改进、完善产品服务的不足和问题,致力于实现客户满意度。

（3）客户满意度的意义

①客户满意度是客户忠诚的基础。通常情况下,客户的满意度越高,其忠诚度就

会高,反之则越低。从客户的角度来说,没有理由让自己继续接受不满意的产品和服务,换言之,如果酒店在之前提供的产品和服务不能满足客户需求时,客户就无法再次光顾和选择该酒店了。可见,客户满意度是形成客户忠诚度的基础,是维持老客户的最好方法。

②客户满意度是酒店应对激烈竞争的最佳手段。客户及其需求是酒店建立和发展的基础,如何满足客户的需求是酒店成功的关键。若酒店不能满足客户的需求却被竞争对手满足时,就会出现客户流失,继而转向选择能让他们满意的酒店或酒店品牌。随着市场竞争的日益加剧,客户有了更充裕的选择空间,酒店竞争的关键在于是否能持续性地、更有效地让客户满意,营造竞争优势,赢得更多、更稳定的市场份额。

③客户满意度是酒店取得成功的必要条件。客户的满意度既可以节省酒店维系老客户的费用,同时也可借助满意客户的口碑宣传效益减低酒店开发新客户的成本,树立且维持酒店的良好形象和美誉。根据美国客户事务办公室提供的调查数据表明,平均一个满意的客户会把他获得满意的购买消费经历告诉至少 12 个人,在没有其他因素的干扰下,这 12 个人中超过 10 个人表示将来一定会光顾和消费;相反,平均一个不满意的客户会把他的不满意的消费经历告诉至少 20 个人,且这些人都表示不愿意再接受这种恶劣的产品服务。

总之,客户满意度是维护客户关系的最重要因素,在完全竞争的市场环境下,没有任何酒店能够在客户不满意的情况下得以生存和发展。因此,酒店需要尽最大努力让客户感到满意,赢得市场份额与支持,实现可持续发展。

### 7.3.2　影响客户满意度的因素

很多人认为,让客户满意的办法就是尽可能地为客户提供最好的产品和服务,这个出发点没有问题,但容易忽略两个隐含的问题:首先,需要考虑成本问题,作为以营利为目的的酒店必须重视成本,而不能不顾一切地付出成本,否则就会得不偿失、入不敷出,给酒店造成亏损;其次,考虑效果问题,酒店为客户提供最好的产品和服务的目的就是让客户满意,但现实是即使酒店竭尽全力为客户提供了最好的产品服务,也不一定能让客户满意。

显而易见,让客户满意不能蛮干,酒店必须找到事半功倍、以较少的成本而又能够确保实现客户满意的路径,这就需要酒店做到对影响客户满意度的根源追本溯源,清楚影响客户满意的因素何在。

1)客户感知价值

客户感知价值是指客户在购买和消费过程中,酒店提供的产品服务给客户带来的感知价值,它等于客户购买产品服务所获得的总价值与客户为购买该产品服务所付出的总成本之间的差额。

客户感知价值=从产品和服务获得的总价值-消费产品和服务耗费的总成本

其中,客户总价值是指客户从产品服务中获得的总价值(产品价值、服务价值、人员价值、形象价值等),而客户总成本是指客户在消费产品服务需要耗费的总成本(货币成本、时间成本、精神成本、体力成本等)。客户感知价值对客户满意度的影响,即如果酒店提供的产品和服务的感知价值达到或超过客户预期,客户就会感到满意或非常满意,反之,若无法达到客户的预期则会让客户感到不满意。因此,酒店应尽力使客户获得更多的产品价值、服务价值、人员价值和形象价值等总价值,同时把货币成本、时间成本、精神成本等成本降到最低限度,以此提高客户的感知价值。

2)客户预期

客户预期是指客户在购买和消费之前对所选择的酒店或品牌的产品价值、服务价值、人员价值、形象价值、货币成本、时间成本、精神成本和体力成本等方面的主观认识和期待。不同的客户在接受同一产品或服务时,会出现满意和不满意的分歧,究其原因其实是客户预期的分歧和差别。而客户预期并非是与生俱来和一成不变的,而是会随着客户的自身背景、以往购买消费经历、他人推荐介绍和酒店宣传展示等因素的变化而变化。总之,酒店若提供的产品和服务达到或超过客户预期,客户就会满意甚至是惊喜,如若不然则会让客户感到不满意。

**【知识拓展】**

锚定效应

锚定效应是指人们对事物的判断容易依赖最初的参考点且无法轻易调整。虽然我们都明白对事物的判断依据第一印象并不科学和准确,但我们依然无法摆脱第一印象的影响。

例如,当你喜欢的某品牌牛仔裤原本500元一条,现在350元的折扣价一定会让顾客动心,而最初的500元起到"锚"的作用,影响了人们的预期。因此,在对产品进行促销时,把原价写在折扣价的旁边会使消费者更容易接受折扣价。

又如,星巴克里摆放的依云矿泉水基本上不是用来卖的,而是给顾客看的。依云矿泉水在星巴克的一般标价是20元人民币,作为星巴克咖啡的陪衬向消费者传递了一句潜台词:我们一瓶水都卖20元,那30元的咖啡还算贵吗?

### 7.3.3 如何提升客户满意度

1）把握客户预期

为了确保实现客户满意度,酒店必须准确把握客户预期,当酒店能够把握住客户预期时,就可以控制和降低实现客户满意度的成本,只要让客户感知价值稍稍超过客户预期,就能够事半功倍地获得客户满意,这是实现客户满意度最经济的思路,酒店可以从两条路径把握客户预期:一是了解当前客户预期,二是引导客户产生良好的、合理的预期。

酒店要实现客户满意度就必须采取相应的措施来把握客户的预期,让客户的预期值在一个恰当的水平,这样既可以吸引客户,又不至于让客户因为预期落空而失望,产生不满。一般来说,引导客户预期的上限是酒店能够带给客户的感知价值,引导客户预期的下限是竞争对手能够带给客户的感知价值,另外,酒店引导客户预期时应当做到实事求是、扬长避短,引导客户多关注对酒店有利的方面、忽略对酒店不利的方面。

2）客户感知价值超过预期

酒店若善于把握客户预期,为客户提供超预期的感知价值,就能够实现客户满意度。为了让客户感知价值超越客户预期,一方面,酒店需努力使产品价值、服务价值、人员价值、形象价值等高于客户预期,让影响产品价值的性能、品质、功能、创新等方面实现不断提升和拓展;另一方面,将货币成本、时间成本、精神成本和体力成本等低于客户预期。

### 7.3.4 客户忠诚度

1）客户忠诚度概述

（1）客户忠诚度的含义

客户忠诚度是指客户一再重复购买,而不是偶尔重复购买同一企业的产品或者服务的行为。具体来说,客户忠诚度就是对偏爱的产品、服务、品牌的深度承诺,在未来一贯地重复购买并由此产生对同一品牌或同一品牌系列产品和服务的重复购买行为,这种购买行为并不会随着市场情景的变化和竞争性营销力量的影响产生转移。

客户有时出于某种原因没有找到忠诚的品牌,这时客户会暂时搁置需求直到忠诚的品牌出现。忠诚的客户能够自觉排斥"货比三家"的心理,能在很大程度上抗拒其他品牌所提供的优惠和折扣等诱惑,而一如既往地购买所忠诚品牌的产品和服务。忠诚的客户还注重与酒店或酒店品牌在情感上的联系,对所忠诚品牌的失误会持宽容的态度,并向酒店及时反馈信息,帮助其不断优化和完善产品服务的品质、服务流程和品牌建设。

有学者把客户忠诚细分为行为忠诚、意识忠诚和情感忠诚。对于企业来说。如果客户只有意识忠诚或情感忠诚,缺少行为忠诚会使企业从中获得的收益不确定,只有客户行为忠诚才能够给企业带来切实的利益。因此,企业不会排斥虽然意识不忠诚、情感不忠诚,却行为忠诚的客户,因为他们才能持续不断地购买企业的产品和服务,帮助企业实现利润。不过,企业也应该清楚地认识到没有意识和情感忠诚的客户是难以做到持久的行为忠诚。理想中的客户忠诚是行为忠诚、意识忠诚和情感忠诚三合一,同时具备的客户是企业难能可贵的资产!

(2)客户忠诚度的衡量

①客户重复购买率。客户重复购买是指在一定时期内客户重复购买某种品牌产品服务的频率次数,这是判断客户忠诚度的重要指标。一般来说,客户对某品牌产品重复购买率越高,表明客户对这一品牌的忠诚度越高,反之则低。

②客户对竞争品牌的态度。一般来说,对某种品牌忠诚度高的客户会自觉地排斥其他品牌的产品和服务。若客户表示出对酒店品牌的竞争者的产品和服务有兴趣且有好感,说明该客户对该酒店品牌的忠诚度较低,反之则较高。

③客户对价格的敏感度。客户对价格的敏感度是选择产品、服务、品牌有着很高的重视程度,但这并不意味着客户对价格变动的敏感程度都相同。事实表明,对于客户所喜爱和信赖的产品、服务、品牌并对其价格变动的承受能力越强,不会随着价格的变动而转移其购买行为,相反,客户对于不喜爱和信赖的品牌、产品和服务的价格变动承受能力往往较弱,会随着价格的变动而出现购买行为的转移。因此,酒店可以根据客户对价格的敏感度衡量其对品牌的忠诚度。一般来说,对价格敏感度越高,客户对该品牌的忠诚度越低,反之则越高。

④客户对产品、服务质量问题的容错度。和客户满意的评判标准一样,客户的容错度是指客户在购买或消费了某酒店或品牌的瑕疵问题产品和服务之后,愿意包容其犯错的程度。一般来说,客户容错度越高,客户满意度越高,客户忠诚度也越高,反之则越低。例如,当顾客在购买和消费酒店产品服务的过程中,对于发生了服务差错、质量问题、价格上调等情况,若顾客表现出足够的包容态度,则说明顾客对该酒店的产品、服务、品牌比较满意,对其品牌的忠诚度也较高。

⑤购买额度与决策时间。与客户满意度判断标准一样,客户对于品牌的购买额度和决策时间表现出客户在选择和决定购买某个酒店或品牌产品和服务时所需耗费的价格成本和时间成本,一般而言,客户的购买额度越高且决策时间越短,说明客户对其产品和服务的满意度越高,忠诚度也越高,反之则越低。

（3）客户忠诚度的意义

①"忠诚"比"满意"更能确保企业的长久收益。"客户满意"并不等于"客户忠诚"，"客户满意"只是"客户忠诚"的基础，如果酒店只能做到"客户满意"却不能实现"客户忠诚"，意味着酒店缺少稳定、忠实的客户群，长此以往，这样确实无法保障酒店的经营收益和利润。可见，只有忠诚的客户才会持续不断地坚定地选择和重复购买、消费酒店的产品服务，这样才能给酒店带来稳定的客源和持续的收益。

②客户忠诚度使酒店的收入增长并获得溢价收益。

忠诚客户对某个酒店或酒店品牌的信赖和偏爱而产生重复性购买该酒店或品牌产品和服务的行为增加购买量和购买频率，他们还会对酒店的其他产品和服务产生连带信任感，同时激发新的消费需求，从而增加酒店产品和服务的销售量，为酒店带来更大的收益和利润。另外，忠诚客户会很自然地对该酒店或品牌推出的新产品、服务产生兴趣、信任和好感，成为新产品和服务的早期购买者，为酒店的新产品和服务的进一步推广铺平了道路。

③降低酒店成本。

由于忠诚客户对酒店或品牌的信任和偏好，更容易与酒店形成良好的合作伙伴关系，客户的需求与反馈更容易被酒店收集与知晓，从而提供更优质、更符合其预期的产品和服务。因此，忠诚客户能大大降低酒店在吸引客户时所需耗费的宣传成本、推广成本、交易成本、服务成本、时间成本和人员成本等，比起开发新客户，维系老客户和忠诚客户所需付出的成本相对较低，特别是客户越"老"越"忠诚"，其维系成本越低，即使是激活一位中断购买很久的"休眠客户"所耗费的成本都要比开发一位新客户的成本低。

④降低酒店经营风险，提高效率。

忠诚的客户群体和稳定的客户关系，有助于酒店不在疲于应付客户不断改变而带来的需求变化，有利于酒店制订长期计划，集中资源去为这些稳定的、忠诚的客户提高产品质量和完善服务体系，并且降低经营风险。酒店能够为老客户和忠诚客户提供熟练的、优质的服务，不但意味着在效率会有所提高，而且同时降低服务失误率。此外，忠诚客户易于亲近酒店，主动向酒店提供改进产品服务的合理化建议，实现提高酒店决策的效率和效益双重目标。

⑤获得良好的口碑效应。

随着市场竞争的加剧，各类广告宣传信息的泛滥，使得客户在面对大量令人眼花缭乱的广告信息中难辨真假，无所适从，对广告信息的信任度会大幅度下降。而口碑与广告相比更具吸引力和说服力，客户在进行选择和购买决策时，会逐渐重视和信任来自亲朋好友的推荐，尤其是已经使用过或体验过酒店产品服务的人群的推荐。忠诚客户是酒店及其产品和服务的有力倡导者和宣传者,将消费体验中获得良好的感觉介绍给周围的人,主动推荐,甚至积极鼓动其关系范围内的人去消费和购买,从而帮助酒店增加和拓展新客户。由此可见,忠诚客户的正面宣传对于酒店或酒店品牌而言是难得的、优质的、值得信任的免费广告,有助于提升酒店的知名度和美誉度,通过忠诚客户的口碑塑造和巩固酒店良好的品牌形象。

⑥为酒店带来良性循环。

随着酒店与忠诚客户关系的延续,忠诚客户带来的效益呈递增趋势,这样就能够为酒店的发展带来良性循环——客户的忠诚有利于酒店增长速度、拓宽发展前景;鼓舞员工士气、为员工树立荣誉感和自豪感;客户的忠诚给酒店带来高收益和利润,实现酒店的再投资、再建设和再服务,提高员工的待遇,从而提升员工满意度和忠诚度,提升工作与服务效率,为客户提供更优质、令其满意的产品和服务,更加稳固酒店的客户资源,强化客户的忠诚,带来下一轮的良性循环。

综上所述,客户忠诚度能够确保酒店经营的长久收益,使酒店收入增加并获得更多的一家效益,节省酒店的开发成本、交易成本和服务成本,降低酒店的经营风险且提高服务效率,使酒店获得良好的口碑效应及客户队伍的壮大,从而为酒店带来良性循环,保证了酒店可持续发展。忠诚客户的数量决定了酒店的生存与发展,忠诚度的高低反映了酒店竞争能力的强弱。

2)影响客户忠诚度的因素

(1)客户满意

①"满意"则可能"忠诚"。

客户忠诚度与客户满意度之间有着千丝万缕的联系,一般来说,客户满意度越高,客户的忠诚度就会相应提高,反之则会降低。由此可见,客户满意度是推动客户忠诚的最重要的、直接的因素,但是客户满意度并不完全等同于客户忠诚度。满意度使得客户产生重复性购买行为,同时也使客户对酒店或品牌产生依赖感,根据客户满意度的状况一般可分为信赖忠诚和势利忠诚两种。

信赖忠诚是指客户在完全满意的基础上,对使其从中受益的酒店或酒店品牌的产品服务情有独钟,并且愿意长期地、重复地、有指向性、主动地和由排他性的购买行为,在思想上对酒店和酒店品牌有较高的精神寄托,注重与酒店在情感上的联系,寻求归属感。信赖忠诚的客户是高度依恋酒店的客户,其忠诚度最可靠也最持久,是酒店最为宝贵的资源,是酒店最基本和重要的客户。而势利忠诚则是当客户对酒店或品牌不完全满意,只是对其中某个方面感到满意时所表现出的忠诚行为,是客户为了能够得到某个或某方面的好处或害怕在某方面的损失,而长久进行重复购买的行为。一旦没有这些诱因和障碍,这些客户将会出现转向竞争对手或更具诱惑力的酒店或品牌。可见,势利忠诚的客户对酒店的依恋度较低,相比信赖忠诚的客户更容易被竞争对手挖走。

因此,酒店应尽可能地实现客户的信赖忠诚,但如果实在实现不了,可以退而求其次实现势利忠诚,因为势利忠诚较常见且较容易实现,也能给酒店带来利润,值得重视。

②"满意"也可能不"忠诚"。

一般来说,满意客户在很大程度上会成为忠诚客户,但实际上它们之间并不像人们所想象的那样存在必然联系。"满意"也可能不"忠诚"的原因大概是:客户没有因为忠诚而获得更多礼仪、客户对酒店的信任和情感不够深、客户没有归属感、客户转换成本过低、酒店与客户联系紧密程度低、酒店对客户忠诚度低、员工对酒店的忠诚度低以及客户其他自身因素。

③不"满意"则一般不"忠诚"。

一般来说,让不满意客户成为忠诚客户的可能性很小,若不是迫不得已、无可奈何的压力,这类客户是不会"愚忠"的,不一定马上会出现流失或变成忠诚客户,但压力条件一旦解除和变化,就会立刻成为不忠诚的客户。

④不"满意"也可能"忠诚"。

根据上述结论推断,虽然不满意客户成为忠诚客户的可能性较低,但并非毫无可能,不满意客户对酒店保持忠诚的情况主要有两种情况:惰性忠诚和无奈忠诚。惰性忠诚是指尽管客户对酒店或酒店品牌的产品和服务感到不满意,但由于本身的惰性而不愿意去另寻别家酒店而对原来酒店产生的依赖行为,这种类型的客户一旦被竞争对手主动出击提供了更好的产品和服务时,他们就会离开原来所表示忠诚的酒店或品牌。而无奈忠诚是指在以卖方占主导地位的市场条件下,或者在不开放的市场条件下,尽管客户不满但因为别无选择,找不到其他合适的替代品,不得已只能忠诚的行为。

虽然惰性忠诚和无奈忠诚都能为酒店留住客户,但酒店切不可因此而放任不管,还需继续尽可能地提高自身产品和服务品质,努力满足客户的需求,因为不满意的忠诚客户是不可靠且脆弱的关系,一旦时机成熟这类客户就会毫不留情地离开。

综上所述,客户忠诚度在很大程度上受客户满意度的影响,但并非绝对的,酒店要想实现客户忠诚度,除了让客户满意,还需多考虑影响客户忠诚度的其他因素且采取相应的措施。

(2)客户因忠诚度能收获多少利益

追求利益是客户的基本价值取向,客户乐于与酒店建立长久关系,其主要原因是希望从忠诚度中得到优惠和特殊关照,如果能够获得这些利益就会激发他们与酒店维系长久的客户关系。如果老客户没有得到比新客户更多的优惠和特殊关照,就会抑制他们的忠诚,老客户就会流失,而新客户也不愿成为老客户,因此,酒店能够提供的忠诚奖励将会影响客户是否持续忠诚。

（3）客户的信任和情感

由于购买行为存在一定的风险,客户为了避免和减少购买过程中的风险,往往会倾向于自己信任和喜爱的酒店或酒店品牌并保持长期关系,信任是构成客户忠诚的核心因素,信任使重复购买行为的实施变得简单易行,同时也能使客户对酒店或品牌产生依赖。而情感对于客户忠诚度的影响也日益被重视,这是因为如若酒店和竞争者同时给予客户利益时,竞争者往往难以攻破深度交流下建立的客户忠诚。酒店与客户一旦有了情感交互,两者就会从单纯的买卖关系升华为休戚相关的合作伙伴关系,客户不会轻易背叛,即使受到其他利益的诱惑也不会出现背叛。

（4）客户的归属感和转换成本

若客户感到自己被酒店重视和尊重,有很强的归属感,就会不知不觉地依恋酒店或酒店品牌,因而忠诚度较高,反之则就低。而转换成本是客户从一个企业转向另一个企业所需面临的障碍和所需耗费的成本,是客户为更换企业所需付出的各种代价的总和。一般来说,转换成本越高,客户越不愿意更换企业或品牌,反之则越容易转向。酒店需注意的是只是靠提高转换成本来维系客户的忠诚,而忽视为客户创造价值和归属感,会将客户推向无奈的境地,客户在被迫的情况下对其表现忠诚的关系是极其不稳定、不持久的。

3）如何实现客户忠诚度

（1）努力实现客户完全满意度

客户越满意,忠诚可能性就越大,且只有最高等级的满意度才能实现最高等级的忠诚度,因此,酒店应当追求让客户满意甚至是完全满意。

（2）奖励客户忠诚度

酒店想要赢得客户忠诚度就需要对忠诚客户进行奖励,其目的就在于让客户从忠诚度中获利和得到激励,从而使客户在利益的驱使下继续对酒店忠诚。酒店可采取的客户忠诚度奖励有:通过折扣、积分、赠品、奖品等形式的财务奖励,以及以经营特权、风险分担、信贷援助、荣耀共享等方式的其他奖励。在实施奖励的同时仍需注意:客户是否重视奖励、是否对客户实施区别奖励、是否采取了长期持久的奖励和奖励的诚意程度等因素,确保忠诚客户被酒店重视、关注和激励。

（3）增强客户的信任和情感

客户满意会产生客户信任,长期的客户信任有利于客户忠诚的形成,酒店需持续不断地增强客户对企业的信任,才能赢得客户忠诚。酒店应始终秉持客户至上的理念对待客户,想客户之所想,急客户之所急,解客户之所难,帮客户之所需,提供的产品和服务要确保满足客户需求;为客户提供广泛且值得信赖的信息;针对客户可能遇到的风险提出保证或承诺且切实履行以减少客户的疑虑和担忧;尊重和保护客户的隐私,让客户有安全感而产生信赖感。除了增强客户的信任,还需与客户维系真诚的、稳固的情感,在提供产品和服务的过程中积极与客户进行沟通,根据客户的实际需求提供超越其预期的产品和服务,通过对客户的理解、体贴等人性化经营,真心诚意地付出,以诚相待,赢得客户的信任并增进情感,才能与客户建立长期友好的关系。

## 【经典案例】

### 新加坡东方酒店的"超级服务"计划

新加坡东方酒店实施了一项"超级服务"计划,就是不管是否属于自己分内的事情,服务人员都应尽可能地满足客户的需求。一天,酒店咖啡厅迎来了4位顾客,他们一边喝着咖啡,一边拿着文件在认真地商谈,但此时来咖啡厅的顾客越来越多,嘈杂的人声使得这4位顾客不得不提高声音继续商讨问题,纷纷引来了其他顾客的侧目与不满。"超级服务"计划的工作人员及时察觉到了这一情况,立刻给房务中心打了电话,询问是否有空房可以借给这4位顾客临时一用,房务中心在查询完当前房态后马上安排了一间客房。当这4位顾客被请到这间免费的客房时,工作人员告知顾客说,这是为了让他们能有一个不受干扰的商谈环境而特意安排的,顾客们感到难以置信并喜出望外。事后这4位顾客在感谢信中写道:"我们除了永远成为贵酒店的忠实客户,我们分别所属的公司也将永远为贵酒店做免费的广告宣传!"

新加坡东方酒店的"超级服务"计划很好地体现了酒店顾客至上的服务理念,做到了"想客户之所想,急客户之所急,解客户之所难,帮客户之所需",为客户提供了超越预期的、产生惊喜的酒店产品和服务,直接将顾客培养成为忠实客户。

(4)建立稳定的客户组织

建立客户组织可使酒店与客户的关系正式化、稳固化,使客户感到自己有价值、受重视、受欢迎而产生归属感,使酒店与客户之间由短期关系提升到长期关系,由松散关系变成紧密关系,由偶然关系转变成必然关系,因而有利于酒店与客户建立超出交易关系之外的亲密关系。

(5)提高客户转换成本

一般来说,如果客户发现在更换酒店或品牌时感到转换成本变高,或客户原来所获得的利益会因为更换而遭受损失,甚至面临新的风险和负担,客户就会尽可能不转换来降低或避免自身利益的消减。酒店可通过提高客户的学习成本、时间成本、精力成本、财务成本和情感成本提高客户转换成本,留住老客户,提高客户退出的门槛和障碍,从而有效地阻止客户流失。

（6）加强客户对酒店的依赖

酒店可通过加强与客户的业务联系和增值服务,渗透到客户的业务中间,形成双方战略联盟与紧密的合作关系,为客户提供更多、更宽、更深的服务,满足客户的特殊需求,加强与客户的联系从而促进客户对酒店或品牌的忠诚;通过提高自身的产品和服务的不可替代性为客户提供独特的、不可替代的产品和服务,增强客户对酒店的依赖性从而实现对酒店或品牌的忠诚。

（7）加强员工忠诚管理

满意、忠诚的员工才能愉悦、熟练地提供令客户满意或惊喜的产品和服务,然而员工的流失势必会影响客户的忠诚度,因此,酒店除了提升外部客户的忠诚还需考虑如何加强元的忠诚管理,可采取的措施主要有:一方面可通过寻找优秀的员工且加强培训、建立有效的激励机制来培养员工的忠诚从而实现客户的忠诚;另一方面,避免因员工的流失造成的客户流失,以工作轮换制度、组建客户服务小组和实现内部客户资源共享等方式减少客户对员工个人的依赖,扩大酒店与客户的接触面,减少因员工流失造成的客户流失。

## 【本章小结】

1.客户管理是涵盖了客户销售、客户市场、客户支持与服务数据库及支撑平台等各个方面的一种复杂的管理过程,其核心是"客户关系管理"。

2.酒店通过客户关系管理不断地收集全面的、个性化的客户资料,强化跟踪服务、信息分析的能力,协同建立和维护一系列与客户之间卓有成效的"一对一关系",经过客户关系的建立、维护和恢复三大客户管理阶段,使酒店得以提供快捷和周到的优质服务,提高客户满意度和忠诚度,吸引和保持更多的客户,创造客户终生价值,提升酒店销售利润,进而增强酒店的核心竞争力。

3.酒店希望通过提高顾客的满意度和忠诚度提高酒店的市场占有率,并最终提高酒店的营业收入和利润。因此,作为酒店管理者需清晰、明确地知晓和掌握客户满意度与忠诚度的基本概念和判断标准,且制订出相应的提升策略和措施,真正做到站在客户的角度为客户创造价值,增强与客户之间长期、健康、稳定的合作伙伴关系,实现酒店综合收益和客户成长的双赢成效。

## 【思考与练习】

1. 如何正确理解客户关系管理的内涵？
2. 酒店客户关系管理的主要工作思路和流程有哪些？
3. 客户满意度和忠诚度的内涵、影响因素有哪些？
4. 如何提升客户满意度和忠诚度？

## 【案例分析】

### 丽思·卡尔顿酒店的客户关系管理

万豪国际酒店集团作为世界著名的酒店管理公司，是一家多次入选《财富》全球500强名录的国际酒店集团，酒店集团总部位于美国华盛顿，旗下有21个著名酒店品牌，在全球经营超过4 000家酒店门店，年营业额近200亿美元，多次被世界著名商界杂志和媒体评选为"酒店行业内最杰出的公司"。2015年11月，经万豪国际酒店集团与喜达屋酒店及度假村国际集团两家公司董事会一致批准后共同达成了最终合并协议，合并后的万豪-喜达屋集团将成为超过希尔顿酒店集团的全球最大的酒店集团，在全球100多个国家和地区经营和管理5 500多家酒店，共110万个房间。万豪国际酒店集团始创于1927年，最初是由已故的威拉德·马里奥特先生在美国华盛顿创办的一家名为"热卖店"的小规模啤酒店开始，而第一家万豪酒店于30年后的1957年在美国华盛顿市盛大开业。万豪国际酒店集团成功经营的关键在于：酒店集团自成立之日起就将员工和顾客视为成酒店经营发展的立身之本和经营之重，并以威拉德·玛里奥特先生所创立的酒店经营思想"你如果能使员工树立工作的自豪感，他们就会为顾客提供出色的服务"为经营理念和使命。

在万豪国际酒店集团中，丽思·卡尔顿酒店品牌的客户关系管理一直为人们所津津乐道，其座右铭"我们以绅士和淑女的态度为绅士和淑女提供服务"让客人尽享尊贵感，其独一无二的服务理念让顾客回味无穷。多年来，丽思·卡尔顿酒店凭借自身卓越的服务品质斩获了多个业界奖项，也获得了业界内外的一致好评。丽思·卡尔顿酒店通过精准的酒店定位、直线竞争对手分析、确定细分变量和分割市场，进一步对细分市场进行目标评估等客户识别步骤对现实客户进行搜索和甄选，最终确立目标客户群体。

丽思·卡尔顿是酒店奢华服务的代名词，也是世界范围内最好的住宿、餐饮条件和服务的标志之一。国内多数的丽思·卡尔顿酒店均选址于所在城市的高端商业区域，如北京丽思·卡尔顿酒店位于北京国贸CBD外围的华贸中心；深圳星河丽思·卡尔顿酒店地处福田商业区,毗邻深圳国际会展中心;上海波特曼丽嘉酒店坐落于繁华的商业街区;香港丽思·卡尔顿酒店位于香港商业及文化中心新地标的环球贸易广场;广州富力丽思·卡尔顿酒店地处珠江新城,与广交会新馆、广州塔隔江相望。丽思·卡尔顿酒店所处的地理位置决定了其大部分客源为商务客户,其直线竞争对手则是处于同一区域内的高端奢华商务型酒店,如广州富力丽思·卡尔顿酒店的直线竞争对手就是与它只有一路之隔的四季酒店。而对于选择丽思·卡尔顿酒店的顾客来说,消费心理因素和地理因素对于酒店的选择影响较大。顾客在选择酒店时往往会考虑到自身经济收入、社会地位、生活方式、酒店地理位置是否便利、消费偏好、社会认同感等诸多因素。如北京丽思·卡尔顿酒店位于国贸 CBD 地区和高消费地区,主打高端奢华的高品质服务路线,通过分割市场中的客户群体来看,许多拥有高消费能力的顾客会在旅游度假期间选择这家酒店,同时,北京在地的一些公司接待重要客户和 VIP 贵宾时也会优先考虑选择该酒店品牌。丽思·卡尔顿酒店所选择的细分市场都必须符合丽思·卡尔顿酒店自身的定位和标准,明确其服务目标客户群,为满足目标客户的需求而一直致力于打造高端奢华的酒店品牌形象。

在客户价值识别方面,丽思·卡尔顿酒店清楚地知晓并非所有的客户都是有价值的,只有忠诚客户才是酒店经营和发展的宝贵财富,忠诚客户能持续不断地为酒店创造稳定的收入和利润,而随着忠诚客户对酒店产品的熟悉程度逐渐加深,酒店的营销和服务成本也会逐渐降低和减少。另外,忠诚客户还会带动关联销售——客户会主动、积极地向亲朋好友宣传和推荐酒店的产品和服务,维护酒店的品牌形象。这样的一群顾客在丽思·卡尔顿酒店被称作"终身客户"。丽思·卡尔顿酒店将"建立良好的人际关系,长期为丽思·卡尔顿创造终身客户"视为员工服务准则的第一条,只有员工做到了"我能及时对客人表达的和未表达的愿望和需求作出反应"和"我得到了足够的授权为我们的客人提供独特难忘和个人化的体验"两条服务准则,就能为酒店持续不断地培养"终身客户"。

万豪国际酒店集团为提升顾客服务品质与标准,采用了一套科学的、先进的预订系统——MARSHA,该系统目前是酒店行业界最具实力的预订网络和需求管理工具。MARSHA 向丽思·卡尔顿酒店提供了一套名副其实的全球预订网络,借助全球电子系统(GDS),包括全球分销系统(CDS)、免费电话号码、传真以及互联网等,实现了信息的有效实时互通与共享。万豪国际酒店集团独创的需求预测系统能帮助丽思·卡尔顿酒店及时应对不断变化的市场需求,通过精确调控房间价格与出租率,实现酒店利润最大化。另外,共享信息系统也能帮助丽恩·卡尔顿酒店扩大其销售与营销范围,实现向每一位酒店客户提供个性化服务,这也是丽思·卡尔顿酒店品牌营销策略的一大亮点。

在个性化服务策略实施方面,丽思·卡尔顿酒店把主要精力和优势资源集中在能为酒店带来更大收益的高消费客户群体身上,并致力于为该客户群体提供高品质的个性化产品与服务;另外,酒店根据不同消费群体的需求采用差异化营销模式,将主要客源市场细分为高端商务、家庭、个性化体验等客户类型,针对不同需求为其量身定制各种个性化、差异化产品和服务体验,不断提升顾客的满意度和忠诚度。再者,酒店借助顾客需求预测系统和客户关系管理 CRM 系统,自动分析目标客户的消费偏好和需求,及时将信息共享给服务人员,并及时向住店顾客推荐合适的酒店产品和服务,同时以邀请函的方式将酒店最新产品和活动动态推送给其他非住店顾客,诚邀顾客前来品鉴与体验,这样做既降低了酒店的营销成本,也有助于扩大酒店营销范围和途径,激发顾客的潜在消费需求,实现了酒店个性化产品和服务的定制和推送效率。

案例问题:

1.丽思·卡尔顿酒店在实现客户满意度和忠诚度方面有哪些值得借鉴的做法和措施?

2.丽思·卡尔顿酒店如何实现"以客户为中心"的客户关系管理?

# 第8章 酒店人力资源管理

【学习导引】

当今,尽管处于现代信息与科学技术高速更新和发展的态势下,酒店提供的服务却无法完全被人工智能或机器的物质生产过程所取代。同时,随着人们对生活品质不断提高的需求,酒店顾客越来越需要高接触、体贴入微、富有人情味和特色鲜明的个性化服务,能够匹配和满足个性化服务诉求离不开高素质酒店员工的参与。因此,酒店行业更加注重对酒店人力资源的培养和管理。本章概述酒店人力资源管理的内涵、特点、原则与目标,系统介绍酒店人力资源的六大管理模块,并阐述酒店职业经理人的概念、等级与职业要求,同时关注酒店人力资源管理现状与未来发展趋势与热点话题。

【学习目标】

1. 了解酒店人力资源管理的基本概念、特点、作用和主要内容。

2. 掌握酒店职业经理人所需的职业素质和意识要求。

3. 关注酒店人力资源管理的现状与未来发展趋势热点。

## 8.1 酒店人力资源管理概述

### 8.1.1 酒店人力资源管理概述

1)酒店人力资源管理的定义

酒店人力资源管理与酒店运营、客户管理、市场营销、财务管理等一样,同为酒店的一项必不可少的基本管理职能。基于这一认识,我们对酒店人力资源管理下一个具体定义:酒店人力资源管理就是科学地运用现代管理学中的计划、组织、领导、控制等职能,对酒店的人力资源进行有效的开发和管理,合理地使用,使其得到最优化的组合,并最大限度地挖掘人的潜在能力,充分调动人的积极性,使有限的人力资源发挥尽可能大的作用的一种全面管理,是研究酒店人力资源管理活动规律的一门应用性和实践性很强的综合性科学。

**2)酒店人力资源管理的特点**

**(1)具有较强的全员性**

酒店人力资源管理的全员化不仅是指要对酒店各类人员进行全员培训与考核,且包括各级管理人员对下属的有效督导和科学管理。因此,现代酒店人力资源管理绝不只是人力资源部门的专项工作,而且是全体管理人员的日常工作之一。

**(2)具有较强的动态性**

由于酒店面临的外在环境纷繁复杂,面对的顾客形形色色,酒店本身的员工流动也较为频繁,其工作目标、服务质量、技能心理等综合素质要求也随着时代的进阶而需要不断地发展创新,酒店的人力资源管理的动态性要求管理者不仅要根据酒店的整体目标选拔合适的人才,对员工从录用、培训、激励、培训、考核等进行全过程管理,还要积极调动员工的工作积极性,改善员工的生活条件,发展员工潜在的各项能力。

**(3)具有明显的跨越性**

酒店人力资源管理的跨越性主要分为地域性跨越和文化性跨越两方面。首先,在地域性跨越方面,除了一些国际知名酒店集团纷纷入驻中国酒店市场,我国本土的酒店集团也逐步实现了跨地区、跨国界的集团化经营与管理,使得我国的酒店人力资源管理带有鲜明的地域跨越性,集中体现在员工招聘和员工培训方面。其次,在文化性跨越方面,国际酒店集团及中外合资酒店集团的员工处于双重文化交叉并存的环境中,且多数以国外文化为主导,容易出现员工心理失衡,进而出现不稳定情绪,在一定程度上会影响酒店的服务质量,不利于培养员工归属感。因此,酒店人力资源管理应加强跨文化沟通与管理,培养员工对于不同文化环境的适应能力与应变能力。

**(4)具有鲜明的政策性**

酒店人力资源管理须在国家与地方政府制定的人事劳动政策指导下有序开展,虽然酒店拥有员工招聘、人事配置、用工方式、劳动组织和薪酬福利设计的自主权,但仍需遵守国家和地方政府制定的相关劳动政策、法律法规、条例等制度,如劳动保险、休假、最低工资标准、劳保福利制度等政策。

**3)酒店人力资源管理的作用**

**(1)人力资源管理是酒店自身持续发展的根基**

酒店行业务活动包括人力与物力两个基本要素,其中人力是影响酒店经营活动的决定性要素。酒店需根据自身的等级规格、业务能力、经营范围等制订人员配置、招聘、录用标准,才能保证酒店各部门的人员配备满足其业务活动的运作与发展。若缺少酒店人力资源管理工作的开展,酒店将会失去生存和发展的动力。因此,做好酒店人力资源管理工作具有关键性的意义,是保证自身生存和发展的根基所在。

(2)人力资源管理是酒店提升服务质量的保证

酒店是通过向各类顾客提供食宿及其他服务来获取效益的经济型组织,服务质量的高低是酒店能否取得良好经济收益和社会效应的决定性因素。另外,酒店属于劳动密集型企业,大量工作需要人力执行完成。随着科学信息技术的不断更新和发展,酒店中有一部分工作已被人工智能机器所取代,但仍有大量的工作需要人工完成。因此,努力做好人力资源管理工作,尤其是员工培训、绩效考核、员工激励方面的工作,有助于提高员工素质和服务质量,从而使酒店获取良好的经济效益与社会效应。

(3)人力资源管理是酒店打造核心竞争力的关键

酒店行业的竞争归根结底是人才的￼酒店需要摒弃陈旧的、过时的人力资源管理理念与制度,树立"以人为本"￼"的现代管理理念,真正做到人文关怀与制度并重,努力提高员工￼￼造优秀、稳定的员工团队,结合自身良好的硬件设施和声￼自身竞争优势和实力。现代酒店人力资源管理与传统人￼示。

表8-1 现代￼统人事管理的比较

| 比较点 | 传统人事管理 | 现代酒店人力资源管理 |
|---|---|---|
| 组织定位 | 人事部作为酒店运营的后台支持部门,发挥辅助、配合、保障作用 | 人力资源部门在参与甚至主导酒店战略的决策过程中发挥作用,"战略性人力资源管理"诞生 |
| 管理导向 | 管理权威来自职位的"强制型权力",人事部扮演"企业宪兵"的形象 | 作为酒店的一个战略业务单位,依靠专业知识在战略决策、人力资源开发等领域树立"专家型权威",从成本中心演变为利润中心 |
| 管理理念 | 基于员工是"逃避工作、喜欢偷懒的人"这种人性假设,强调监督与控制 | 视员工为"愿意承担责任能够自我指导与控制的人",提倡"以人为本",尊重、理解、信任和关心员工 |
| 管理领域 | 界定清晰,对象简单 | 组织柔性化使得人力资源管理边界模糊、开放性强,向着战略联盟国际视野组织虚拟化等领域发展 |
| 管理职能 | 计划、招聘、培训、绩效考核、薪酬和福利待遇、员工关系管理等 | 在原有职能基础上,进一步关注员工家庭与事业的平衡,在员工激励方案和职业生涯设计中体现人文关怀 |

续表

| 比较点 | 传统人事管理 | 现代酒店人力资源管理 |
|---|---|---|
| 工作思路 | 强调分工,各人力资源管理环节相对独立 | 模块化管理,将人力资源管理作为一个长期性的系统工程来考虑 |
| 工作重点 | 发现并积极开发员工的可使用价值 | 强调建立以核心能力为中心的人力资源管理体系,以培育酒店的人力资源竞争优势 |
| 管理手段 | 以岗位特征和职务级别为基础,以员工档案为依据实施管理 | 以业绩、技能和胜任力为基础,依靠信息技术优化职能 |
| 所需能力 | 人事与行政管理能力 | 增加了战略规划能力、指导员工发展职业的能力、组织内部变革的代言能力 |

(4)人力资源管理是酒店员工综合素质提升的保障

为提升员工工作能力与综合素质,员工培训和教育在酒店人力资源管理工作中发挥着越来越重要的作用,科学合理的培训和教育不仅是提升酒店服务质量的重要途径,也是提升员工综合素质的重要保障。酒店需要通过系统的教育和培训帮助员工达到理想的工作状态,进而实现个人职业生涯发展、个人价值和酒店长远发展目标的有机结合。

# 8.2　酒店人力资源管理的主要内容

## 8.2.1　酒店人力资源规划

酒店人力资源战略的制订是为了保证酒店在任何发展时期都能有充裕的、符合岗位工作要求、劳动力成本比较经济的人力资源。酒店人力资源规划是指为实现酒店组织发展目标与战略,根据酒店组织内外部环境的变化,运用科学的方法对所属人力资源的供需进行预测,并制订适宜的政策和措施,从而使酒店组织人力资源供给和需求达到平衡,使组织与成员均受益,最终实现酒店组织可持续发展目标的过程。简单来说,酒店人力资源规划是为实现酒店人力资源供需平衡而做出预测且制订相应措施,以求实现酒店的可持续发展。酒店人力资源规划之供需平衡规划如图8-1所示。

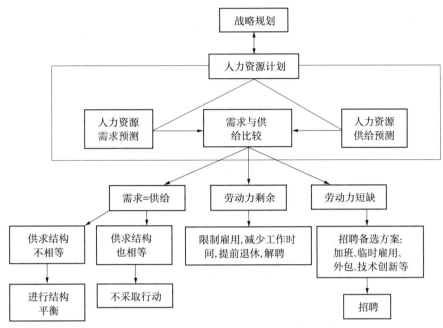

**图 8-1　酒店人力资源规划之供需平衡规划**

## 8.2.2　酒店员工招聘与录用

根据得到相关部门认同和酒店总经理办公会批准的人力资源计划,吸引足够数量的个人并且鼓励他们申请加入酒店当前所需的工作岗位的过程就是招聘过程。招聘工作的具体内容包括:确认酒店中有人力资源需求的岗位或部门的具体工作要求;对所提出的人力资源需求数量和详细用工条件做出准确的判断;选择适当的媒体在一定范围内公布酒店当前人力资源的需求情况,吸引符合条件的人士提出申请;对有资格的工作申请人提供均等的雇用机会。酒店招聘部门分工情况如表8-2所示。

**表 8-2　酒店招聘部门分工情况**

| 用人部门 | | 人力资源部 | |
|---|---|---|---|
| 工作顺序 | 招聘工作的职责 | 工作顺序 | 招聘工作的职责 |
| 1 | 招聘需求申请与获批 | 2 | 制订招聘计划,发布招聘信息 |
| 3 | 招聘岗位的工作说明书及录用标准的提出 | 3 | 应聘者登记、资格初审 |
| 4 | 确定参加面试人员的名单 | 5 | 通知参加面试的人员 |
| | | 6 | 面试、笔试工作的组织 |
| 7 | 负责面试和笔试的评价工作 | 8 | 个人资料的核实、人员体检 |

续表

| 用人部门 | | 人力资源部 | |
|---|---|---|---|
| 工作顺序 | 招聘工作的职责 | 工作顺序 | 招聘工作的职责 |
| 9 | 确定录用人员名单及到岗时间 | 10 | 与新员工签订聘用合同 |
| | | 11 | 试用人员报到及生活方面的安置 |
| | | 12 | 新员工入职培训 |
| 13 | 新员工上岗培训 | | |
| 14 | 员工招聘评估 | | |

录用是从酒店角度出发,从所吸引的工作申请人中选择最适合酒店招聘岗位的人员的过程。这里需要注意的是,从事录用工作的人要有比较高的职业素质和一定的酒店专业知识,能够通过各类接触发现、挖掘工作申请人的能力水平,并结合酒店经营、发展的具体情况和水平鉴别人才。同时,录用人才要根据其将来工作的具体内容和酒店所能支付的报酬水平做出判断,切忌不加分析地一味要求高学历和高级工作经历,这样不仅违背了人力资源管理的"最适"高于"最优"原则,甚至有时还会对酒店的社会形象造成不良影响。

### 8.2.3 酒店员工培训

酒店员工培训就是按照一定的目的,有计划、有组织、有步骤地向员工灌输正确的思想观念、传授服务、营销和管理工作的知识和技能的活动。具体包括三方面含义:第一,它说明了酒店员工培训的主要目的和要求;第二,它说明了培训的主要内容和范围;第三,它说明了培训是一个酒店行业有计划、有组织的行为。

基于酒店行业的自身特点,在培训的时间、内容、范围、方法等方面又与其他行业有所不同。但培训的最终目的都是改变员工的工作行为,提高工作效率,从而促进酒店的发展。酒店员工培训是酒店组织对员工知识、技能、态度和行为等进行的有计划的持续性改进活动,目的是提高酒店组织效益和实现员工个人发展。

酒店的员工培训不同于学校教育,酒店的许多岗位如客房服务、餐厅服务、厨房烹饪,要求员工不仅掌握标准的操作流程,还要有与之相适应的熟练技能。因此,酒店培训更强调实用性,特别是动手能力和应变能力的培养,有时不一定要系统地介绍许多理论知识,但一定要与实践紧密地联系起来,使员工工作效率和服务效果有明显的提高。同时,培训还应有针对性,即针对每位员工的基本素质、工作经历、工作表现和能力水平,安排适当的培训内容、形式和时间,既要保证收到实效,又要避免让不思进取、已无培养价值的人充塞培训班。酒店管培生的常规培训内容如图8-2所示。

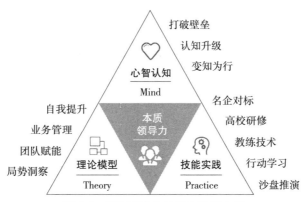

**图 8-2　酒店管培生的常规培训内容**

## 【知识拓展】

遗忘曲线理论

德国心理学家艾宾浩斯(H. Ebbinghaus)研究发现,遗忘在学习之后立即开始,而且遗忘的进程并不是均匀的。最初遗忘速度很快,以后逐渐缓慢。他认为"保持和遗忘是时间的函数",他用无意义音节(由若干音节字母组成、能够读出、但无内容意义即不是词的音节)作为记忆材料,用节省法计算保持和遗忘的数量,并根据他的实验结果绘成描述遗忘进程的曲线,即著名的艾宾浩斯记忆遗忘曲线。

### 8.2.4　酒店绩效考核

酒店绩效考核是酒店人力资源管理部门按照一定的工作要求与标准,采取科学的方法,考核与评定员工对其工作职务的理解程度和职责履行情况,以确定其工作成绩的管理方法。员工绩效考核的主要目的在于通过对员工全面素质的综合评价,判断其职务贡献,并以此作为酒店人力资源管理的基本依据,切实保证员工培训、新凑、晋升、奖励等工作的科学性。以公开、公正为原则的绩效考核对酒店的经营和人力资源管理都发挥了重要的意义和作用。酒店常用的绩效考核内容如表8-3所示。

**表 8-3　酒店常见的绩效考核内容**

| 考评周期 | 考评内容 | 考评结果运用 |
| --- | --- | --- |
| 月度考评 | 本月的工作业绩和工作态度 | 考评结果与工资挂钩 |
| 季度考评 | 本季度的工作业绩、工作能力和工作态度 | 考评结果与下一季度的月浮动工资直接挂钩,第四季度直接进行年度考评 |

续表

| 考评周期 | 考评内容 | 考评结果运用 |
|---|---|---|
| 年度考评 | 对本年度的工作业绩、工作能力和工作态度进行全面综合考评 | 作为晋升、淘汰、评聘以及计算年终奖励、安排培训的依据 |
| 聘期考评 | 对聘期内的工作业绩、工作能力和工作态度进行全面综合考评 | 确认是否续签合同,或是否续聘 |

# 8.3　酒店薪酬与福利管理

在当今社会中,工资的收入不仅是衡量一个人的劳动价值,往往也折射了一个人事业的成功与否。在同行业中,薪金和福利水平低的企业人才流向薪金和福利水平高的企业是一种趋势,这种趋势在短时期内不会改变;而在不同的行业,如果存在较大的薪金和福利差异,那么对于薪金和福利水平低的行业,"人才的后续"问题就会越来越突出。

酒店行业是劳动密集型行业,薪金和福利开支占企业总成本的比重很大,无论是薪金和福利开支的绝对额,还是占总收入的百分比,都有不断增长的趋势。为了提高酒店的整体经济效益水平,增强酒店的活力和行业竞争力,不仅要做到"多劳多得",在薪金和奖励方面还要强调"优质优价",努力克服酒店行业普遍存在的福利"大锅饭"现象。酒店常见的薪酬结构形式如图 8-3 所示,分为经济性和非经济性薪酬。而除了基本薪酬,酒店还可根据自身情况与行业发展进行补充福利,如表 8-4 所示。

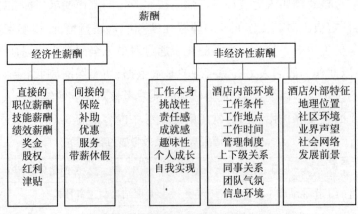

图 8-3　酒店常见的薪酬结构形式

表8-4　酒店可实行的补充福利情况

| 类型 | 含义 | 主要项目 | 作用 |
|---|---|---|---|
| 经济福利 | 指除工资和奖金外,为员工提供的其他经济性补助的福利项目 | 交通补助、住房补助、补充养老保险、生日礼物等 | 可以减轻员工的经济负担,满足员工的基本需求 |
| 设施福利 | 指通过提供免费的生活及文化设施,满足员工需求的福利项目 | 员工宿舍、阅览室、员工食堂、员工健身房等 | 方便员工的工作和生活,改善和提高员工的生活质量 |
| 文娱福利 | 指通过组织免费的文娱活动增进员工之间的友谊,以提高员工归属感为目的的福利项目 | 旅游、观影、员工运动会等 | 加深员工之间的相互了解;有利于企业文化的建设于弘扬 |
| 个人发展福利 | 指为使员工在身心健康和职业发展等方面保持良好水平,而免费提供或安排的福利项目 | 健康检查、个人学历(技能)提高补助、员工个人职业规划咨询等 | 保障和提高员工的工作能力,满足员工的发展需求 |
| 其他福利 | 指以上所列未包含的其他福利项目 | 慰问员工家属、"员工家庭日"活动等 | 满足员工的其他需求 |

在企业内部人与人的关系中,管理者和被管理者之间的关系是一种处于主导地位的核心关系。酒店需要面对的最重要的"公众"之一,就是自己的员工,能否调整好与员工的关系,对酒店的经营成败起着非常重要的作用。所以,一些酒店又将劳动关系视为"内部公共关系"来处理,提出管理层必须与员工有效沟通,让员工知道,酒店认识到了员工的重要性,非常重视他们对于酒店经营已经和将要做出的贡献。这样一来,员工在为顾客提供优质服务时,就有了动力和激情,接下来的结果是:更多的建议性、建设性的批评意见,更好的顾客服务,员工对酒店运营的认识得到很大的提高,最终要实现的是让员工有一种"归属感"。

当前,酒店行业的市场竞争十分激烈,劳动力的供求双方由于权利和义务的不同,对市场竞争环境的认识也很难一致,管理层考虑企业经济效益为多,而普通员工则更多地关心自己的切身利益,两者出现争议和纠纷的情形在所难免。此时,调整劳动关系要求酒店人力资源管理工作既要从维护企业的根本利益出发,又要严格遵守国家有关的劳动法律、法规,同时认真考虑酒店行业整体劳动关系水平以及本企业员工的真实情况,通过合作、协商、仲裁等形式稳定、发展和约束企业劳动关系的核心内容。

# 8.4 酒店职业经理人的基本职业素质

## 8.4.1 酒店职业经理人需具备的基本素质

1）健康的体魄和吃苦耐劳的精神

酒店工作非常辛苦，尤其是运营部门的对客服务，从某种意义上说属于体力劳动。例如，前厅部、餐饮部需要员工长时间站立服务；客房部要求员工每人每天打扫多间客房，特别是在酒店经营旺季时期还需经常加班，超时、超负荷工作是家常便饭。因此，酒店员工必须具备健康的身体、坚忍的意志和吃苦耐劳的精神方可胜任工作。

2）高尚的职业道德和职业素养

因酒店实际对客服务工作需要，特别是有与顾客私人财物直接接触机会的酒店员工（前厅部、客房部、餐饮部、收银部员工等）。因此，酒店员工必须具备良好的职业道德素养，高尚的品德情操，坚守本分，不为任何钱财和各种诱惑所打动。

3）良好的交际沟通能力，善于与人打交道

酒店是一个人际交往大量集中发生的场所，每一个员工每天都会与同事、上级、下属，特别是大量的顾客进行广泛的接触，并且会基于服务而与顾客产生多样的互动关系，妥善地处理好这些关系，将会使顾客感到被尊重、被看重、被优待。顾客这一感受的获得将会为经营的持续兴旺和企业品牌的宣传、传播起到不可估量的作用。因此，具备良好的沟通交际能力，并且热爱并善于与顾客打交道是酒店员工实现这些目标的重要基础。

4）卓越的细节观察能力

根据酒店对客服务工作的实际情况，酒店员工为顾客提供的服务一般有三种类型：第一种是由顾客非常明确的提出服务需求；第二种是例行性的服务，即应当为顾客提供的、不需顾客提醒的服务。酒店员工只要具备了基本的沟通能力、基本的服务意识和娴熟的服务技能，要做好这两种类型的服务工作是比较容易的；第三种是顾客没有想到、没法想到或正在考虑的潜在服务需求，对于此类服务需求，酒店员工除了具备上述的素质和能力，还需具备敏锐的、注重细节的观察能力，预测顾客的服务需求，提供超越顾客期望的服务，进一步提升服务品质。

5）灵活的随机应变能力

酒店服务工作中发生突发性事件是屡见不鲜的。一般情况下，顾客的投诉情绪是反映酒店员工服务状况的一面镜子,当矛盾发生时,员工应当首先考虑服务失误的原因是否在自己身上。在处理此类事件时,酒店员工应树立正确的对客服务宗旨,善于站在顾客的立场上,设身处地为顾客着想,在适当的时候做出让步,具备灵活的随机应变的能力,敢于承认错误并及时做出服务补救措施。

### 8.4.2 酒店职业经理人需具备的基本意识

**1)服从纪律意识**

酒店就像一台大型的夜以继日不断运转的机器,具有严密、稳定的组织结构体系,层层负责、逐级管理。为了保证其运转正常,产出优质的服务产品,酒店职业经理人必须以对客服务为使命,以工作指令为行动准绳,以顾客需求为行为起点,以严格的劳动纪律、规章制度、奖惩条例来约束自己的行为。因此,树立良好的服从意识是酒店职业经理人的首要条件和基本素质。

**2)自律自觉意识**

为了保证酒店服务质量的不断提升和保持,酒店职业经理人应具备较强的自律意识,自觉、自愿地做好服务工作,能真正做到无论酒店督导管理人员是否在场的情况下,员工的服务行为和品质始终保持一致。酒店职业经理人的自律行为主要表现为:行为规范的自律、仪容仪表的自律、言行举止的自律、工作生活细节的自律、工作质量及劳动纪律的自律。

**3)诚信为本意识**

诚信是酒店生存与长远发展的立足之本,也是酒店经理人赢得顾客尊敬、与顾客建立友好客户关系、培养顾客忠诚和稳定客源的基础。作为一名优秀的酒店员工,需树立良好的诚信意识和观念,以诚信为本,在对客服务过程中始终信守承诺,认真对待顾客交代的代办事项,及时、准确地为顾客提供满意的服务。

**4)团队合作意识**

无论是酒店的对客服务工作还是后台管理工作,都是一个需要各部门之间相互配合、协调、合作共同完成的过程,也是一个讲究团队合作、部门协作的现代企业。虽然酒店各部门分工不同、岗位不同、职责不同、任务不同,但是酒店的两大核心任务需要全体员工齐心协力、合作互助完成:一是提供优质服务,提升客户满意度;二是创造良好的经济效益和社会效益。因此,要求酒店职业经理人需树立良好的团队精神和合作意识。

**5)自主学习和不断创新意识**

新时代酒店之间的竞争实际上是人才的竞争,作为现代企业最宝贵的资源,一名优秀的酒店职业经理人,必须树立强烈的自主学习意识和创新意识,不断更新所学知识和技能,与时俱进,因人、因时、因地提供个性化服务和超值服务,提升业务技能和服务水平,不断满足和超越顾客的期望,提供优质的服务和产品。

# 8.5 酒店人力资源管理的现状及发展趋势

## 8.5.1 酒店人力资源管理发展现状

根据《中国酒店人力资源现状调查报告(2021)》数据指出,2021年中国酒店人才短缺情况略有所缓解,酒店培训方式中的"线上培训"比例有所上升;培训内容中大幅增加了"危机应对技能"部分的内容;关于"培训难"和"培训时间不足"问题占比下降,而"员工对培训的重视程度不足"的比例却有所增加。近年来,国内酒店各层级员工的月薪水平均有所提升,但幅度较小。另外,酒店基层员工流失率的情况依旧没有缓解,不足半年离职的员工比例进一步提升。当今酒店人力资源管理所面临的挑战,除了无法吸引和留住员工,年轻人愿意从事酒店行业的意愿也逐渐减少,如何管理多代员工的愿望和期望值的挑战也日益加剧,酒店人力资源管理存在的主要问题体现在以下方面。

1)酒店整体员工离职率略有缓解,一线部门基础工作岗位空缺依然较大

2020—2021年度中国酒店行业整体员工离职率高于31%以上的酒店占比达到32.17%,但在基层员工和中高层员工的在离职率趋势方面却呈现出了截然不同的情况。尽管酒店一线基层员工的离职率仍然是各酒店面临的巨大挑战,而餐饮部、前厅部和客房部等一线运营部门的人才紧缺状况依然位居前三名,但餐饮部和客房部的人才紧缺情况连续3年呈现下降趋势,前厅部的紧缺情况则相对稳定;而中高层员工由于家庭、年龄、生活面临的压力,抑或是从职业发展空间和机会方面限制,2020—2021年度的离职率整体也呈现出减缓降低的趋势。由此可见,酒店从业人员对酒店市场业绩的预期非常不乐观,在酒店人员流动相对缓慢的情况下,人员呈现相对稳定的状态,但一线部门的基础性工作岗位依然空缺较大,这也是酒店行业产品和服务质量问题频出的重要原因之一。而随着酒店人力成本的日益增加,一岗多能的用工模式越来越受到推崇,对于一专多能的人才需求量也呈现逐年上升的趋势。

2)招聘难度进一步升级,供不应求是最大的挑战

各酒店面临的招聘压力依然非常艰巨,尤其在基层员工的招聘方面,83.67%的

酒店表达出了强烈以上的迫切度,在中高层人员招聘方面,招聘的急迫程度相反,呈现出相对缓和的趋势。酒店行业对于外部招聘的倾向性选择占比高达88.51%,而较之疫情期间各酒店集团推出的内聘机制,某种程度上也反映了酒店行业的招聘趋势和工作也逐步恢复常态化,趋于更灵活、开放的招聘渠道,也有助于各领域、地区和品牌酒店人才的良性流转和发展。同时,高达74.68%的酒店的急招职位仍然集中在运营的基层岗位,如前厅、客房和餐饮相关运营部门的服务人员。另一方面愿意从事酒店行业的人数在减少,供不应求是最大的挑战。而导致供不应求的原因则依然主要是"酒店薪资待遇吸引力不足"。

3)酒店培训方式单一,培训效果难以满足员工需求

培训作为酒店人才发展及文化建设的重要一环,无论对初入职场的新人,还是不断进阶提升的职场精英,培训的需求始终贯穿着每一位酒店人的职业生涯全周期。酒店对于基层员工的常态化培训主要是以从岗位的技能方面作为主要导向着手设计,中高层管理人员则主要是思考从领导力方面如何进一步提升,酒店一方面严格控制培训经费和成本,在培训人均投入方面并未做出明显的改善;另一方面,酒店仍是以内部在岗培训为主要培训方式,缺乏线上培训新模式的探索与应用,尽管线上培训于近年来占比不断上升,但也带来培训模式的转变和更多的可能性。再者,酒店培训内容仍然以满足上岗基本需要为主,将服务意识、服务态度、岗位技能定为酒店培训的重点内容,缺少高层次、助发展的培训内容,无法满足员工未来职业发展的需求,且培训效果差强人意,导致出现老员工流失的情况。

4)员工薪酬福利水平缺乏竞争力,激励作用不明显

自2019年以来,中国多数酒店各层级员工的月薪水平均有所提升,但幅度较小,与其他行业相比仍处于较低水平,酒店对于员工的激励也面临着不小的挑战,酒店正面临着员工薪酬低、人力成本高、职业发展空间不足、激励手段单一等员工激励效果不佳的现状,导致酒店难以吸引和招募外部人才和应届毕业生。而人才紧缺问题始终伴随着酒店行业的快速发展,薪酬福利水平低成为是酒店行业人才流失的主要原因之一。酒店在激励和留住员工方面面临着三大矛盾:酒店人力成本预算有限、薪酬水平无法大幅度提升,与薪酬福利差是员工离职的第一原因之间的矛盾;酒店晋升空间与有限与员工重视个人发展空间之间的矛盾;酒店竭尽全力从各方面激励员工与员工激励效果不佳之间的矛盾。

5)酒店员工储备不理想,实习生、管培生保留率较低

近几年,酒店管理专业院校为酒店行业培养了不少专业人才,成为酒店行业的重要人才储备。但遗憾的是,酒店管理专业毕业生进入酒店行业的比例相对较低,且在

酒店工作中无法凸显专业优势,出现抗压能力弱、职业认同感差、职业发展空间窄等职业倦怠情况,同时,酒店管培生的录用数量也相对较少,针对酒店实习生的留任措施差异不大,使得酒店实习生的留任率始终无法提升,导致酒店管理专业年轻人不愿意从事酒店行业、新生代员工离职率高、实习生留任率低等的人才紧缺情况。

6)酒店人力成本投入与分配结构不合理

调查数据显示,酒店的招聘和培训开发成本目前在人力资源成本中占比较低,究其根源,这其实是酒店在某种程度上是对于此类弹性成本方面的控制和压缩措施,这样做虽有利于酒店控制成本,压缩成本,但在某种程度上并不利于有效改善酒店招聘难的问题,无法满足酒店不断地对个人能力和职业发展的培训需求。酒店行业作为密集型劳动行业,人力成本在整个酒店收入中的占比仍然处于高位,人力成本占比超过30%的酒店比例高达整个行业的64.26%。而人力成本作为显性成本,维持(福利)成本和保障成本(保险)首当其冲地占据了各酒店人力成本的最重要板块。同时,酒店行业存在较高的员工离职率,继而给酒店带来的一系列成本问题,如离职赔偿、新员工招聘和培训等离职成本,也逐渐在人力成本占据着越来越高的比例。

## 8.5.2 酒店人力资源管理发展趋势

### 1)数字化人力资源管理变革

中国酒店行业是最早与国际接轨并率先采用现代管理制度的行业之一,但行业的人力资源管理却没有做到彻底的变革,大部分本土酒店的人力资源管理仍以单纯的人事管理为主,将大量时间用于薪酬计算、报表统计和事务性工作,没有发挥为酒店进行人力资源规划和提供决策依据的作用。如今,数字化的人力资源管理更加侧重人力资源的激励、考核、开发等核心工作的研究、规划和实施,从而有效提升企业的核心竞争力。区别于传统的人力资源管理思维,数字化的人力资源管理真正践行"以人为本"的理念,重视员工体验。

通过酒店数字化变革,有助于充分整合酒店的现有人力资源信息,在人才招聘和选用过程中,通过系统特定条件筛选功能,精准筛选出内部符合任职条件的人员,简化了内部人工筛选程序;在处理文件方面,数字化变革可基本实现无纸化办公,提高了文件处理的时效性;在培训方面,数字化变革同样有助于实现全体员工线上学习与培训的功能,并通对不同层级培训科目的分类,基本实现了储备人才线上培训事宜。

实施"选育用留"员工全生命周期管理的数字化正是酒店协助员工提升职业素养、实现职业发展目标的过程。同时,人力资源管理的数字化变革,加快酒店对员工事务处理的响应速度,也让身为人力资源工作和管理人员的体验满意度更佳,推动全体

员工共同努力达成公司愿景。数字化人力资源管理是以相应的系统应用为基础,且具有以下几个方面的特征:

①模型数字化。模型数字化主要通过将符合酒店发展要求的人力资源管理模型嵌入人力资源管理系统,实现管理模型的数字化,以便收集、汇总更多的人力资源数据信息,并进行有规划、有目的的有效分类;通过 ERP 管理系统的整体应用架构搭建,实现了酒店"人、财、物、信息"等的一体化管理。酒店人力资源以数字化系统为平台,集成所有员工的基础信息、流动管理、薪酬管理等三大模块,逐步建立人力资源管理决策的快速响应能力。

②决策数字化。决策数字化是根据数字化模型和相应的数据监测预警来发现深层次的管理中可能会出现的问题与风险,并将其智能化地将各项数据及时推送给管理人员,使管理人员更好地了解酒店人才真实状况。

③流程数字化。流程数字化是在实现原有人事服务流程线上操作的基础上,进一步在人才管理的任职资格、专业能力以及业绩评估等方面实现数字化的云平台操作,并能够实现反向复盘分析,确保整个流程高效性。

④服务数字化。服务数字化是推进采用移动端智能化员工服务数字化管理平台,用先进和前沿的数字化技术改造企业与员工的交互方式、员工与工作的交互方式,能够与员工达成端到端的高效服务效果,能够更好地了解员工的工作成果,给员工带来更好的工作体验。

2)大胆探索、创新激励机制

在酒店行业,流失率最高的当属基层员工,导致员工离职的最主要原因是薪酬过低,如何有效地提升员工的薪酬水平,熟悉行业成本的管理者大多觉得这是个无解的难题。当然也曾有人提出能否靠小费、服务费等进行员工激励,但由于社会习惯、利益冲突等原因,这种设想没能得到大规模实践,但这并不妨碍有些酒店仍在这条路上做出大胆探索。

资深酒店管理人李志平是国内最早提倡收取酒店服务费的专家之一。他提出收取服务费是要求全部归酒店服务员所有,以提升薪资待遇,但现在大部分酒店的实际做法却完全走了样,服务费成了酒店收入。朱晓霞在实践中也遇到过同样的困惑,曾因为有人对其将大部分服务费分给员工的行为不满,导致她改变策略,降低分配比例,最终也付出了员工大量离职的惨痛代价。"我还是要呼吁企业的老板们要舍得把服务费奖励给员工。付小费的消费习惯尚未普遍形成,如果让员工在获得打赏以外还能获得服务费,他们就可以感受到企业对自己的重视。"酒店留不住员工,归根结底是无法让员工看到明显回报和未来可能。要让员工看到自己在酒店的发展前景,最重要的是酒店要有明确的晋升渠道、清晰的绩效指标和实际的激励措施。其中,酒店制订的绩效指标必须现实可行,能够被员工理解,也必须能够量化评估,以保证奖励的公平程度。

员工激励方面,以丽思卡尔顿酒店堪称出色。除了"让我们宠爱你""让我们与你一起成长"等员工感谢周活动,丽思卡尔顿酒店各部门管理者还会在每年年末评估分析每一位所辖员工的个人表现和发展潜力,既能给予员工清晰的职业发展规划,也能形成内部晋升机制的良好循环。充足的员工福利也能帮助酒店集团增加员工黏性。同时,万豪集团在疫情初期推出了一系列员工关爱计划,为员工提供情感鼓励与生活支持,并以此荣获两项行业领先人力资源大奖。希尔顿集团大中华区成立了"女性团队成员资源小组",为女性员工打造安全温暖的职场氛围,集团已连续三年荣膺"大中华区最佳女性职场"殊荣。

除了上述提到的激励机制,酒店还可尝试做出一系列的改变与变革。第一,尝试一专多能、一人多岗的方式,降低人力成本,提升员工的平均工资水平;第二,通过组织变革,改变垂直的金字塔形组织架构,使组织结构更加扁平化,从而增加个人获得晋升的机会;第三,认真调研员工的激励需求,对于经济压力大的新生代员工,给予稳定的薪酬和福利,同时保障优秀人才的晋升空间,对于初入职场的 Z 世代员工,结合其充满个性且有创造力的特征,给予能够激发其兴趣的培训方式(游戏化培训方式、员工喜爱的培训平台)等。

3)建立灵活用工制与共享用工平台

近年来,部分酒店集团已逐步在酒店内部推行灵活用工制,这种用工制度一方面能够缓解酒店的用工压力;另一方面,也可以进一步提升员工的收入水平。灵活用工制是酒店鼓励员工利用空闲时间申请从事除本职岗位以外的其他工作,当然从事其他工作之前需要经过培训并取得相应资格。员工根据工作时长、工作类型、等级获得相应报酬的一系列酒店用工制度。

除了运用灵活用工制,酒店还选择与网络平台、人力资源供应商合作搭建共享用工平台,一方面为酒店增加更多的人力资源供应商,解决"缺人"的问题;另一方面也为员工提供更多的服务机会,帮助他们合理利用 8 小时以外的碎片化时间,既为自己增加收入又为酒店创造利润,使酒店和员工双方都可受益。共享用工平台的运行机制能够大大减少酒店管理层的工作量,将原来"临时用工"相关工作所需的手动记录、核对、统计、结算等全部实现线上智能化处理,长期积累形成的平台大数据也可以为酒店提供更合理的用工建议,提高酒店的工作效率。另外,进入共享用工平台的员工可经由系统平台进行精确的身份验证并接受专业水平鉴定,保障酒店用工安全。最后,共享用工平台还有助于帮助酒店在合理转移劳动风险、完善酒店用工监管机制、避免成本浪费等方面做出优化方案。

4）注重复合型人才培养

在寻求酒店高质量运营的过程中,对专业人才的能力要求也在不断发生变化。"远程协助""灵活用工""组织赋能"成为越来越多的酒店管理者纷纷关注的高频词。在全球范围疫情的影响下,多数酒店改变了原有的商业模式和组织结构的调整路线,同时也面临着核心人才短缺、难以寻找和员工冗余的双重压力。这在一定程度上促进了对复合型人才要求和敏捷组织转型需求的转变。

在复合型人才的培养和发展中,酒店应重视员工的直属领导者的作用。管理者并非只需要管事,更难的是如何管人,不仅要讲究科学,还要讲究艺术。管理者如何帮助酒店保留优秀的潜力人才以及培养人才,为人才提供更多挑战性的机会以及通过认可和鼓励激励他们,帮助他们找到自身优势和兴趣点,是新时期职场对管理者提出的新要求。

从复合型人才的自上而下培养角度来说,整个酒店首先应组建更多的多元化团队,每个团队都有自己的部门团队文化,管理层从自身出发向下引导团队去研发和创新产品;其次,打造一个良好的工作环境,从制度上真正激励员工发挥其创新力,将员工设计的创新产品和服务与员工绩效进行绑定;再者,主动积极地挖掘员工的兴趣和意愿,这就需要每一个管理层首先要成为一个复合型人才,才能更好地带领团队成为复合型组织,员工才能调动自身积极性去配合团队的创新。

培养复合型人才的重要前提是要先识别谁是高潜力的复合型人才。酒店的培训资源、发展资源等都是有限的,人力资源管理部门应引进相关的科学工具,与业务层面的管理者以及合作伙伴共同探讨潜力人才的表现。而对于直属管理者来说,现在很多新生代员工更希望主管是教练,能不断地提供辅导、及时反馈,通过这种持续的对话帮助员工不断地进行成长和发展,在与高潜力型人才朝夕相处中,通过教练式管理去培养人才。

5）探索敏捷组织的转型与变革

酒店属于劳动密集型服务业态,主要通过基层员工的辛苦劳动,将酒店产品及服务传递给顾客,从而产生体验认知以及评价。长期以来,传统型的层级组织的确能够保障管理层对整个酒店的严格管控,但随着互联网经济和数字化经济的浪潮,酒店产品和服务的新品类、跨界经营模式层出不穷,新生代消费者异军突起,所有这些市场变化的出现都对酒店行业的传统模式产生了冲击,甚至是毁灭性打击。为了应对这些变化,国内一些酒店和酒店集团纷纷行动起来,如华住集团集团正在尝试用产业互联网和智能硬件的创新,打通酒店品牌和效率两个平行宇宙。酒店行业中正在酝酿一些快速应对消费者需求和市场反馈的敏捷酒店组织。

敏捷组织的概念是由瑞克·道夫提出的企业组织架构创新机制,企业的敏捷性是有效管理与应用知识的能力,而知识管理与响应能力是敏捷性的关键。组织敏捷性是企业对于外界的变化灵活且快速反应。所谓的敏捷组织就是指针对市场环境的变化(如技术变革、需求变化等)能够迅速整合资源做出反应的企业组织。一般来说,酒店主要采取的是直线职能式层级组织结构,这种结构在稳定的环境里可以保证酒店拥有高效的运营、严格的业务标准执行以及对基层员工的管控。直线职能式组织结构一般将信息和控制权集中到高层的几个人手里,拥有相应的预算、资源、目标和优先事项,给出最重要和最具战略性的决策。然而在快速多变的环境下,这种层级组织结构将面临巨大的挑战。

随着敏捷组织的概念和理念被越来越多的企业管理者熟知并接受,越来越多的管理理论也在积极研究和推动敏捷组织这一思维,从而使其成为今天很多企业战略的目标和方向。敏捷组织具有如下特征:组织扁平,沟通顺畅;目标明晰,信息透明;对市场和客户动态敏锐;内部资源和人力调配迅捷;应用新一代赋能技术。根据敏捷组织的特征,酒店或酒店集团可尝试从以下几个方面转变层级组织,探索敏捷组织的变革。

(1)传统型层级组织叠加敏捷小组织,强化对客服务职能

为了更快、更直接、更迅捷地触摸到顾客的需求、市场的变化、消费趋势的异动,酒店可以尝试在传统型层级组织结构的基础上叠加敏捷小组,敏捷小组由3~5人组成,酒店管理层对于这些敏捷小组赋予特殊职能和使命,掌握特殊授权,从而实现强化日常运营方式所不能及的对客服务。例如,凯宾斯基酒店品牌曾为了加强品牌识别,在酒店大堂安排一名"红衣女郎"为顾客提供向导服务,同时了解顾客的入住体验。这是一种敏捷组织的尝试,只是这种尝试不彻底,如果使这个组织能够打通并贯穿顾客入住的全程,则会有更佳的效果。

(2)借助新一代赋能技术,加速信息沟通、服务协作

目前市面上已经出现很多专门为提升顾客体验和加强对客服务沟通的小程序或者App等工具。酒店可尝试在经费允许的情况下,组建IT小组量身定制符合酒店自身运营、宣传和管控的小程序,更快地同步VIP顾客信息、客史资料、喜好及特别事项,以及该顾客入住或离店后给出的评价与反馈。新一代赋能技术既可以帮助酒店更好地进行实时在线能耗监测,机器设备维护保养状态,酒店整体温度、湿度、照明等的控制,也能够减少工程部非维修人员的使用,实现酒店控制成本,精简费用,减少浪费。

（3）强化培训,创建复合型人才团队

一直以来,培训职能在酒店行业中总找不到真正的存在感,仅是用来补充和弥补员工服务技能的不足。对于单体酒店而言,可以选择签署一个能够帮助其完成职能培训的第三方顾问,有利于帮助酒店实现全方位人才辅助、储备和发展的目标。酒店拥有了稳定的复合型人才队伍,才能真正实现跨职能全方位快速服务顾客、解决顾客问题,为顾客营造"有记忆点"的体验,打造酒店核心竞争力并在激烈的市场竞争中脱颖而出。

6）做好跨代际员工管理

相较于 X、Y 世代群体而言,自我意识觉醒是新生代的 Z 世代群体的共性,他们对人、对事有着自我定义的判别标准,但因代际间的沟通壁垒及主客观因素的共同作用,往往给酒店带来褒贬不一的标签化的感受和评价,而这些标签化的背后也更容易产生刻板印象,当大量自媒体宣扬新生代群体"工作与生活分开""坚决不加班"的职场态度时,代际关系也容易被直接简单地解释为"代沟"。

新生代 Z 世代群体,尤其是"95 后""00 后"的职场人更向往弹性工作制,不愿意被工作所束缚而扰乱其生活节奏,但当他们对工作产生认同感和归属感时,他们将会更主动地利用工作之外的时间完成任务。同时,新生代 Z 世代群体对自我成就感和自我实现有更高的渴求,立足于知识信息爆炸的时代,新生代 Z 世代群体拥有更强的创造力和学习能力,在工作中也非常看重参与性、协同性与合作性。相较于一味从新生代群体共性角度出发,酒店也应实时优化自身"软件",针对工作流程中无法避免的简单重复性工作,企业应该利用数字化转型提升系统能力,让员工减少一些机械性的、重复性的和低价值的工作。通过工作流程上的优化调动员工的积极性。

但酒店管理者在尝试跨代际管理的过程中并非总是融洽的。酒店在招聘选拔人才时,除了基本的职业素养、技能要求,更要注重选择与酒店价值观一致的员工。智联招聘《2022 大学生就业力调研报告》的调查数据显示,2022 届应届生在求职时最看重的因素前三位分别是:薪酬福利、工作生活的平衡以及稳定。而对于是否与企业文化、价值观保持一致占比则是最低。2021—2022 届应届毕业生求职关注因素如图 8-4 所示。

随着数字化经济和互联网时代的变革,酒店人力资源的工作内容和技能也随之发生变化,人力资源的工作与酒店运营部门的工作边界也将会越来越模糊,酒店人力资源从过去的"选、育、用、留"的传统模式正在向打造数字化场景、整合内外资源、建造共享平台、培养复合型人才、组建敏捷组织等方面探索变革之路。虽然酒店人力资源管理的变革之路并非一帆风顺,但酒店人力资源管理者仍需积极思考如何"破圈",寻找合适的途径与措施完成转型变革发展,突破人力资源管理瓶颈。

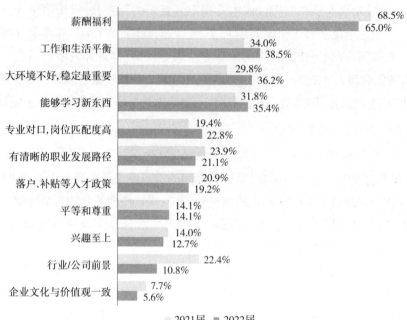

图 8-4　2021—2022 届应届毕业生求职关注因素

## 【本章小结】

1.酒店人力资源管理是研究酒店人力资源管理活动规律的一门应用性和实践性很强的综合性学科,其最终目的在于充分调动员工的工作积极性和潜能,切实提高工作效率和服务质量,最终实现酒店与员工的长期发展目标。

2.酒店人力资源管理是对酒店内部各级部门员工的综合性管理,其特点为具有较强的全员性、动态性、跨越性和政策性。酒店人力资源管理是决定酒店经营成败的关键要素;是保证酒店自身持续发展的根基所在;是酒店提升服务质量的重要保证;是酒店打造核心竞争力的关键途径;是酒店员工综合素质提升的重要保障。

3.酒店人力资源管理的主要工作内容由六个模块构成:酒店人力资源规划、员工招聘与录用、员工培训与职业生涯规划、员工绩效考核、薪酬与福利管理及员工劳动关系管理工作。

4.要做好酒店职业经理人,需要具备的基本素质包括:健康的体魄和吃苦耐劳的精神、高尚的职业道德和职业素养、良好的交际沟通能力、卓越的细节观察能力和灵活的随机应变能力,另外,还需要具备良好的服从纪律意识、自律自觉意识、诚信为本意识、团队合作意识、自主学习和不断创新的基本意识。

## 【思考与练习】

1.简述酒店人力资源管理的内涵与作用。

2.简述酒店人力资源的主要工作内容。

3.简述酒店职业经理人需要具备的基本素质与意识要求。

4.选择并走访当地一家四星级以上的酒店并查阅相关文献资料,调研该酒店的组织结构设置、员工配置情况、招聘录用模式、教育培训模式、绩效考核等内容,撰写《酒店人力资源管理工作调研认知报告》。

## 【案例分析】

### 凯宾斯基:让员工成为不断升值的资产

"员工是我们企业最宝贵的资产。"凯宾斯基酒店副总经理李波告诉记者,17年前,凯宾斯基员工的平均年龄是20岁;17年后,凯宾斯基员工的平均年龄是30多岁。而据凯宾斯基内部统计,凯宾斯基的860多名员工,有60%以上是超过十年的老员工。

当很多酒店行业管理者还在为怎么降低员工流失率而伤脑筋时,李波却在绞尽脑汁说服不想升职的员工升职。凯宾斯基算是服务行业中的一个特例,"我自己都纳闷,有相当一部分一线员工是从酒店开业起就在这里工作,很多人至今连工作岗位都没换过。以前我是参加他们的婚礼,现在是参加他们孩子的婚礼。你看门口那位顾客的贴身管家,17年来他一直在这个岗位上就没动过。"李波只要谈起自己的员工一定会滔滔不绝。

凯宾斯基在业内颇有口碑,不仅是因为服务,更重要的是酒店的盈利能力。不管在经济欣欣向荣之时,还是在环境萎靡不振之际,凯宾斯基表现出的抗压、抗风险能力很让同行羡慕。究其原因,李波表示:"这是我们员工一起努力的结果,员工的忠诚度对于我们酒店的发展很重要,他们的忠诚是公司发展、受益、最终盈利的关键因素之一。"而员工忠诚度的提高不仅仅依靠高薪与培训,"我们培养员工忠诚度的秘诀其实很简单,就是从员工的角度出发,从公平的角度出发,让他们在未来的职业规划中有发展;尽最大可能尊重他们,人尽其用;即便有一天他们离开公司,也能游刃有余地应对一切变化的环境。""'培训护照'绝对可以算作是员工在凯宾斯基个人职业生涯的进阶通行证,只要受过凯宾斯基系统培训过的员工,不管以后走到哪里都一定会是优胜者。"毋庸置疑,绝大多数员工都渴望在现有的基础上得到更好的发展,提升自己的工作水平和技能,更好地实现自己的价值。如果企业能提供有效的培训和设计良好的晋升通道,会让员工感觉自己在企业有发展空间,选择留下来自然是水到渠成的事情。

《财富》杂志曾这样评价过沃尔玛:"沃尔玛凭借在培训方面花大钱和提升内部员工赢得了雇员的忠诚和热情。而管理人员中有60%的人是从小时工做起的。"在一般零售公司,没有10年以上工作经验的人根本不会被考虑提升为经理,而在沃尔玛,经过六个月的训练后,如果表现良好,公司就会给他们一试身手的机会。因此,沃尔玛的绝大多数高管都是从公司内部提拔起来的。有着德国严谨"血统"的凯宾斯基在培训方面同样有其独到之处——从员工需求出发,将固定培训与个性化培训相结合。"我在入职第一天,人事部就给我发了一个小本子,叫作'培训护照',而且每年接受一定时间的培训。"凯宾斯基酒店公关部王海霞告诉记者。李波笑言这本"护照"绝对可以算作是员工在凯宾斯基个人职业生涯的进阶通行证。李波会在每一次培训开课时都当一次"校长","我会告诉员工,酒店是与各种人打交道的地方,像个小社会,我们提供的培训并不浮于形式,而是真正对其未来职业生涯有帮助。只要受过凯宾斯基系统培训过的员工,不管以后走到哪里都一定会是优胜者。"

凯宾斯基的培训课程五花八门,有怎么处理纠纷的培训,有系列的英语培训,有化妆培训,有服装搭配等数十种培训,而且一段时间后还会有交叉培训。"做前厅服务员的也要去接受销售、财务或者餐厅等部门的培训。我对他们说,这是他们系统学习的好机会。"李波表示。据了解,在凯宾斯基,每一天、每一个时段几乎都有培训在进行。而这些培训都会在"培训护照"中累计积分,记录在员工的个人档案里,一旦哪个部门有用人需求,首先就会考虑受过系统培训的员工。

凯宾斯基还有一种被员工们称为"吃喝玩乐"的培训。凯宾斯基的礼宾部是专门为顾客"答疑解惑"的部门,如果顾客有想听歌剧,想看电影,想游览景点等各种需求,礼宾部的员工都有能力去满足。而这就得益于凯宾斯基的"吃喝玩乐"培训。"酒店会派专车给他们,强迫他们去不同地方消费,回来写感受报告。如果顾客想去的地方连员工自己都没去过,怎么可能服务好?比如,有些北京的著名景点,如果没去过,怎么知道那些景点怎么样?又怎么给顾客做路线推荐比较?"这样的培训在李波看来非常有必要。"同样地,餐饮部的人也有吃的培训,他们要定期去竞争对手的店里吃饭,回来同样要写分析报告。而自家餐厅中的每一道菜服务员都要试吃,只有都吃过了,才能为顾客做好推荐。"李波告诉记者,今年凯宾斯基还将为培训专门做出一整套电子系统。"让每一个员工在最适合自己的岗位上工作,发挥他们的专长。只有这样,员工才能最大限度地为酒店服务,这也是酒店对员工的一种尊重。"

如果企业能做到让每个员工都能找到合适的岗位,成为岗位专家,那这个企业一定能得到长足的发展。"我们就是要让每一个员工都能在最适合自己的岗位上工作,发挥他们的专长。只有这样,员工才能最大限度地为酒店服务,这也是酒店对员工的一种尊重。"李波表示。据李波介绍,当初酒店刚成立时,员工的平均年龄在20岁左右,而在最近的统计中,员工的平均年龄达到了30多岁。很多当时的员工如今已经做到了管理层,但也有很多人留在了服务的"前线"。在平均年龄相对年轻化的服务行业,像凯宾斯基这种平均年龄在30岁以上的并不多见,"只要我们的服务一直在提升,员工年龄是否年轻化并不是问题。"李波强调。

在凯宾斯基的几家餐厅中,中年服务员随处可见。"曾经有两名年纪稍大的服务员找到我,问酒店会不会因为丢脸而开除她们,我当时非常直接地就告诉她们,工龄久的员工对酒店来说就是财富,不但不会开除,相反酒店还会感谢她们的贡献。"李波表示。在凯宾斯基有几位贴身"老管家",常来的顾客都很熟悉他们,"真的是离不开这些有经验的老员工,有了他们,酒店会给顾客一种亲切感。"凯宾斯基工程部的老员工数量最多。"他们中的一部分人确实没有高学历,但可贵之处在于他们从酒店开始营业就在这里,了解酒店的所有设施,哪个环节出现问题,他们根据经验就能知道。而这些经验并不是一纸证书就能得到的,他们的本事真的是用时间磨出来的。"李波坚定地表示,"只要他们肯在这里工作,我们有什么理由不用呢?"凯宾斯基能有如此多的老员工与其自由择岗的制度有关。在员工入职手册中有一条规定:员工工作满6个月可以申请去其他部门。"入职六个月后在本职工作做好的基础上可以申请其他职位,这是对员工的尊重,让他们有选择的余地。"李波对这个制度带来的效果很满意,"让员工做自己感兴趣的工作,自然会更敬业。人尽其才能最大限度地调动员工的积极性。"如今前厅部的一名主管就是从餐饮部申请培训而转调过去的,"她在餐饮部就很出色,因为对自己有职业规划,所以要求到前厅工作。事实证明,这样的制度会让员工更热爱自己的岗位。"

"以人为本的绩效考核能让员工感到尊重,合理的绩效考核会提升员工的忠诚度,帮助企业提升效益。"在凯宾斯基,员工的常规绩效分为两种:一种是每年都有固定增加的工资;一种是工资加绩效。不过也有一部分员工的绩效需要灵活掌握。"我们后厨有一百多名厨师,既不属于行政绩效考核范围,也不太适合跟着餐厅人员的绩效走,我就把厨师长找来,让他们自己选择绩效考核的方式。"李波回忆当时的情况,后来厨师长保守地选择了固定涨薪,"我给他们充分的选择权,但事实证明他们错了,因为餐厅每年的业绩都会增长。"李波笑得很狡黠。但有些岗位的薪酬管理却让李波感到头疼。礼宾部十几个人,而且大部分都是工作超过十年的员工。"我每年都会问他们想不想升职调到别的部门工作。毕竟对于40多岁的员工,我们也要为他们考虑一下前途和未来的职业规划,但每次都被拒绝。那我只能更多地在福利待遇上为他们考虑,加薪只是一部分,更多的是为他们提供一些出国和培训的机会。"话刚说完,李波自言自语地说:"今天没有VIP顾客啊,那管家怎么还没休假。"

在采访即将结束的时候,李波又聊起最近的一桩人事调动,"我用了六年时间终于给啤酒坊经理调换了一个更适合她的岗位。以前,她一直都上夜班,顾客和员工都觉得她好,都不肯放她走,她自己也舍不得。但是我们也要考虑她家庭的因素啊,最近终于把她调到一个不用那么劳累而又适合她的工作岗位上去了,我也算安心了。"

**案例问题:**

1. 凯宾斯基酒店采取了哪些措施加强人力资源管理?

2. 请分析凯宾斯基酒店的员工忠诚度较高的原因是什么?

# 第9章 酒店市场营销管理

【学习导引】

　　对于一个酒店来说,最重要的是要有顾客。假设一个酒店硬件设施非常完善豪华、服务人员也热情好客,但是这个酒店位于一座荒无人烟的小岛上,一年也没有几个顾客光顾,这家酒店肯定是难以持续经营的。酒店要持续地招徕顾客、创造顾客,就需要做好市场营销工作。本章将简要地介绍酒店市场营销管理的相关知识,加强学生对酒店市场营销工作的科学认识,引导学生关注、思考酒店市场营销的各种问题。

【学习目标】

　　1. 了解酒店市场营销管理工作的重要性,酒店市场营销的主要概念、理论。

　　2. 理解市场细分、目标市场选择、市场定位等市场营销战略;理解酒店如何制订产品、价格、渠道和促销策略。

　　3. 了解酒店营销发展的新趋势。

## 9.1 酒店市场营销概述

### 9.1.1 酒店市场营销的定义

　　酒店市场营销是指酒店在市场环境中,以顾客需求为导向,通过市场分析、产品开发、价格制订、渠道设置及开展促销等手段与程序,将产品销售给顾客,在满足顾客需求的基础上获取利润的一系列经营活动。

　　要特别强调的是,市场营销和促销、推销是不一样的。市场营销(Marketing)强调以满足市场需求为核心,是一种社会性的管理活动,是一个完整的过程,而不是一些支离破碎的零星活动,更不是零碎的推销活动;促销(Promotion)是指促使顾客采取购买行动,即通过人员或非人员的方式,传递产品和服务的信息,协助、激励和创造未来的顾客,引起购买欲望,促进产品或服务销售的一种市场营销组合手段;推销(Sales)一般特指人员推销,即推销人员通过面对面的洽谈业务,向顾客提供酒店产品或服务的信息,劝说其购买的全过程。

从理念上来说,市场营销是以满足顾客需求为出发点和最终归依,追求的是长期利润;而促销、推销往往是以出售产品为出发点,追求的是短期利润。从含义上来说,市场营销含义最广泛,促销含义次之,推销含义最窄。

### 9.1.2 酒店市场营销观念

市场营销观念是企业营销活动及管理的基本指导思想,实质是如何处理企业、顾客和社会三者之间的利益关系。总的来说,市场营销观念主要有以下几个。

1)生产观念

生产观念认为消费者喜欢可以随处买到的价格低廉的产品,企业的主要任务就是扩大生产、提高效率、降低成本,生产出尽可能多的产品以获取利润。这种观念往往盛行于供不应求、物资短缺的时期,如19世纪末20世纪初的欧美国家和我国改革开放初期。

2)产品观念

产品观念认为消费者喜欢质量高、性能好、有特色的产品,只要提高产品质量,企业就会开拓新的市场并占领市场。产品观念往往出现在生产扩大、竞争开始加剧的时期,如20世纪初。这种观念容易使企业把注意力集中在企业内部和产品上,患上"营销近视症"。

3)推销观念

推销观念认为消费者有一定的惰性,如果没有动力,消费者不会主动购买产品,因此,企业要积极主动地组织促销和推销,促使消费者购买本企业的产品。推销观念往往出现在生产有了较大发展、产品种类增加、部分产品出现供不应求的阶段,如20世纪三四十年代。推销观念仍然以企业现有产品为基础,对消费者的需求重视不够。

4)营销观念

营销观念认为企业目标的实现依赖于对目标市场需要和欲望的正确判断,并以比竞争对手更有效的方式满足消费者的需求,是一种"以消费者需求为中心,以市场为出发点"的经营指导思想。该观念不仅关注企业内部,而且关注外部消费者和竞争者。这种观念产生、形成于生产力极大发展、普遍出现供不应求、市场竞争激烈的阶段,如20世纪50年代。

5)社会营销观念

社会营销观念认为企业不仅要比竞争对手更有效地满足顾客的需求,获取利润,还要兼顾社会利益,存在社会责任。比如,酒店在经营中不应鼓励吸烟、酗酒、食用野生动物等行为,也不能污染环境、侵犯人权等。这种观念产生、形成于环境破坏严重、环境问题突出的阶段,如20世纪七八十年代。

以上五种营销观念产生在不同的历史阶段和市场环境下,并适应当时的市场要求,对于指导企业经营来说,没有优劣之分。但是,在当前的历史阶段和市场环境下,酒店经营人员应该具备营销观念或者是社会营销观念。

### 9.1.3 酒店营销组合理论

酒店营销工作内容很多,千头万绪,哪些才是酒店营销中最重要的工作呢?关于这个问题,有一些学者做了探讨,提出了一些看法,这就是所谓的营销组合理论。关于营销组合理论,目前比较有影响力的有四种,分别是4P组合理论、6P组合理论、7P组合理论和4C组合理论。

1)4P组合理论

4P组合理论是由美国学者杰罗姆·麦卡锡(E. Jerome McCarthy)在1960年首先提出的。该理论认为,对于一个企业来说,营销工作里最重要的是四个方面的事情,分别是生产出好的产品(Product)、制订合理的价格(Price)、设置合适的分销渠道(Place)和必要时做一些促销活动(Promotion)。因为产品、价格、渠道、促销这四个词的英文首写字母都是"P",因此,该理论被称为4P组合理论。

2)6P组合理论

到了20世纪80年代中期,菲利普·科特勒(Philip Kotler)认为,4P组合理论只能指导一般的企业在一国国内市场的营销活动,如果一个企业想要跨越国界,在不同的国家做生意,开展营销活动,那么除了要做好产品、价格、渠道、促销这四个方面的工作,还要做好其他两个方面的事情,即要争取到目标市场所在国政府的许可和当地民众的支持。菲利普·科特勒把这两个因素归纳为Power(权力)和Public Relation(公共关系),于是在4P组合理论的基础上提出了6P组合理论。因为6P组合理论比较适合指导跨国公司在全球范围内的市场营销活动,所以,6P组合理论又被称为大营销理论。

3)7P组合理论

7P组合理论是由布姆斯(Booms)和比特纳(Bitner)两位学者于1981年在4P组

合理论的基础上,针对服务型企业的特点,专门为指导服务型企业的营销活动而提出的。7P 组合理论是在 4P 组合理论的基础上增加了三个 P,分别是 Participant(参与者)、Physical Evidence(有形展示)和 Process Management(过程管理)。也就是说,服务型企业要做好营销工作,除了要考虑产品、价格、渠道、促销,还需要特别注意处理好参与者、有形展示和过程管理这三个方面的事情。

4)4C 组合理论

4C 组合理论是美国营销专家罗伯特·劳特朋(R. F. Lauterborn)于 1990 年在 4P 组合理论的基础上提出来的。它以消费者需求为导向,重新设定了市场营销组合的四个基本要素,即 Customer(消费者)、Cost(成本)、Convenience(便利)和 Communication(沟通)。

4C 组合理论和 4P 组合理论其实是一一对应的,消费者对应的是产品,成本对应的是价格,便利对应的是渠道,沟通对应的是促销。但与 4P 组合理论相比,4C 组合理论更强调、更突出"以顾客需求为导向"这个理念。在以上四种营销组合理论中,一般认为,4P 组合理论是最基础的理论,而 7P 组合理论是最适合指导酒店开展营销活动的理论。

## 9.1.4 酒店市场营销过程

酒店市场营销的目标是在满足顾客需求的基础上获得合理利润,同时兼顾社会利益、顾客需求,是酒店市场营销活动的出发点和最终归依。因此,一般来说,酒店市场营销活动的第一步是通过市场调研、了解市场和顾客需求;第二步是在市场细分的基础上,选定目标市场,明确市场定位;第三步是围绕目标顾客的需求,基于酒店的市场定位开展具体的营销活动(开发产品、制订价格、设置渠道、开展促销等),以此来满足顾客的需求。酒店市场营销工作并不是一成不变的,需要根据顾客反馈和市场形势的变化不断改进,形成螺旋上升的态势,最终达到顾客、酒店、社会三赢。酒店市场营销的一般过程如图 9-1 所示。

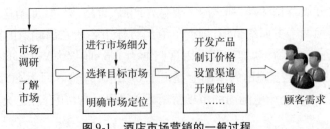

图 9-1　酒店市场营销的一般过程

## 【经典案例】

### 酒店营销名家埃尔斯沃思·斯塔特勒

埃尔斯沃思·斯塔特勒(Elsworth Statler)出身贫寒,凭着认真钻研业务的精神和超前的营销意识,在酒店营销中取得了极大的成就。从 13 岁开始,作为礼宾部服务员的他就对酒店营销产生了强烈的好奇心和求知欲。因此,他向酒店各部门的职工学习业务,包括房务部、餐饮部等,并了解各种产品服务和销售中的细节。后来,由于他认真工作和刻苦学习,获得晋升担任管理职务。作为管理人员,他开始研究产品开发及提高营业收入和利润的营销方法与策略。当时,通过研究市场需求,他在酒店增加了新的业务项目——预订与销售火车票服务,并征得了酒店营销部和上级管理人员的同意。

1908 年,埃尔斯沃思·斯塔特勒通过筹资,自己经营了一家酒店——斯塔特勒酒店,并在酒店的客房中开发和调整了受顾客青睐的设施、家具和设备,还增加了服务项目。其中,在客房中增加了浴室和壁橱并提供 24 小时的冰水服务,在客房内安装了电话,在客房门旁安装了电灯开关,在每个床前安装了床头灯,在客房中配备了带文具的写字台。这一切使得他经营的酒店声誉不断地提高,营业收入和利润也随之持续增加。

1927 年,他在克利夫兰、底特律和圣路易斯等地经营了多家酒店。后来,他在纽约市建起了当时最大的、拥有 2 002 间客房的宾夕法尼亚酒店(Hotel PennsyIvania)。这家酒店是当时世界上最大的酒店,而斯塔特勒也开始了酒店的内部营销工作。他为顾客和职工提供了尽可能多且周到的服务。他实行一周六个工作日,为职工提供带薪假期和免费的医疗服务,他又设计了利润共享的职工激励策略,使每个职工自由持股。这一内部营销使斯塔特勒得到了意想不到的营销效果,使其酒店继续壮大和发展。

斯塔特勒从多年的经营中总结出,酒店应为顾客提供方便、舒适和价格合理的产品。为了达到这一营销与服务宗旨,他在酒店建筑结构、客房、餐厅和厨房的布局中进行了创新与变革。截至目前,斯塔特勒当时在酒店各方面的创意和创新仍在世界各国的酒店中保持先进,甚至是处于领先地位。例如,合成一体的门锁与门把手、设在门把手中间的钥匙孔、房间内的电话与局部照明设施、客房中的浴室和镜子、客房中冰水与专用水龙头、客房内的免费报纸等。基于斯塔特勒的经营业绩和他的名气,一些大学聘请他为兼职教授,讲授营销学。

斯塔特勒认为,顾客永远是对的(The Guest is Always Right)。在斯塔特勒酒店员工人手一册的服务守则上写道:一个好的酒店,它的职责就是要比世界上任何其他酒店更能为顾客提供满意的服务。实际上,"顾客永远是对的"这句格言意义深刻,主要是指一个酒店成功的营销,其前提是服务于目标顾客。因此,酒店的坐落区域、所有的设施和服务都应当以目标顾客的需求为基础。

美国酒店业刊物《饭店月刊》(*Hotel Monthly*)的著名编辑和出版商约翰·威立(John Wiley)曾这样描述斯塔特勒:"斯塔特勒先生的天才既在于他的创造性和适应性,又在于开发酒店产品时表现出来的精明。他既是一个具有营销战略的管理者,又是一个善于营销实践的营销者。"

（案例来源:王天佑.酒店市场营销[M].天津:天津大学出版社,2018,(7):17-18.）

# 9.2 酒店市场营销战略

对酒店来说,最重要的是要有顾客。酒店行业的理念是"顾客就是上帝",时刻准备满足顾客的需求。但一个酒店并不可能把所有人都作为目标顾客,也不可能满足目标顾客的所有需求,任何一个酒店都只可能满足某些顾客的某些需求。对于酒店营销者来说,本酒店目标顾客是谁,主要满足顾客的哪些方面的需求是两个重要问题,这两个问题直接影响着酒店的经营方向,是酒店的战略性问题。

## 9.2.1 酒店市场的细分

要确定酒店的目标顾客,首先要对市场上的顾客进行分类,这称为市场细分。市场细分由美国学者温德尔·史密斯(Wendell Smith)在20世纪50年代首先提出,又称为市场分割,它是按照消费者的需要和欲望、购买态度、购买行为特征等不同因素,把一个市场划分为若干不同的购买者群体的行为过程。市场细分可以使酒店更好地把握市场需求,发现市场机会;有效利用酒店的资源,提升酒店在市场竞争中的优势。酒店市场细分的标准一般按以下因素进行划分。

1）地理因素

地理因素包含地区、气候、环境、空间距离(经济距离)、人口密度、城市规模等。

2）人口统计因素

人口统计因素包含年龄、性别、家庭结构、家庭生命周期、职业、收入、受教育程度、民族文化宗教等。

3）心理因素

心理因素包含个性、购买动机、价值观念、生活格调等。

4）行为因素

行为因素包含购买时机、追求的利益、使用情况、购买过程及方式、品牌忠诚度等。

酒店可以根据以上一种或几种因素对市场进行细分,但无论采用何种因素对酒店进行市场细分,最终目的都是要将整体市场细分为若干个具有不同需求特征的细分市场。

## 9.2.2 酒店目标市场的选择

酒店在评价各细分市场的基础上,根据自身条件,所选定的一个或几个能给酒店带来最佳经济效益的细分市场就是酒店的目标市场。

目标市场的选择准确与否,直接关系到酒店的兴衰成败;科学选择目标市场,可以更好地发掘和把握市场机会,提高酒店的竞争力。所以说,选择目标市场,是酒店制订营销策略和选择营销组合的前提条件。为准确选择目标市场,酒店首先应该对各个细分市场进行评估,主要评估细分市场的规模、增长速度和结构性吸引力。所谓结构性吸引力,就是通过综合评估细分市场上的同行业竞争者、潜在进入者、替代者的竞争能力,购买者和供应商的议价能力,判断如果本酒店进入该细分市场,盈利状况如何。盈利状况好,则说明该细分市场结构性吸引力大,反之则相反。

酒店在选择目标市场时,应遵循以下原则:目标市场必须具备结构性吸引力;目标市场必须与酒店所拥有的资源相匹配;目标市场必须与酒店的经营目标和企业形象相符合。所确定的目标市场应该同时具备可衡量性、可进入性、可盈利性和稳定性。

酒店在选择目标市场时,有三种基本策略可供选择:无差异目标市场策略、差异型目标市场策略和集中型目标市场策略。

1）无差异目标市场策略

无差异目标市场策略是指酒店认为整个市场的需求是没有差异的,把整个市场当作目标市场,生产一种产品,采用一种促销方式、一种销售渠道向整个市场上的所有顾客进行销售。该策略的优点主要体现为成本的经济性,产品单一,容易保证质量,能大批量生产,降低生产和销售成本,从而快速扩大市场。缺点主要是不利于满足各种市场的顾客需要,酒店的竞争能力较差;尤其是可能使理智的中上层购买者不喜欢,而逐渐失去利润较高的中上层消费者。如果同类酒店也采用这种策略时,必然形成激烈竞争。

2）差异型目标市场策略

差异型目标市场策略是指酒店把整个市场细分为若干细分市场,针对不同的细分市场,设计不同的产品,制订不同的营销策略,满足不同的消费需求。该策略的优点是可以更好地满足不同细分市场的顾客需求,一定程度上可以减少经营风险;一旦酒店在几个细分市场上获得成功,有助于提高酒店的形象及市场占有率。缺点:一是增加成本,由于产品品种多,生产、管理和存货成本将增加;由于酒店必须针对不同的细分市场发展独立的营销计划,会增加酒店在市场调研、促销和渠道管理等方面的营销成本;二是可能使酒店的资源配置不能有效集中,顾此失彼,甚至在酒店内部出现彼此争夺资源的现象,使拳头产品难以形成优势。

3)集中型目标市场策略

集中型目标市场策略是指酒店选择一个或少数几个细分市场作为目标市场,实行专业化生产和销售。在少数市场上发挥优势,提高市场占有率。该策略的优点是集中资源的使用,提高规模的经济性,使消费者的需求得到更好的满足,有利于提高酒店在某个小市场上的竞争力。缺点是酒店的经营风险大,一旦该细分市场出现衰退,酒店的经营就容易陷入困境。酒店应该综合考虑酒店资源、市场同质性、产品同质性、产品生命周期、竞争者数量、竞争者的市场策略等因素,科学制订目标市场的选择策略。从实践经验来看,酒店行业较多地选用差异型目标市场策略(如万豪、希尔顿等酒店集团)或集中型目标市场策略(如四季酒店),很少有酒店选用无差异目标市场策略。

### 9.2.3 酒店市场的定位

酒店市场定位是指酒店确定自身在顾客心目中的位置,在顾客心目中树立起与众不同的形象,让顾客较好地将本酒店和竞争者区隔开来。当下是一个信息泛滥的时代,酒店顾客每天都会接收到大量的资讯,但每个人的信息处理能力是有限的,心智资源是稀缺的,顾客不会也不可能记住接触到的所有信息。心智阶梯理论认为,顾客在购买某类别或某特性商品时,总会有一个优先选择的品牌序列(心智阶梯),一般情况下,顾客总是优先选购心智阶梯上层的品牌。做好市场定位,有助于酒店占领顾客的心智阶梯,尽可能地位于顾客心智阶梯的上层,让顾客在有需要的时候能首先想起自己,从而在激烈的市场竞争中脱颖而出。因此,酒店市场定位的目标就是要在消费者心目中树立一个独一无二、有意义、可信的形象。

差异化是酒店市场定位的核心,酒店可以努力在产品、服务、人员、渠道、形象等方面形成差异,塑造出与众不同的形象。酒店可以根据自己的情况灵活采用特色定位、避强定位、对抗定位、重新定位等市场定位策略。

特色市场定位策略是指酒店通过强化自身的特色,形成与众不同的定位,抢占顾客的心智资源。例如,在21世纪初,大家还把民宿等同于农家乐的时候,裸心谷率先形成了亲近自然、精致奢华的高档民宿形象,取得了巨大的成功。

避强市场定位策略是指酒店避开与强有力竞争对手的正面冲突,从竞争对手暂时没有关注到的市场切入,树立起自己的市场形象。例如,20世纪90年代,中国高端酒店市场基本被各大国际连锁品牌酒店所占领,锦江之星、如家等酒店品牌另辟蹊径,在国际酒店集团看不上的低端市场上发力,迅速树立了经济型连锁酒店品牌。

对抗市场定位策略是指酒店与原有市场强有力对手直接对抗,通过挑战巨人的姿态吸引眼球,迅速树立形象。例如,万达酒店在建立之初即大势宣传,声称要打造中国高端酒店品牌,与国际连锁品牌酒店一决高下,成功吸引了市场注意力。

重新定位策略是指酒店在自身条件和市场环境发生变化之后,审时度势,及时调整酒店定位。例如,郑南雁于 2005 年创立 7 天酒店,创始之初主打经济型连锁品牌,取得巨大成功,酒店的人、财、物等资源不断积累。随着中国经济发展,酒店消费升级,酒店市场形势发生转变,郑南雁于 2013 年成立铂涛集团并完成对 7 天酒店的收购,推出中高端品牌丽枫酒店、铂涛菲诺,精品酒店品牌喆·啡、希岸酒店、稻家连锁 IU 连锁等,向中高端市场转型。

## 【经典案例】

### 希岸酒店:打造女性精品酒店品牌

希岸酒店是一个以美业跨界宠己体验为主题的中端精品酒店品牌,致力于给消费者提供极致宠爱,它是一个以酒店为空间载体的女性宠己体验消费圈,从美容、美甲、甜点,到理财产品、职场沙龙,甚至是找男朋友,只要可以改善女性出行体验的产品都可以通过互联网链接进入希岸酒店。

对于女性而言,首先酒店一定要漂亮。希岸酒店专门邀请蒂芙尼的门店设计师设计酒店,希岸酒店的设计风格特别像蒂芙尼和香奈儿两者风格的融合,调性十足。同时,希岸酒店通过整合美容、美甲、SPA、美妆、服饰、甜点等跨界产品及服务,将酒店打造成美业跨界体验沙龙,让每位出行的顾客在旅途中也可以宠爱自己。在产品细节上,希岸酒店也充分体现出宠爱女性的特质,例如,床会拥抱顾客,可以一边洗澡一边唱歌,包括专供的女性宠己包,让女性出门不再需要携带“必备杂物”,以及对女性生理期特别关照的细节等。希岸酒店还帮客提行李,停车场设有大号的女性专用停车位等。希岸酒店核心团队成员来自消费品、互联网、化妆品等各个行业,希望通过跨界思维的碰撞以实现持续推陈出新。

希岸酒店不以规模为目标,而以品质为核心诉求,寻找真正认同品牌理念的投资人,聚焦开精品店,打造极致的用户体验,再由品牌及口碑带动发展。例如,上海静安寺店的投资人就是一位非常美丽优雅的女士,她是真正发自内心地喜欢希岸酒店。希岸酒店最早签约的五个项目中有三个项目的投资人都是女性,在入住消费者的性别上也充分体现了其女性主题,通常酒店入住消费者中女性占比约为 30%,希岸酒店则超过 50%。

希岸酒店一经推向市场就引发行业瞩目,目前已经开业的上海静安寺店的客房每间夜平均价格达到480元,并几乎天天满房。截至2015年7月,仅一家店开业的希岸酒店估值已超过亿元。

（案例来源:潘东燕,创变:从7天酒店到铂涛集团[M].北京:机械工业出版社,2016:113-115,有删减.）

# 9.3 酒店市场营销组合策略

在选定目标市场、确定市场定位之后,酒店就应该围绕目标顾客的需求和自身的市场定位开展各项营销工作,其中,最重要的是开发产品、制订价格、设置渠道和开展促销。

## 9.3.1 酒店产品策略

### 1）酒店产品的定义

酒店产品是指酒店提供的满足顾客需求的以无形服务为核心,有形产品为辅助的利益因素的组合,是综合性的服务产品,也称为酒店服务。

从产品功能上来看,酒店提供的产品主要有:①客房类产品,如单人间、标准间、套房等;②餐饮类产品,如中餐厅、西餐厅、酒吧、送餐服务等;③康乐类产品,如SPA、健身房、KTV、棋牌室等;④购物类产品,如商场等;⑤其他服务,如会议中心、商务中心、旅游柜台等。

### 2）酒店整体产品模型

酒店的每一个产品都是一个整体,包含五个层次,分别是核心层、形式层、期望层、附加层和潜在层,如图9-2所示。下面我们以酒店最主要的产品—客房为例说明酒店整体产品的含义。

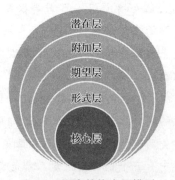

图9-2 酒店整体产品模型

（1）产品核心层

产品核心层也称为核心产品，是指产品能满足顾客最基本需要的效用或利益，是本产品区别于其他产品的关键，也是顾客购买该产品的主要指向。对于普通客房来说，它的核心主要就是能满足顾客休息和睡眠的需要；但对于总统套房来说，它的核心就变成了主要满足客人的尊重和成就感的需要。

（2）产品形式层

产品形式层也称为形式产品，是指将抽象的核心利益转化为可感知、可依托的产品的有形部分。例如，对于客房来说，它的形式层就是房间大小、装潢、家具、布草等。产品形式层应和产品核心层相适应，例如，同样是客房，但总统套房的面积更大、装潢更豪华、用品材质做工更精致等。

（3）产品期望层

产品期望层也称为期望产品，是指顾客在购买该产品时期望得到的与产品密切相关的属性和条件。例如，顾客在购买客房产品时，期望客房是干净舒适的、安静的、安全的，得到的服务是热情有礼的。

（4）产品附加层

产品附加层也称为附加产品，是指产品所包含的附加服务和利益。例如，顾客入住客房后得到的洗衣服务、送餐服务、欢迎果盘等。

（5）产品潜在层

产品潜在层也称为潜在产品，是指最终产品的潜在需求状态，是顾客需求可能的隐形状态、变化趋势和未来前景。它是一个时间概念，虽然目前还没有出现，但当它出现时，就可能会成为附加产品或期望产品。比如，大家现在可以设想一下，未来客房产品的潜在层可能是什么？

每一个产品都会包含上述五个层次，其中，核心层是最重要的，它是顾客购买的最初动机和最终归依，而其他四个层次都要围绕核心层进行设计和拓展。

3）酒店产品组合

酒店产品组合是指酒店提供的所有产品的组合，由酒店产品线构成。酒店产品组合一般包含客房、餐饮、康乐等产品线，如图9-3所示。

一般而言，可以通过广度、深度以及关联度来衡量酒店产品组合。

产品组合的广度也称为产品的多样性，是指产品组合包含的产品线的数量。如图9-3所示的酒店有四条产品线，它的产品组合广度就是"4"。

产品组合的深度也称为产品的分类，是指产品线每天包含的产品类型。如图9-3所示的酒店的餐饮产品线里有三种产品，该酒店的餐饮产品线的深度就是"3"。

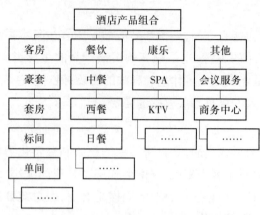

图9-3　酒店产品组合示意图

产品组合的关联度是指一个酒店所有产品线的相关程度。这可以是需求侧的相关度,如满足同一顾客的不同需求,也可以是供给侧的相关度,如在生产上使用相同的技术和原材料。酒店产品组合的关联度主要体现在需求侧。

4)酒店新产品开发

酒店市场需求多变,只有不断开发、引进新产品才能更好地满足顾客需求,赢得市场竞争。有研究表明,企业30%～40%的利润来自新产品,酒店也不例外。所以,酒店需要高度重视新产品的开发与引进。

(1)酒店新产品的概念和类型

酒店新产品的定义比较宽泛,从供给侧来说,只要产品在功能和(或)形态上发生改变,与原来的产品产生差异,甚至只是产品从原有市场进入新的市场,都可视为新产品;从需求侧来说,则是指能进入市场给顾客提供新的利益或新的效用而被顾客认可的产品。

所以,酒店新产品的类型可以分为全新产品、改进型新产品、仿制型新产品和兼并型新产品。其中,全新产品是指将新技术、新材料及新工艺应用于生产过程而制造出的过去从未有过的产品;改进型新产品是指在原有产品的基础上在材料、结构、性能、造型乃至包装一个或几个方面进行改进而制造出的适应新用途、满足新需求的产品;仿制型新产品是指酒店对自己尚未生产过的、市场上已有的产品进行仿造而推出的产品;兼并型新产品是指酒店通过兼并其他企业获得的产品。

(2)酒店新产品的开发流程

新产品开发成功,可以给酒店带来更多的利润,但如果新产品开发失败,则会给酒店造成损失。为了尽可能地降低新产品开发的风险,提高新产品开发的成功率,酒店在开发新产品时应遵循规范的流程,具体如图9-4所示。

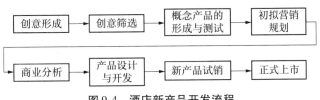

图9-4　酒店新产品开发流程

①创意形成。酒店应该广开渠道,从消费者、酒店员工、市场研究者,甚至是竞争对手处等多方获取新产品创意。

②创意筛选。酒店产品开发管理人员应对已经形成的新产品创意进行筛选,选出那些符合本酒店营销目标和长远市场发展规划,并与本酒店资源和能力相协调的新产品创意,摒弃那些可行性小或获利较少的产品创意。

③概念产品的形成与测试。概念产品是指已经成型的产品创意,即用文字或图像等形式清晰地表达出产品的内涵和属性,使之在顾客心目中形成一种潜在的产品形象。一个酒店产品的创意常常可以转化为若干个概念产品。形成概念产品后,酒店要对这些概念产品进行测试并征求目标顾客的看法、建议及购买意向。通过对目标顾客的问卷调查或深度访谈等的调查结果决定是否开发某一新产品。

④初拟营销规划。酒店研究如何将这一概念产品引入市场以及制订其进入市场的初步营销规划和营销组合措施。其主要工作包括三个部分:①描述这种概念产品的未来目标市场的规模和结构、市场定位及近期的销售量、市场占有率和预期利润率等;②产品的预期价格、销售渠道及第一年的推销费用预算;③制订这种概念产品在未来3~5年内的销售计划和投资收益等。

⑤商业分析。召集财务管理人员、营销管理人员、相关业务管理人员及酒店外部专家等从经济效益方面分析概念产品可能具有的商业价值、成本与利润水平、投资收益和预计销售额等。同时,在各种竞争因素、市场地位和市场占有率等基础上,评价新概念产品在市场上的成功或失败的可能性。

⑥产品设计与开发。将概念产品转化为实体产品,其工作程序主要包括对新产品的设计、试制、测试和鉴定等。酒店通过投入资金、设备、时间和人力资源等将概念产品实体化并寻找新产品存在的问题及要改进的功能和属性等。同时,在这一阶段中,要进一步检查与判断新试制的产品在技术上和商业上的可行性以决定是否继续研制或及时加以调整或改进。例如,一些酒店在创新菜肴的研制中,对某些食品原料的使用是否方便采购,食品原料使用的数量与比例及加工与烹调中的工艺方法和程序等是否符合目标顾客的消费需求,以及是否符合本酒店的技术力量与设施等的分析,都是属于实体产品在技术上和商业上的可行性分析。

⑦新产品试销。新产品的样品经过部分顾客试用基本满意后,酒店可根据改进后

的设计进行小批量的试生产,并在有选择的目标市场中做检验性的试销。试销不仅能增加酒店对新产品销售潜力的了解,还可以启发酒店对这一产品推销策略的改进和营销组合的调整。通常,酒店对新产品试销中使用的方法包括向个人消费者或组织购买者提供样品及免费试用(餐饮产品、康乐产品),或作为奖励品赠送给顾客。同时,实施优惠的价格销售餐饮产品、客房产品和会展产品,免费为顾客升级客房产品等。然后,通过消费者或组织购买者对新产品的评价和满意程度,决定是否正式生产某种新产品以实现其商业化。

⑧正式上市。新产品试销成功后,根据试销中收集到的顾客意见,进一步改进产品,然后,正式进行批量生产并全面推向市场。此时,由于新产品刚进入市场,其利润往往比较微薄,甚至可能亏损,酒店应对此有所预计和准备。

### 9.3.2 酒店价格策略

价格是酒店针对某一种产品或服务而收取的金钱的数量,是顾客用来交换拥有或使用某种产品或服务的利益的全部价值量。价格制订是酒店营销的重要工作,价格过高会赶跑顾客,价格过低又会损害酒店利润,酒店产品价格直接影响酒店的生意和利润。定价与价格竞争是酒店营销管理人员面临的最具有挑战性的工作之一。

1)酒店产品定价的影响因素

酒店营销管理人员需要在充分考虑各种因素的基础上制订出合适的价格,酒店产品定价的影响因素可以分为内部因素和外部因素两大类。

(1)酒店内部影响因素

酒店内部影响因素是指酒店可以控制、变动的影响因素,包括成本、定价目标、营销组合策略等。

①成本。成本是价格的底线,酒店希望价格能够弥补其产品的全部生产、分销和促销成本。但遗憾的是,顾客往往并不关心酒店的经营成本而只关心产品的价值。

②定价目标。酒店在不同的情形下定价目标会有所不同,定价目标可能有:a.赚取利润;b.树立形象;c.增加销量、扩大市场份额;d.招徕顾客、刺激其他消费;e.应付和防止竞争;f.维持生存。

③营销组合策略。价格只是营销组合中的一部分,价格一定要与产品、渠道及促销等手段相互协调,构成一个统一而有效的营销组合。

(2)酒店外部影响因素

酒店外部影响因素是指酒店不能控制、变动,而只能适应、顺应的影响因素,包括顾客需求、市场结构与竞争、政府的宏观管理以及其他宏观环境因素。

①顾客需求。顾客需求是指顾客对本酒店产品的需求强度和弹性,主要取决于本

酒店产品的可替代性。对于需求弹性大的酒店产品,适当降价可以引起较大的销量提升,增加酒店的总收益;对于需求弹性小的产品,提价不会引起过多的销量降低,同样可以增加酒店的总收益。

②市场结构与竞争。市场结构与竞争可以分为完全垄断、寡头垄断、垄断竞争和完全竞争四种情形。如果酒店处于完全垄断状态,则在价格制订时拥有较大的自主性,而如果酒店处于完全竞争状态,则在价格制订上就只能随行就市。一般来说,酒店行业大多处于垄断竞争的状态,酒店在价格制订上拥有一定的自主性,但也需要考虑竞争对手的影响。

③政府的宏观管理。政府有时会出台一些对酒店行业定价的管制措施,例如,某些旅游热点城市会在旺季规定酒店价格的上限,在淡季规定酒店价格的下限,以保护消费者权益或避免行业恶性竞争。如果出现这种情况,酒店必须遵守政府的规定。

④其他宏观环境因素。除了以上提到的三种主要因素,通货膨胀、经济萧条、利率变化、汇率变动等经济因素,季节更替、天气变化、流行疾病等自然因素,公众对酒店的看法和意见等社会因素都会对酒店的需求产生影响,从而间接制约酒店产品的定价。

2)酒店产品定价的方法

虽然以上影响酒店产品定价的因素很多,但其中最重要的会直接影响酒店产品定价的三个因素分别为:酒店经营成本、顾客需求和市场竞争。所以,酒店产品的定价方法可以分为三大类:成本导向定价法、需求导向定价法和竞争导向定价法。

(1)成本导向定价法

成本导向定价法是指酒店在确定价格时主要考虑自身的经营成本,从回收成本的角度出发制订价格。成本导向定价法主要有成本加成定价法、收支平衡定价法和边际贡献定价法。

①成本加成定价法。成本加成定价法是指在酒店单位产品的成本上,加上一定比例的目标利润来确定产品价格。其计算公式为:

$$单位产品价格 = 单位产品成本 + 单位产品目标利润额$$
$$= 单位产品成本 \times (1 + 目标利润率)$$

其中,单位产品成本 = 单位产品变动成本 + 单位产品固定成本。

②收支平衡定价法。收支平衡定价法是指酒店为了保证收支平衡而制订的价格,使用该方法制订的价格就是保本价。其计算公式为:

$$单位产品保本价 = \frac{应摊固定成本}{预计销售量} + 单位产品变动成本$$

从上式可以看出,在酒店应摊固定成本和单位产品变动成本不变的情况下,预计销售量越大,单位产品保本价就越低。单位产品保本价是酒店在经营时的重要参考依据,酒店营销人员应尽量保证产品出售价格不低于保本价。

③边际贡献定价法。边际贡献定价法是指以变动成本为基础,结合酒店产品的边际贡献制订产品的价格,用来确定酒店在淡季经营时能够接受的最低价格下限。

如果酒店在淡季时的经营目标为暂时维持经营,避免因停业而导致更大的损失。此时就可以采用边际贡献定价法确定产品的价格,只要保证产品价格高于单位产品的变动成本即可,高出变动成本的部分可以补偿部分固定成本。

(2)需求导向定价法

成本导向定价法只考虑酒店的经营成本,制订的价格不一定能够让顾客接受。因此,酒店在制订产品价格时必须考虑顾客的需求。需求导向定价法是指酒店在制订价格时主要考虑顾客对价格的接受程度,紧贴顾客需求来制订价格。需求导向定价法主要包括感知价值定价法、差别定价法和反向定价法。

①感知价值定价法。感知价值定价法又称为理解价值定价法,是酒店以顾客对酒店产品的感知价值作为定价依据的定价方法。感知价值是指顾客对酒店产品价值的主观评价,由于受广告宣传信息的影响、自己的想象及需求状况不同,顾客对产品价值有自己的感知。酒店营销管理者要做的就是运用各种营销策略和手段影响顾客对酒店产品价值的感知,形成对酒店有利的价值观念。然后再根据酒店产品在顾客心目中的价值制订价格。

②差别定价法。对于同一产品,不同顾客的感知价值是不一样的,甚至同一顾客在不同时间和不同地点对同一产品的感知价值也会有所不同。因此,对同一产品,酒店可以根据不同顾客、不同的时间和不同地点,依据基本价格而确定不同的价格,这就是差别定价法,又称为区分需求定价法、歧视定价法。差别定价法是酒店进行收益管理的重要工具。

③反向定价法。一般情况下,都是由酒店就某个产品来确定价格,然后由顾客决定是否接受。由于每个顾客对酒店产品的感知价值不同,酒店很难制订出刚好符合顾客感知价值的价格。所以,有些酒店提出让顾客出价,酒店考虑是否接单,这就是所谓的反向定价法。从理论上来说,反向定价法可以确保酒店产品价格能较好地吻合顾客的感知价值,但在实际操作中还是存在着一些弊端,如顾客心理压力大、部分顾客随意出价或恶性压价等,目前在酒店行业应用得不是很广泛。但未来随着信息技术的发展,交易成本下降,反向定价法有可能会成为一种趋势。

(3)竞争导向定价法

在竞争激烈的市场上,酒店常通过研究竞争对手的产品种类与特色、营销条件、服务状况和价格水平等因素,并依据本酒店的竞争实力、产品成本和供求状况来确定本酒店的产品价格,这就是竞争导向定价法。竞争导向定价法包括随行就市定价法、主动竞争定价法和投标定价法。

①随行就市定价法。随行就市定价法是将本酒店的产品价格保持在市场平均价格的水平上。当酒店采用这种定价法时,只需要了解同行的价格水平,不需要全面了解顾客对不同价格水平的反应,可以节约决策时间和决策成本。但这是一种被动型和防御型的定价方法,在价格制订上会滞后于价格领导者,难以获得更多的利润空间。一般来说,中小型酒店使用该定价法较多。

②主动竞争定价法。主动竞争定价法是酒店通过努力,使本酒店的产品在顾客心目中树立起与众不同的形象,进而根据自身的特点,选取高于或低于竞争者的产品价格作为本酒店的价格。它是一种主动型和进攻型的定价方法,使用该方法的前提是酒店在某一区域的市场上占有较大的市场份额,具有鲜明的特色,是市场的领导者。

③投标定价法。投标定价法是酒店在参与政府或大型企业集中招标采购竞争时采用的定价方法,酒店根据招标公告内容,在对自己的成本进行分析和对竞争对手可能的报价进行预测后,综合考虑确定的价格,密封后提交标书。

3)酒店产品定价策略

从上文中可知,影响酒店价格的因素很多,酒店营销管理人员不仅要掌握价格的制订方法,还要根据具体情况灵活采用一些产品定价的谋略和技巧(定价策略),从纷繁复杂的影响因素中找到影响本酒店产品价格的关键因素,进行果断、迅速、积极的定价决策。酒店常用的定价策略有:①新产品定价策略,包括撇脂定价策略、渗透定价策略、满意定价策略等;②心理定价策略,包括尾数定价策略、整数定价策略、声望定价策略、习惯定价策略、招徕定价策略、价格线定价策略等;③折扣定价策略,包括现金折扣、数量折扣、季节折扣、同业折扣、老客户折扣等。

### 9.3.3　酒店营销渠道策略

营销渠道连接着酒店和顾客,酒店建立高效、畅通的营销渠道,是实现其产品价值和开拓市场的关键环节。

1)酒店营销渠道的定义与特点

酒店营销渠道是指酒店产品从酒店向顾客转移过程中所经过的一切取得使用权或帮助使用权转移的中介组织和个人,也就是酒店产品使用权转移过程中所经过的各个环节连接起来而形成的通道。

由于酒店产品具有无形性、不可储存性和地点不可转移性等特点,和一般企业相比,酒店营销渠道具有如下特点:①在酒店营销渠道中,很多时候转移的是酒店产品的使用权而不是所有权;②很多时候,酒店产品使用权的转移要以最终购买者向酒店运动为前提;③直接销售是酒店营销渠道的主要组成部分;④选址是酒店营销渠道的重

要方式。

2）酒店营销渠道的基本类型

一般来说,酒店营销渠道可以分为直接营销渠道和间接营销渠道两种基本类型。直接营销渠道也称为零级渠道,是指酒店不通过任何中间商,直接向顾客出售其产品,如酒店销售人员、官网、官方 App、微信公众号、携程旗舰店等。间接营销渠道是指酒店通过中间商经销、代理或帮助销售,向顾客销售酒店产品和服务的流通途径,如旅行社、OTA、微信社区群等。此外,根据渠道中中间商的种类和数量的不同,营销渠道也可以分为长渠道和短渠道、宽渠道和窄渠道、单渠道和多渠道等。

3）酒店营销渠道选择策略

酒店营销渠道选择是指酒店在综合分析营销渠道影响因素的基础上,遵循高效率、低成本的原则,对营销渠道的长度、宽度以及中间商等做出的决策。

（1）营销渠道长度选择

营销渠道长度是指酒店产品从酒店向顾客转移过程中经过的中间商层级数量,中间商层级越多,营销渠道越长。一般来说,长渠道可能会辐射到更多的顾客,但营销渠道越长,酒店和顾客之间的信息沟通越不通畅,渠道成本越高,出现纠纷的可能性也就越大。所以,原则上来说,在不影响销售的前提下,酒店营销渠道越短越好。

（2）营销渠道宽度选择

营销渠道宽度是指酒店产品在从酒店向顾客转移的每个层级中所涉及的中间商数量,同一层级中的中间商数量越多,营销渠道越宽。一般来说,营销渠道越宽,市场覆盖面越广,宣传效应越大,更方便顾客购买;但营销渠道越宽,酒店和每个中间商的关系就会越松散,对渠道的控制就越弱。所以,酒店应该综合考虑酒店自身条件、产品特征、目标市场特征、中间商特征、国家政策等多种因素,确定合适的营销渠道宽度。

（3）酒店中间商选择

菲利普·麦克威说过,中间商不属于由制造商所铸造的锁链中被雇佣的一个环节,而是一个独立的市场,并成了一大群顾客购买的焦点。中间商的好坏,直接影响酒店营销渠道的效率和效益。

酒店在选择中间商时,应综合考虑以下因素,做出合理选择:①中间商的目标市场与经营地点,最好与酒店的目标市场相吻合;②中间商的经营规模与营销实力,如人力物力和财力状况、服务质量、销售效率及开展促销、推销工作的经验和实力等;③中间商的偿付能力和信誉程度,应越高越好;④维持与中间商合作所需的费用;⑤中间商的合作意愿;⑥对中间商的制约能力。

酒店和中间商的合作是一个长期、动态的博弈过程,所以,酒店应定期对中间商进行评估,根据中间商的目标市场与定位、经营地点、偿付能力、信誉程度、经营规模、营销实力、合作意愿、销售绩效等情况,结合酒店自身情况,动态调整与中间商的合作。

### 9.3.4 酒店促销策略

随着酒店行业竞争的不断加剧,促销在酒店营销管理中的地位和作用也越来越重要。

1)酒店促销的定义

酒店促销即是指通过人员或非人员的方式,传递产品和服务的信息,协助、激励和创造未来的顾客,激起购买欲望,促进酒店产品或服务销售的一种市场营销组合手段。其实质就是要实现酒店与潜在顾客之间的信息沟通。

2)酒店促销基本组合

酒店促销基本组合包括人员推销、酒店广告、公共关系和营业推广。

(1)人员推销

人员推销即是指酒店推销人员通过面对面的洽谈业务,向消费者提供酒店产品或服务的信息,劝说其购买的全过程。酒店人员推销具有信息传递的双向性、销售过程的灵活性、促销目的的双重性、满足需求的多样性,有效而昂贵。

(2)酒店广告

酒店广告是指由酒店支付费用,通过各种各样的传播媒介(如互联网、电视、广播、报纸、杂志、户外广告牌等),向社会公众或特定市场中的潜在顾客传递产品和服务信息,诱发顾客需要,劝导顾客购买,提醒顾客注意酒店产品和服务的变化,进而实现扩大产品销售、增加盈利目的的一种营销工具。

(3)公共关系

公共关系是指通过酒店第三方的支持而树立自身的正面形象并培育顾客偏好的过程。

(4)营业推广

营业推广也称为销售促进,是酒店刺激顾客或中间商迅速或大量购买某一特定产品的短期、不规则、非周期性发生的促销手段。如打折、赠品、赠券、竞赛、积分、抽奖等。

3)酒店促销组合运用

综上所述,酒店促销组合是很广泛的,不能把酒店促销狭隘地理解为打折、赠券、抽奖等,而要根据酒店的总体营销战略需要,充分发挥各种促销工具的优点,相互配合补充,形成最大的促销合力。

(1)酒店促销活动要为酒店整体营销战略服务

酒店促销活动要服从酒店的整体营销计划,酒店促销目标必须和酒店总体营销目标保持一致。

(2)酒店促销活动要坚持整合营销传播的理念

在当前的市场环境和形势下,通过单一媒体或单一的促销方式,越来越难达到理想的促销效果,消费者能通过多种渠道的信息对目标事物形成一个整体评价。因此,酒店应坚持整合营销沟通理念,以顾客需求为中心,明确市场定位和品牌形象,协调各种有利于沟通顾客的促销要素和营销行为,使用任何形式的相关接触点,口径一致,在每一项促销活动中都传达同一个声音,塑造同一个形象,与目标顾客建立密切的关系,最终促进其购买本酒店的产品。

(3)根据酒店产品性质与特点灵活选用促销工具

在酒店促销中,酒店应对不同性质与特点的产品采用不同的信息传播方式与促销组合策略。例如,经济型酒店的客房和日常餐饮产品购买者多、市场需求面广、购买频率较高,广告可以产生较好的促销效果。高星级酒店的客房、宴会、会议、商务餐饮等产品用户需求比较集中,需求复杂,人员推销效果较好。但无论什么类型的酒店,做好公共关系,在公众心目中树立良好的正面形象都是有必要的。

(4)酒店促销活动要考虑目标市场状况

酒店在选择和运用促销方式时应考虑目标市场的特点,其中,地理因素是首先要考虑的因素。如果目标顾客为本地市场,市场规模小且相对集中,应首选人员推销。这样的选择既可以发挥人员推销的优势,又可以节约广告费用。然而,当市场范围广、潜在的顾客数量多且呈分散的市场,应以广告和公共关系为主,辅以其他促销方式。此外,由于市场类型与顾客对酒店产品的需求不同,酒店的各种促销方式效果也会不同。例如,当酒店的消费者多且分散,产品结构相对简单,产品价格相对较低时,广告促销的效果会比较理想。组织购买者的特点是批量购买,用户相对少而集中,成交额较大。因此,对组织购买者,酒店采用人员推销是比较理想的选择。

(5)酒店促销组合应结合酒店的综合实力

酒店的综合实力既包括资金实力,还包括酒店运用促销方式的经验和能力等。如果酒店规模较小,综合实力有限,可以选择人员推销,辅以公共关系等。反之,如果酒店规模较大,产品种类与数量都比较多,具有一定的经济实力且营销人员经验较丰富时,应选用广告促销的方式,辅以人员推销和公共关系以扩大酒店知名度和提高营业效果。

综上所述,酒店在选择和运用促销组合时应从顾客需求出发,考虑市场的竞争状况,分析同类产品的促销方式,结合酒店自身的特点等制订适合本酒店各种产品的促销组合,形成促销合力,力争以最低的投入获取最大的促销效果。

## 【经典案例】

### 知名酒店营销案例掠影

(1)曼哈顿本杰明酒店推出了睡眠礼宾司服务。酒店客房设在五楼以上,并安装隔音玻璃,除采用特别定制的床垫外,还有十多种不同的枕头。其中,有一个枕头里内置了扩音器以及一条可接拨 iPod 的电线,让客人听着音乐入睡。住客还可以支付额外的费用,享用睡前按摩,或吃点有助于入睡的小点心。

(2)上海外滩东方商旅精品酒店房卡备有上海交通卡功能,入住宾客可以用房卡乘坐计程车、地铁、渡轮,吸引了很多外地客人多次入住。

(3)半岛酒店集团于 2013 年夏季推出了一系列"半岛学堂"活动。旗下很多半岛酒店推出的活动,包括骑大象畅游泰国葡萄园、洛杉矶马里布华宅周末海滨假期、上海历史文化导赏、纽约消防局探访等,让住客全方位领略了各家半岛酒店所在城市的社会文化风貌。

(4)上海浦东嘉里大酒店出招体验酒店生活,2013 年 6 月 15 日—8 月 31 日推出暑期家庭套餐,该套餐涵盖客房及两位成人和一个孩子的自助早餐。宾客可以用较优惠的价格进行入住体验。15 岁以上的学生还有四小时体验酒店工作的机会,即可由一位酒店部门经理陪同体验酒店工作,可选择体验部门包括餐饮、厨房、房务部或嘉里健身等,学生体验完还可以在酒店吃顿午餐。

(5)洲际酒店集团则推出了主题性、标准化的会议优惠套餐。即日起至 8 月 31 日,预订洲际酒店旗下大中华区超过 60 个城市的近 150 家酒店可"轻松惠享"会议包价。与会者除了能享受多重礼遇,还能在酒店的安排下在会后进行旅游。据悉,该套餐简单分成半天(4 小时)和全天(10 小时),并依品牌提供清晰报价,如洲际品牌的全天报价是 438 元/人起,皇冠假日品牌为 358 元/人起。

(6)香格里拉酒店集团在新浪微博开展了营销活动。新浪微博用户只需关注香格里拉酒店集团的官方微博,每月与三位好友分享当月推介酒店的一张照片,即有机会赢取全球九家酒店提供的两晚免费入住加 spa 或浪漫晚餐体验。

(7)布丁酒店则善于利用微信开展营销。布丁酒店微信客户端的会员总数超过 25 万,日均增长会员数逾 4 600 人,平均每天为布丁酒店带来 169 张订单。2013 年元旦假期 3 天,微信为布丁酒店带来了总计 1 072 张订单,比平日多一倍。

(8)金陵饭店在南京近郊辟出50亩优质土地,作为金陵饭店有机蔬菜基地,打出了无声的广告。

(案例来源:赵焕焱.形形色色的酒店营销[N].中国旅游报,2013-07-31(007).有删减。)

# 9.4　酒店营销新理念

## 9.4.1　绿色营销

人类文明的发展过程,是适应与改造环境的过程,也是破坏与异化环境的过程。随着环境问题的日益加剧与突出,人类也因此付出了巨大的代价,人们不得不开始关注环境与发展的相互关系。总的来说,绿色消费已成为人类消费的新潮流,绿色保护也将成为各国市场的共同壁垒,绿色营销也然成为酒店业营销发展的大趋势。

酒店绿色营销是指酒店顺应绿色消费潮流,从保护环境、反对污染、合理利用资源的角度出发,通过研制产品、利用自然、变废为宝等措施,满足顾客的绿色需求,实现酒店的营销目标。

酒店绿色营销以环境保护为经营哲学,以绿色文化为价值观念,以顾客的绿色需求为出发点,力求满足顾客绿色需要,实现酒店、宾馆、社会、环境等四方利益的统一。酒店绿色营销涉及的内容十分广泛,开展绿色营销,实际上就是要求酒店践行循环经济"6R"原则,全面开展"创绿"活动,减少物质和能源的投入,减少废物的排放,提高环境效益;使用无污染或再生用品,节约资源,减少污染;将使用后的物品回收利用,使之成为再生资源;用资源相对丰富的产品替代资源短缺的产品等。

实施酒店绿色营销,一方面要确立酒店营销管理者的绿色观念、培养酒店员工的绿色意识、树立绿色酒店形象;另一方面,要向顾客提供绿色服务、引导顾客进行绿色消费。具体来说,酒店要做好以下几方面的事情:①开发绿色产品,即具有改进环境条件、可以减少对环境实际或潜在损害的产品;②采用绿色技术,即节约资源、避免和减少环境污染的技术;③搜集绿色信息,提供绿色服务;④将环保方面的支出计入成本、形成绿色成本,在此基础上制订消费者认可的绿色价格;⑤设置方便消费者购买的绿色渠道;⑥采用与顾客有效沟通的绿色促销策略。

## 【知识关联】

丹麦哥本哈根皇冠假日酒店让顾客通过健身为酒店提供电能,引起了很多顾客的好奇心。顾客可用特制的健身器材为酒店发电。比如,发电自行车,它可以把运动产生的能量收集起来并转换成电能存贮在电池里,再传回到酒店的供电系统。任何顾客只要每小时生产的电能超过10 W,就可享用免费的丹麦大餐。这家皇冠假日酒店没有花一分钱做广告,却让全世界都知道了它。

(资料来源:赵焕焱.形形色色的酒店营销[N].中国旅游报,2013-07-31(007).)

### 9.4.2 关系营销

酒店是一种典型的服务型企业,与顾客关系的好坏和密切程度直接影响酒店的经营业绩和成败。1983年,贝利率先提出了关系营销的概念,认为关系营销的基本目标是建立和维持对组织有益的、有一定承诺或投入的顾客基础。为了实现这一目标,企业要把注意力集中在开发、维持和强化与顾客的关系上。酒店应积极实施关系营销,挽留顾客,因为挽留老顾客往往比开发新顾客的成本低很多,而且对企业利润的正面影响较大,有时还易于从老顾客那里获得积极的口碑。

关系营销以4R理论为基础,即以市场反应(Reaction)、顾客关联(Relativity)、顾客关系(Relationship)和利益回报(Retribution)为基础,重视客户的需求和欲望,并以整合营销传播为手段开展全面的市场营销活动。其核心是与利益相关者建立长期合作关系,关注长期利益。

酒店关系营销的重点在于有效进行顾客关系管理,顾客关系管理的任务包括挖掘、获得、发展和避免流失有价值的现有顾客,更好地认识实际/潜在客户,避免或及时处理"恶意"顾客等。简单来说,就是要做好获取新顾客、增强现有顾客盈利性和延长顾客关系。基于关系营销理念,很多酒店集团均高度重视会员体系的建设,如希尔顿集团的"希尔顿荣誉客会"、东呈酒店集团的"东呈会"等。

### 9.4.3 内部营销

酒店服务产品具有"生产消费的同时性""易变性"等特殊性质,所以"人"的因素在酒店行业中显得尤为重要。如何处理好酒店与员工特别是一线员工的关系,使其向顾客提供稳定的、高质量的服务产品,是酒店管理者需要高度关注的一个问题。

酒店内部营销有三个重要目标:一是创造满意的员工,因为只有满意的员工才会有满意的顾客。二是培养员工的"顾客导向"意识。因为酒店员工和顾客之间的相互作用对顾客购买决策及重复购买决策有重要的影响,而且酒店员工在与顾客的接触过程中,也可以开展营销活动,从而为酒店提供了更多的营销机会。所以,酒店内部营销的目的是"激励员工,并且使其具有顾客导向观念"。也就是说只是激励员工让他们干好份内的工作是不够的,还要使他们成为具有主动销售意识的人,即可以使他们成为一个"兼职的营销者",实现全员营销。三是促进酒店各部门的合作。有效的服务需要酒店一线部门与二线部门员工的共同合作,内部营销还是整合酒店不同职能部门的一种"工具"。由于酒店内部的各职能部门间经常存在着不同程度的冲突和矛盾,对职能部门的整合可以减少或消除这些冲突和矛盾,使各部门的配合更加紧密流畅,从而能更有效地实现酒店的经营战略。

酒店内部营销的实施理念是:①将工作视为酒店向员工提供的产品,让员工主动接纳、热爱自己的工作;②指员工付出的体力和脑力劳动成本以及对工作不满意时的心理成本视为工作的价格,酒店应尽量降低工作的价格;③将工作安排给更合适的人或更具吸引力视为渠道,酒店应尽量降低渠道长度,如尽量使工作场所离雇员居住的地方更近一些等,就像为外部消费者更方便地得到产品一样;④将与员工的双向交流促进他们对工作及酒店的各类战略的了解和接受视为促销。

### 9.4.4　体验营销

体验营销是伴随着体验经济发展而产生的新的营销方式。在信息技术迅速发展和物质日益丰富的今天,顾客在企业营销模式中的角色已经变被动为主动,渴望的不仅是产品有形要素的功能配置,更关注整体产品感知和体验,开始追求人生意义、快乐和精神的实现,更希望发现一种可以满足内心需要和体验的商业模式。酒店面对新的市场挑战,必须改变传统的营销模式,采取体验营销策略,创造更大的顾客价值。所谓体验营销,就是酒店以满足顾客追求美好体验的需求为目标,以服务产品为舞台,以有形产品为载体,为他们提供高质体验产品的一切活动的总称。

酒店出售的是"完整的经历",即从酒店产品的设计、组合、销售到售后服务,它所提供的是顾客消费前、消费中和消费后的全面顾客体验,因此,酒店产品价值的评价是基于顾客对酒店服务过程的感受和体验。酒店体验营销观念的核心就是"体验"设计,让顾客获得完美的体验从而留下美好的回忆,正符合酒店行业运行的特点及要求。可以说,体验营销是酒店营销未来发展的主要趋势。

酒店应在把握顾客需求的基础上,制订相应的体验营销策略,并通过多种途径向顾客提供体验。首先,明确酒店的市场需求特征,建立完善的顾客体验数据库,深入分析影响体验需求的因素,为体验主题设计奠定基础;其次,利用酒店优势资源,创建特色的主题文化和体验模式,并设计酒店主题服务流程和服务情景,通过影响顾客感受介入其行为过程,塑造感官体验及思维认同,形成良性互动,从而影响其消费决策;最后,通过立体化媒体渠道传播酒店体验,充分利用互联网即时性、交互性以及传播速度快等条件,让顾客体验和感受"口口相传"。

### 9.4.5　数字化营销

互联网及数字化技术的出现极大地改变了传统经济、社会和商业乃至人们的生活方式,给酒店营销管理者带来了巨大的机遇和挑战,数字化营销也应运而生。目前,学界和业界对数字化营销尚未有统一的定义,美国营销协会将数字化营销定义为利用社会化媒体或数字媒体推广品牌或者与顾客沟通。具体是指利用社交媒体平台、搜索引擎、互联网、移动设备和其他数字渠道进行的营销。

与传统营销相比,数字化营销展现出了更多的独特优势,主要体现在:①消除了时间和地域的限制;②高度互动性;③高度个性化;④高度整合性。

在数字化时代,顾客的消费行为有了非常大的转变。酒店可以采用的营销工具也有了更多的选择,如官网、邮件、移动社交媒体(微信、微博等)、搜索引擎、OTA、大数据技术、移动应用程序、短视频等。酒店应主动拥抱数字化时代,积极利用数字化营销工具,进一步改进酒店产品和服务、支持更多样化的服务方式,优化定价策略、营销渠道和促销方式。

## 【经典案例】

### 百胜中国的经营理念

百胜中国,一年收入 600 多亿元(87.8 亿美元),是中国最大的餐饮集团,位居美国财富 500 强第 361 名。旗下的公司有肯德基、必胜客、小肥羊、黄记煌等。百胜中国的 CEO 屈翠容(Joey)介绍了她的一些经营理念。

1)让肯德基成为"基础设施"

肯德基全国有超过 6 600 家门店,已经成了中国社会的"基础设施"。下雨天,有人进来躲雨。天热了,有人进来吹空调。放学了,有人进来写作业。他们一坐就是很长时间。即使不消费,店员也不会赶他们走。一次一位母亲抱着孩子,在肯德基一家 24 小时餐厅坐了一整夜,然后又是一夜。肯德基店员的想法是"但凡她还有一点办法,她会抱着孩子在肯德基过夜吗? 一定是走投无路才会这样。我们让她留在店里,帮她渡过难关。"肯德基还提供全国最大的免费厕所连锁系统。不管顾客在不在肯德基消费,都可以使用肯德基的洗手间,洗手间的卫生很干净,还备有洗手液供顾客使用。肯德基认为,今天顾客不消费,以后会消费的呀。

2)员工第一,客户第二,股东第三

Joey 说,在百胜,一定是员工第一,客户第二,股东第三。因为,只有满意的员工,才能创造满意的客户。把员工和顾客服务好了,股东的回报自然来了。员工是百胜的生命力所在。

肯德基的炸鸡是标准化的,薯条是标准化的,冰激凌是标准化的。唯一不能标准化的是人心。员工可能今天孩子生病了,可能失恋了,可能在路上和人吵架了,一到了门店,就要她露出牙齿,对着客户笑,这是不容易的。

百胜中国通过各种办法让员工开心、自豪。百胜中国的"总部"叫 RSC( Restaurant Support Center,餐厅服务中心),百胜中国公司最重要的领导岗位不是 CEO,而是餐厅经理。CEO 服务餐厅经理,他们照顾员工,员工照顾客户。百胜中国离用户最近的,是员工。所以要通过组织架构设计,让所有人都支持员工。

肯德基的品牌定位是"尽情自在",意思是你的背景无所谓,你的身份无所谓,只要你来到肯德基,就是尽情自在的。食物不分贵贱,工作同样不分贵贱,只要你够努力。

百胜中国的餐厅经理、市场总经理都是内部培养出来的,员工不用靠任何关系,公司就是员工的靠山。

为了让员工为工作自豪,百胜中国邀请国际大牌的设计师,给员工设计制服。标准就是一个,要漂亮到让员工为了这件制服,也要来上班。

百胜中国的高管都必须至少花四天在前线实习,因为他们,高管和前线脱节的那一天,就是公司开始下滑的那一天。保持同理心非常重要。

(案例来源:刘润.独家专访中国最大餐饮集团掌门人:真正厉害的人,都是刚柔并济[EB/OL].刘润微信公众号.有删改。)

## 【本章小结】

1. 本章介绍了酒店市场营销的定义、观念演变、主要的市场营销组合理论和酒店进行市场营销活动的主要过程。

2. 本章阐明了酒店营销战略(市场细分、目标市场选择、市场定位)的要点和原则。

3. 本章讲述了一般的酒店市场营销组合(产品、价格、渠道、促销)的定义、类型和操作要点。

4. 本章介绍了绿色营销、关系营销、内部营销、体验营销、数字化营销等新理念。

## 【思考与练习】

1. 酒店市场营销的核心、出发点和归依处是什么? 酒店应该如何围绕它来开展营销工作?

2. 酒店营销战略主要包括哪些方面? 应该如何确定酒店的营销战略?

3. 酒店市场营销具体工作主要包括哪些方面? 各自的工作要点是什么?

## 【案例分析】

### "高性价比"的经济型酒店

经济型酒店(Budget Hotel)是相对于传统的全服务酒店(Full Service Hotel)而存在的一种有限服务型酒店。经济型酒店的客户以中小企业商务人士、休闲及自助游客人为主,房价适中,其服务模式为"B&B"(住宿+早餐)。"经济"(Budget,值得,划算)是经济型酒店的主要特点,是指酒店"性价比",而不是单纯意义上的"便宜"。

经济型酒店一般房价在120~300元/天,最便宜的仅79元/天,却同时拥有专业化的管理和品牌的支撑,这正是经济型酒店相对于传统酒店、旅馆的最大优势——性价比高。"经济连锁酒店可不是一味从价格角度出发的廉价酒店,虽然只是提供给顾客住宿和餐饮服务,甚至有些酒店没有餐饮,但它带给顾客的惊喜是无穷的。"一家经济型酒店的负责人向记者介绍,尽管没有娱乐城、桑拿、超市等配套设施,但每个房间的免费宽带、三星级标准的客房装修、家庭式的服务,都在一定程度上改变了人们传统的住宿观念。因为主打"经济实惠"牌,迎合了大众的消费需求,加上家庭自由行旅游散客的日渐增多,经济型酒店受到了越来越多人的亲睐。除此之外,连锁经济型酒店相比传统酒店的另一大优势是能充分利用网络、WAP、短信和电话预订等形式让顾客自主预订,且任何时间会员都能方便地完成各种预订和支付业务。这种模式不仅完全符合现代人的消费理念,也降低了管理成本。

(资料来源:朱洁,蒋荣.经济型酒店凭高性价比抢滩锡城扩张"奔钱途".无锡商报,2010-12-17.)

**案例问题:**

1.如果让你经营一家经济型酒店,你会怎样实施营销活动?

2.请给你的经济型酒店制订一个营销方案。

# 第10章　酒店品牌管理

【学习导引】

　　进入体验经济时代,品牌在满足酒店顾客的情感、文化、价值需求上发挥着越来越重要的作用。在全球经济一体化的背景下,国际酒店行业竞争日益激烈,逐渐由价格竞争、产品竞争转向品牌竞争。品牌成为酒店市场竞争的重要手段,酒店行业进入品牌竞争时代。本章主要介绍了酒店品牌的定义、特征、类型和作用等基本概念,讲解了酒店品牌建设的基本模式和酒店品牌的传播模式,培养学生树立正确的品牌竞争观念,积极思考打造中国酒店品牌形象的模式与方法,加强并提升酒店品牌建设与管理水平,以应对国际酒店品牌的竞争。

【学习目标】

1. 掌握酒店品牌的定义、特征、分类和作用。
2. 了解酒店品牌建设的背景和历程。
3. 了解酒店品牌的建设模式。
4. 理解酒店品牌传播与国际化管理。

## 10.1　酒店品牌概述

### 10.1.1　酒店品牌的定义

　　早期的品牌定义主要强调品牌的识别功能,将它看作企业区别于其他产品的标志。例如,美国市场营销协会(AMA)将品牌定义为:用以识别一个或一群产品或劳务的名称、术语、象征、记号或设计及其组合,以和其他竞争者的产品或劳务相区别。美国营销学家菲利普·科特勒(Philip Kotler, 2000)认为,品牌是一个名字、称谓、符号或设计,或是上述的总和,其目的是使自己的产品或服务有别于其他竞争者。随着品牌营销实践的不断发展,品牌的内涵和外延也在不断扩大,出现更多不同视角的品牌定义。Lynn B. Upshaw 认为,"品牌是消费者眼中的产品和服务的全部,是人们看到的各种因素集合起来所形成的产品的表现,包括销售策略、人性化产品个性和两者的结合等,或是全部有形或无形要素的自然参与,如品牌名称、标识、图案等要素"。

我国学者王海涛等在《品牌竞争时代》中将品牌定义为,广义上的品牌包括三个层次的含义:首先,品牌是一种商标,这是从法律意义上说的;最后,品牌是一种牌子,是金字招牌,这是从经济或市场意义上说的;最后,品牌是一种口碑、一种品位、一种格调,这是从文化或心理意义上说的。

综合不同品牌定义,同时结合酒店特性,将酒店品牌定义为:酒店品牌是酒店产品、服务的标识与内涵价值的综合体,由品牌名称、品牌认知、品牌联想、品牌标志、品牌色彩、品牌包装和商标等众多要素组成,是在消费者心目中建立起来的酒店文化、经营理念、产品品质、服务特色等综合形象。

### 10.1.2 酒店品牌的特征

酒店品牌的特征主要包括专有性、识别性、无形性、价值性和文化性。

1)专有性

从法律角度来讲,品牌是一种商标,表明了商标注册情况、使用权、所有权和转让权等权属情况。酒店品牌一经注册或申请专利,其他酒店或企业就不得擅自使用该品牌从事商业活动,这就是酒店品牌法律意义上的专有性,也叫排他性。

酒店经营中可能会有这种现象:只要一家酒店引进了较受欢迎的菜品或娱乐设施,其他的酒店就会在极短的时间内群起而模仿,始创者的优势很快就荡然无存。而品牌则不同,良好的品牌一经顾客的认可就会形成品牌忠诚,无形中强化了品牌的专用性,竞争对手是难以模仿的,尤其是在酒店品牌具有一定的知名度和美誉度并形成口碑后,排他性表现得更加明显。

2)识别性

识别性是酒店品牌最基本、最重要的特征。酒店品牌是多种元素与信息的结合体,商标、符号、包装、价格、广告风格、文化内涵等要素有机结合在一起,形成完整的酒店品牌概念,而且必须突出酒店的产品与服务特色,将竞争对手的产品与服务区别开来。酒店品牌作为区别于其他酒店的标志,以引起顾客对其产品或服务的注意;而顾客则将这些相关信息存储于大脑中,成为顾客选择的依据。

### 3)无形性

品牌是酒店最重要的无形资产之一,酒店品牌虽然客观存在,但它不是物质实体,必须通过一系列的物质载体来表现自己。其中的图形、文字、色彩等属于有形载体,而酒店品牌所包含的深层次含义必须通过其有形载体来实现。比如,直接载体是品牌名称、品牌标识等,而间接载体则包括企业形象、产品价格、服务质量、知名度、美誉度和市场占有率等。

### 4)价值性

品牌是有价值的,它可以作为商品被买卖,主要体现为商标价值、市场价值和商誉价值三个方面。商标价值主要从商标的欣赏价值、知名度、专利权价值等方面考虑。酒店品牌的市场价值主要表现为酒店品牌在市场上的知名度、品牌认知度、品牌联想度、品牌忠诚度和品牌市场份额。酒店品牌的商誉价值则可以从品牌寿命、品牌产品质量和品牌形象三个方面进行考察。酒店经营者可以通过对品牌的有效经营、管理而不断获取利润。例如,跨国酒店集团依靠成功的品牌经营为顾客所熟悉和信任,借助品牌的美誉度获得顾客对品牌的忠诚,并带来 5% ~ 10% 的房价上升。

### 5)文化性

成功的酒店品牌无不具有自身独特的文化内涵。著名品牌往往是将消费者的期待、需求、情感集于一身,具有高贵的品质,独特的文化内涵,鲜明的时代特征,能带给消费者特定的情感体验。20 世纪 90 年代以来,就连某些有限服务型的小旅馆也演变成提供饮食的中档酒店,如舒适客栈、汉普顿客栈和假日快捷客栈等,越来越多的服务功能赋予了酒店品牌不同的文化特色。在酒店的品牌塑造中,一定要注意不同类型的酒店品牌所体现出来的文化差异性。例如,经济型酒店品牌往往表现出亲切的、平易近人的文化特征,如"洁净似月,温馨如家"的如家酒店;豪华酒店品牌则是高贵的、奢华的、典雅的、稳重的,如四季、里兹·卡尔顿等。

## 10.1.3 酒店品牌的类型

根据不同的划分标准,酒店品牌可以划分为不同类型。常见的酒店品牌划分标准有:按品牌档次划分、按品牌辐射区域划分、按品牌生命周期划分等。

### 1)按品牌档次划分

按品牌档次划分,酒店品牌可以分为豪华型酒店品牌、中档型酒店品牌和经济型酒店品牌。

（1）豪华型酒店品牌

豪华型酒店品牌的目标市场是高端商务旅游者、休闲度假旅游者、文化旅游者等,这部分消费群体要求酒店产品与服务能够提供全方位精致化服务。例如,雅高的索菲特品牌主要服务于国际高端商务和休闲度假旅游者,它拥有豪华先进的设施设备、高雅而艺术的内部装饰设计、热情周到的服务、精美的餐饮产品等形成了索菲特品牌精益求精的产品风格,获得了良好的市场声誉。

(2)中档型酒店品牌

中档型酒店品牌主要服务于消费水平处于中等档次的消费群体,这部分消费群体既注重酒店产品的高质量、全面性,同时也十分看重价格。因此,中档型酒店品牌应在中等价位水平上提供最高性价比的酒店产品与服务。

(3)经济型酒店品牌

经济型酒店品牌主要服务于中小企业商务人士、休闲及自助游旅游者,为其提供价格较低、清洁、安全舒适、便捷的住宿服务,其主要特征有:提供有限服务;目标市场以低档消费水平顾客为主;一般采取自主经营或特许经营方式。国外的经济型酒店发展比较发达,许多著名酒店都大力拓展经济型酒店品牌。例如雅高集团拥有"宜必思""伊塔普""弗幕勒""红屋顶客栈""汽车旅馆6""公寓6"等经济型酒店品牌,我国著名的经济型酒店品牌有"锦江之星""新亚之星""如家"等。

2)按品牌辐射区域划分

按品牌辐射区域划分,酒店品牌可以分为地区品牌、国内品牌和国际品牌。

(1)地区品牌

地区品牌是指酒店经营的市场区域在一个较小的地域范围的品牌,其市场网络辐射范围不大。目前,我国大多数本土酒店品牌均属于地区品牌。例如开元集团主要在浙江省发展,华天国际酒店管理公司主要在湖南发展。

(2)国内品牌

国内品牌是指酒店经营的市场区域遍布全国,市场网络辐射范围大。例如,"首旅集团""如家"等都是我国知名的国内酒店品牌。

(3)国际品牌

国际品牌是指在国际市场上知名度较高,市场网络辐射全球的品牌,例如锦江国际、香格里拉、四季、希尔顿等都是享誉世界的国际酒店品牌。

3)按品牌生命周期划分

按品牌生命周期划分,酒店品牌可以分为新品牌、上升品牌、领导品牌和衰退品牌。

(1)新品牌

新品牌是指处于市场导入期的酒店品牌,酒店品牌刚进入市场,市场知名度较低,市场网络尚未形成。

（2）上升品牌

上升品牌是指处于市场发展期的酒店品牌，即酒店品牌进入市场已有一段时间，市场知名度、美誉度处于逐渐上升状态，已占据了一定的市场份额。

（3）领导品牌

领导品牌是指处于市场成熟期的酒店品牌，该品牌已经取得市场竞争优势，具有较高的市场知名度和美誉度，市场份额处于最高峰状态。

（4）衰退品牌

衰退品牌是指处于市场衰退期的酒店品牌，该品牌市场份额开始萎缩，市场知名度、美誉度急剧下降。

### 10.1.4　酒店品牌的作用

酒店品牌的作用主要有识别作用、促销作用、增值作用和宣传作用。

1）识别作用

品牌可以帮助消费者辨认出品牌的制造商、产地等基本要素，从而区别于同类产品。酒店品牌包含其所提供的服务产品的功能、质量、特色、文化等丰富的信息，在消费者心目中代表着服务形象和酒店形象。在市场营销中，消费者对品牌产生一种整体感觉，这就是品牌识别。当消费者购买酒店的服务产品时，他们的购买行为首先表现为选择、比较。而品牌在消费者心目中是服务质量的标志，它代表着服务的品质、特色，即识别的感觉，通过这种感觉确定是否购买这种产品。

2）促销作用

由于酒店品牌代表着不同的服务特色和品质，消费者常常按照品牌选择产品，因此，品牌有利于引起消费者注意、满足消费者需求、实现扩大产品销售的目的。加上消费者往往依照品牌选择产品或服务，促使酒店会更加关心品牌的声誉，不断创新服务产品，加强质量管理，树立良好的酒店形象，使品牌经营走上良性循环的轨道。

3）增值作用

品牌是酒店的无形资产，它本身就可以作为商品被买卖，具有很大的价值。品牌的价值对于拥有它的酒店来说，要通过产品的销售才能体现出来。产品中包含的品牌价值不同，产品的价值也会有很大不同。例如，假日酒店等品牌形象价值达上百亿美元，品牌已成为假日集团核心竞争力的外在体现。

4）宣传作用

特别是名牌形成后，就可以利用名牌的知名度、美誉度传播酒店名声，宣传地区形象，甚至宣传国家形象。

## 【经典案例】

### 锦江酒店集团品牌建设

锦江酒店以上海锦江国际酒店(集团)股份有限公司("锦江酒店")和上海锦江国际酒店发展股份有限公司("锦江股份")为主体,拥有锦江国际酒店管理公司及华东(北)、华东(南)、北方、华中、南方、西北、西南、东北八大区域性公司。专业从事星级酒店和"锦江之星"连锁经济型旅馆,以及餐饮业的投资与经营管理。

锦江酒店专业从事全服务酒店及有限服务酒店的投资营运和管理,以及餐饮业的投资与经营。通过产业资本双轮驱动,以"人和锦江、礼传天下"的品牌文化,推进酒店行业的"全球布局,跨国经营"战略。集团根据"深耕国内、全球布局、跨国经营"的发展战略,先后收购法国卢浮酒店集团、铂涛集团、维也纳酒店集团并战略投资法国雅高酒店集团,2018年,集团又成功收购丽笙酒店管理集团。截至2020年年底,集团投资和管理酒店已超过10 000家门店共100万间客房,拥有"J""岩花园""锦江""昆仑""丽笙Radisson""郁锦香Golden Tulip""锦江都城""康铂Campanile""丽枫""维也纳"等高、中端及经济型品牌40余个,分布中国31个省(直辖市、自治区)和世界120多个国家,会员超过1.5亿,跻身全球酒店集团300强第2位。

2021年4月,锦江酒店集团在全球范围内拥有或管理的已签约酒店共10 290家,客房总数约100万间,分布于全球68个国家。其中,中国境内拥有或管理的已开业的酒店共5 495家,客房总数约57万间。以开业酒店客房规模计,该集团在国际酒店和餐厅协会官方刊物《HOTELS Magazine》于2017年7月发布的全球酒店集团排行榜排名位列第5位。

锦江酒店集团品牌发展与建设历程如下:

1935—1936年,董竹君女士在上海开设了"锦江川菜馆"和"锦江茶室";

1951年,锦江饭店正式挂牌;

2003年,锦江国际集团有限公司成立,锦江国际酒店行业在全球排名35位;

2004年,锦江国际酒店行业在全球排名29位(客房数32 702间);

2005年,锦江国际酒店行业在全球排名22位(客房数53 552间);

2006年底,锦江国际酒店以53 552间客房,在全球酒店300强中列第17位;

2017年6月,锦江国际(集团)有限公司获得中国商标金奖商标运用奖;

2018年,集团成功收购丽笙酒店管理集团;

2019年12月,锦江集团入选中国旅游集团20强名单;

2020年9月,集团成立锦江酒店(中国区)豪华酒店管理公司;

2021年2月,锦江国际集团打造的高品质生活服务平台——"锦江在线"上线。

### 10.1.5　酒店品牌建设的背景

进入 21 世纪,酒店行业外部宏观环境发生了重大变化,世界经济全球化趋势导致世界酒店市场竞争日益激烈;消费者的消费观念的改变使得传统的酒店产品不能满足顾客日益增长的消费需求。因此,外部宏观环境的变化预示着酒店行业竞争方式开始转型。

#### 1)酒店市场全球化竞争

20 世纪 80 年代以来,随着新技术革命的发展,国际分工进一步深化,各国之间经济联系日益紧密,经济全球化成为世界经济发展的重要趋势,直接刺激各国酒店业向全球范围扩张,扩张方式从兼并、接管单一酒店向酒店集团之间的兼并、收购与联盟转型。特别是在 20 世纪 90 年代以来,世界范围内的产业重组又掀起酒店行业新一轮的兼并和收购浪潮,催生一大批跨国界的超级酒店。世界著名酒店全球化扩张的重要方式之一就是品牌扩张,即通过品牌延伸、品牌资本运作、品牌市场扩张等多种形式扩张市场网络。

目前,世界酒店(集团)300 强的前 10 名都已经全部进入中国市场。国外酒店集团凭借知名的酒店品牌、庞大的市场网络、先进的经营管理模式、高品质的产品与服务等优势迅速垄断国内高端酒店市场。随着国内大众旅游市场的兴起,国内经济型酒店市场逐渐成熟,国外酒店品牌开始抢占中国酒店的中低档市场。他们所采用的经营战略就是针对酒店档次,分别利用委托管理和特许经营模式进行品牌输出,获取高额利润。近年来,洲际、雅高、香格里拉等在内的国际酒店品牌纷纷加速在中国市场布局。

面对国外酒店在各个市场的强大竞争压力,我国酒店行业的当务之急是塑造品牌,以品牌为纽带,进行资本运作,走集团化、连锁化的品牌发展道路。当前我国酒店品牌建设还比较缓慢,培育一批具有国际竞争力的本土酒店品牌成为提升我国酒店行业整体竞争力的重要途径。因此,酒店市场全球化竞争的大环境驱使我国酒店行业走品牌发展之路,这是促进我国酒店行业可持续发展的关键。

#### 2)产业的竞争形式升坂

纵观国际酒店行业的发展历程,经历了三个层次的竞争阶段:价格竞争阶段,质量竞争阶段,品牌竞争阶段。在价格竞争阶段,单一需求的同质大市场使得各个酒店的产品与服务也是同质性的,酒店行业竞争在价格层面展开,各个酒店都在提高生产经营效率、降低生产成本上下功夫。在质量竞争阶段,随着酒店市场供给过剩形成买方市场;同时由于顾客消费经验日益丰富、自我保护意识的增强和个性化消费需求的提高,对酒店的产品与服务提出更高要求。酒店纷纷通过创新产品和服务来满足市场需求。而酒店产品功能同质性的特点决定酒店产品创新具有很大的难度,而且酒店产品与服务不像其他物质产品或技术可以申请专利保护,容易被其他竞争者仿制。这就决定了即使在质量竞争阶段酒店行业仍然摆脱不了产品同质化竞争的恶性循环怪圈。

在这种背景下,品牌竞争的引入为酒店行业发展指明了发展方向。品牌竞争是高级层次竞争形式,也是国际酒店行业的发展趋势。进入品牌竞争阶段,酒店之间竞争的焦点将是创造和传递顾客价值。酒店通过分析顾客的关键价值要素,挖掘顾客新的功能需求或情感需求。通过创新酒店产品价值来吸引新顾客,创造新的市场,而不是在已有市场中进行"此消彼长"的恶性竞争。总之,品牌竞争时代的来临要求酒店改变传统的竞争战略,树立品牌价值创新的竞争战略。

3)酒店市场消费观成熟

随着旅游者消费经历的增多和消费观念的变化,顾客更加注重酒店产品消费中的情感体验,情感消费需求比重增加。消费者需求由满足实用性、功能性消费向个性化、精神性消费转变,单纯的功能性酒店产品已经不能满足旅游市场需求。一方面,消费者弱化了酒店产品的物理属性需求;另一方面,消费者更加注重对酒店产品的情感需求,包括品位需求、地位需求、荣耀需求等感受性心理需求,自我价值的体现与认同后的心理满足。因此,在品牌竞争时代,消费者选择酒店产品的标准不再是"好与不好",而是"喜欢与不喜欢"。酒店顾客的感性消费需求受酒店品牌的影响越来越大。因此,随着酒店市场消费观念进入情感消费时代,酒店品牌也成为市场消费的重要内容之一。

总之,在酒店市场全球化竞争、酒店产业竞争形式升级和酒店市场消费观成熟等宏观背景下,品牌竞争成为酒店业发展的必然趋势。

### 10.1.6 酒店品牌建设的历程

纵观国内外酒店发展历程,酒店的品牌发展历程往往是伴随着酒店集团化发展而进行的,酒店品牌通常形成于实施连锁经营的酒店集团内。回顾国内外酒店品牌发展与扩张的历程沿革进程,不仅有利于借鉴其成功经验与失败教训,而且有利于从中发现影响其发展的因素.从而为促进酒店品牌发展提供有益的对策。

1)国外酒店品牌发展历程

20世纪40年代末至今,国外现代酒店品牌经历了诞生、发展、国际化扩张三个发展阶段,实现了从无到有,从小到大,从单一到多元,从区域到国际的成长过程。按照酒店扩张的区域范围划分,国外酒店品牌的发展历程可以分为区域发展、洲际发展和国际发展三个重要历史发展阶段。

(1)区域发展阶段(20世纪40—50年代)

第二次世界大战结束后,欧美等国家进入经济复苏与高速发展阶段,商务活动日益频繁,人民收入水平大幅提高及5天工作制的实施、高速公路、私人汽车及短途商用飞机的普及直接刺激了本国商务与大众旅游市场迅猛发展,旅游市场需求的扩大直接刺激酒店供给的增加。正是在这一背景下,欧美国家一大批在区域或本国具有雄厚实力的现代酒店纷纷涌现,也出现了最早的一批酒店品牌。最具实力和代表性的有:1949年,康拉德·希尔顿成立"希尔顿国际集团",希尔顿品牌开始步入区域性跨国扩张道路,并在20世纪50年代末发展成为美国最大的以委托管理形式为主的酒店集团。在区域发展阶段,各国酒店扩张方向是由其本国或本地区游客的流向来决定的。因此,市场需求决定了当时欧美国家酒店扩张大多处于国内或周边区域。表10-1为欧美部分最早酒店品牌概况。

表10-1　欧美部分最早酒店品牌概况

| 集团(公司)名称 | 成立时间/年 | 总部所在国家 | 扩张模式 | 创始人 |
|---|---|---|---|---|
| 最佳西方国际集团 | 1946 | 美国 | 战略联盟 | GUERE1N |
| 希尔顿国际集团 | 1949 | 英国 | 委托管理 | 康拉德·希尔顿 |
| 假日酒店集团 | 1950 | 美国 | 特许经营 | 凯蒙斯·威尔逊 |
| 凯悦酒店集团 | 1957 | 美国 | 多元化经营 | 脊里茨科家族 |
| 万豪国际酒店集团 | 1957 | 美国 | 连锁经营 | 约翰·威拉德·马里奥特 |

（2）洲际发展阶段（20世纪60—70年代）

20世纪60年代,世界民航业取得突破性发展,这使得飞机逐渐成为大众休闲旅游、商务旅游的首选。同时带薪年假制度在欧美国家的逐渐普及使得普通大众的闲暇时间增多,旅游者不再满足于本国或区域小范围内旅行,洲际旅游、跨国旅游逐渐成为潮流。为了有效占领新兴的出境游客市场,欧美国家的许多酒店纷纷"联姻"航空公司,在本国旅游者出境流向的主要外国旅游目的地或中心门户城市接管或开设酒店。典型的例子有美国的希尔顿国际与环球航空公司（TWA）的"联姻"（1967年）,法国的子午线（Meridien）与法航（AF）的"联姻"（1972年）等。与此同时,一些实力雄厚的跨国公司在经济利益的驱动下也纷纷投资进入酒店行业。例如,以经营餐饮连锁店而著称的万豪国际集团在1957年投资第一家酒店后,在短短30年时间里迅速发展成为世界上最大规模的酒店集团之一。20世纪70年代末,一大批跨国、跨洲、跨地区经营的国际酒店品牌迅速成长起来。

（3）全球发展阶段（20世纪80年代至今）

20世纪80年代,世界政治、经济形势发生了一系列历史性的重大变化。在政治上,以苏联为代表的许多社会主义国家开始实行政治经济体制改革,对西方资本的管制逐渐放松,从而也为欧美国家的酒店品牌进入社会主义国家提供了政策条件。在经济上,欧美是世界经济最发达的工业化国家。20世纪80年代以来,世界经济发展格局出现重大变化,经济全球化刺激世界酒店行业的全球范围扩张。1999年,酒店集团所在国家数量超过50个的多达8个,当时最大的巴斯集团的酒店遍及世界95个国家和地区。

基于以上政治经济形势的变化,欧美酒店在完成洲际扩张阶段之后,又开始了新一轮的全球扩张阶段。扩张方式从兼并、接管单一酒店向酒店集团之间的兼并、收购与联盟转型。特别是在20世纪90年代以来,世界范围内的产业重组又掀起酒店行业新一轮的兼并和收购浪潮,催生了一大批跨国界的超级酒店集团。

**2)我国酒店品牌的发展历程**

1982年,中国香港半岛集团管理北京建国酒店,拉开了中国酒店品牌化管理的序幕。经过30多年的发展,中国酒店品牌迅速壮大,实现了从无到有、从少到多、从弱到强的历史性跨越。同时经历了开放引进阶段、吸收模仿阶段和品牌竞争三个阶段。

**(1)开放引进阶段(20世纪80年代)**

1978年,中共十一届三中全会通过"对外开放,对内搞活"的战略方针之后,国家不仅对外资进入中国市场降低了政治壁垒,而且在税收、工商管理等方面给予外资、外企一系列优惠政策。一大批国际知名的酒店品牌通过合资、合作等方式先后进入中国酒店市场。1984年,假日集团管理北京丽都假日酒店,并在五年内先后在拉萨、桂林、广州、西安、厦门、大连、成都、重庆等城市开办合资酒店。此后,雅高、洲际、万豪、香格里拉等一大批国际知名酒店集团通过投资管理、委托管理等多种形式进入中国酒店市场。国外知名酒店品牌的进入为我国酒店行业带来现代化的管理模式、标准化的服务程序、先进的设施设备和大批优秀的管理人才,直接促进我国酒店行业经营管理水平与服务质量提高。同时,国家对促进国内酒店发展出台系列优惠政策法规。1980年,国务院出台《关于推动经济联合的暂行规定》,1984年,国务院转发原国家旅游局《关于推广北京建国酒店经营管理方法有关事项的请示》。一系列的优惠措施和政策极大地促进国内本土酒店品牌化进程,一大批本土酒店纷纷通过加盟国际酒店集团或联合经营等方式发展成为我国最早的本土酒店品牌。1984—1985年,华亭、锦江、新亚、东湖四家以酒店、服务业为主业的企业集团相继成立。1987年,我国成立了三家酒店经济联合体:中国联谊酒店集团、中国华龙旅游酒店集团和友谊酒店集团。

**(2)吸收模仿阶段(20世纪90年代)**

20世纪90年代,我国的政治经济体制改革进一步深化,政府主管部门出台一系列的政策法规,以逐步建立有中国特色的企业集团模式和管理体制。1991年12月,国务院转批原国家计委、国家体改委和国务院生产办《关于选择一批大型企业集团进

行试点的请示》,明确发展企业集团的目的、原则和组建条件与政策措施;1992 年 8
月,发布《关于试点企业集团实行国家计划单列的实施办法(试行)》。国务院办公厅
于 1988 年 4 月 6 日发布了《国务院办公厅转发国家旅游局关于建立酒店管理公司及
有关政策问题请示的通知》,明确规定中国酒店集团(管理公司)原则上享受外国酒店
集团享受的税收减免、进口指标优惠、经营自主权,信贷资金等优惠政策。在政府的优
惠政策、良好的经济形势和国内大众旅游市场兴起等诸多因素共同作用下,国内酒店
品牌发展进入黄金时期。一大批中国本土酒店集团品牌分别以"单体酒店联合体"模
式、"委托管理"模式、"投资管理"模式发展起来。截至 1999 年年底,本土酒店管理公
司就已多达 49 家,共计管理 360 余家酒店。

(3)品牌竞争阶段(21 世纪开始)

进入 21 世纪,随着我国经济体制改革的深入和市场体系的逐步完善,我国酒店行
业发展由吸收模仿阶段逐渐过渡到自主创新、品牌经营阶段。目前,以希尔顿、洲际、
万豪、雅高、香格里拉等为代表的国际酒店管理公司的多个品牌已经进入中国。国际
酒店品牌的进入极大地推动我国酒店品牌化进程。在国内酒店市场日趋饱和、市场竞
争日趋激烈的环境下,国内酒店开始转向品牌竞争。

3)我国酒店品牌发展的趋势

我国酒店在短短 40 多年的时间里迅速发展壮大,由开放收进阶段到开始步入吸
收模仿阶段,再发展到自主创新阶段,品牌发展呈现出多种新的品牌发展趋势。

(1)自主品牌经营能力增强

在我国酒店行业发展初期和后来的很长一段时期内,国内酒店行业主和管理层都
没有将品牌作为资本的意识,而只是看到了其成本投入的一面,从而在品牌经营上只
是仅停留在宣传和炒作品牌知名度上。随着国际酒店品牌大规模进入中国市场,国内
酒店在市场竞争中深深体会到品牌的重要性。品牌是酒店最重要的无形资本,在促进
酒店扩大企业规模,拓展新市场,增强酒店盈利能力和竞争力等诸多方面发挥着越来
越重要的作用。因此,国内酒店在理念上越来越重视品牌,在市场实践上开始以国内
酒店自主经营为主要方式,运用多种市场化的品牌经营手段来实现酒店最大收益的目
标。我国本土酒店在自主品牌经营能力方面逐渐加强,这对提升我国酒店行业整体竞
争力将是一个质的飞跃。

(2)多种品牌建设模式成熟

在开放引进阶段和吸收模仿阶段,我国酒店大多采用委托管理和特许经营模式的
"贴牌管理",利用国外酒店的品牌和管理来提高酒店的经营业绩。随着我国本土酒
店经营管理水平的提高、经验的积累、实力的增强和市场网络的逐步扩大,越来越多的
国内酒店开始自主建设品牌,实力雄厚的国内酒店采取原创品牌模式建设品牌,出现

一批具有一定国际影响力和发展潜力的原创本土酒店品牌,例如"锦江国际""建国""开元国际""金陵""泰达""凯莱国际""如家""华住集团""钳涛"等。同时,一些实力相对弱小、经营资源有限的中小型酒店采取联盟模式建设联营品牌,例如,星程酒店集团、中国名酒店 V1P 俱乐部等。

(3)多元品牌延伸方式形成

国内酒店经过长期的市场经验积累,已经形成了较为完善的多种品牌延伸方式。除了在酒店行业业务领域内开展横向一体化品牌延伸以扩张市场网络,我国酒店也开始以品牌为纽带,将酒店上下游关联企业(如旅行社、旅游景区、旅游车船公司、餐饮业等)整合在一起,从而获得酒店产业价值链上下游环节的利润,提高了酒店的盈利能力。同时,国内酒店也有向其他行业扩散的多元化品牌延伸。例如,开元旅业集团利用其良好的酒店品牌,实行品牌延伸策略进入房地产业,一举打响开元房产品牌。开元旅业集团的模式是"以酒店创品牌形象,以房产创经济效益,综合开发,互动发展"。横向一体化、纵向一体化、多元化品牌延伸方式的灵活运用扩大了我国酒店品牌的影响力,并最终提高酒店的盈利能力和竞争力。

(4)本土品牌向全球化扩张

我国本土酒店集团在全面巩固国内市场的过程中,"国内市场国际化、国际竞争国内化"的竞争压力迫使国内本土酒店必须积极参与国际竞争,一些实力雄厚的大型本土酒店品牌逐步加大在国际市场上扩张的力度。本土酒店在拓展国际市场的过程中主要采取海外直接投资方式、合资或合作的方式、跨国并购方式等。实力雄厚的本土酒店可以选择在海外直接投资建设酒店、自主经营的形式实施跨国经营,可以与资金雄厚的金融机构或业务联系紧密的旅游集团合作共同开拓海外旅游市场。品牌并购模式加速本土酒店品牌进入海外市场的进程。我国酒店可以通过兼并、控股等方式收购拟进入国家酒店品牌的所有权,从而控制其市场网络、营销渠道、人力资源等,为其拓展当地市场打下坚实的基础。例如,锦江集团于 2009 年年底以 9 900 万美元的价格将北美最大的独立酒店管理公司洲际集团 50% 的股权收入囊中,被誉为我国"酒店行业海外并购第一案"。

# 10.2 酒店品牌建设模式

酒店在创建品牌之初就面临着如何选择品牌建设模式的问题。由于不同酒店的战略目标、经营理念、企业文化、规模实力等都存在着差异,这就决定了酒店的品牌建设模式具有差异性。酒店品牌建设的模式主要有原创模式、贴牌模式和并购模式等三种模式。

### 10.2.1 原创模式

原创模式是指酒店依靠企业资源的优化配置和酒店长期的自主经营以创建获得市场认可的、具有自主知识产权的品牌。原创模式的优点有:酒店拥有自主独立的品牌,品牌打响后能迅速提升品牌资本价值,获得巨大的衍生附加价值;自主经营性强,能自主选择经营管理模式和确定酒店产品与服务特色;能根据市场变化灵活调整品牌策略,而不需要向加盟商申请。

原创模式的不足之处在于:创建品牌是一个系统性的工程,需要投入大量的人力、物力和财力资源来培育品牌,而且从一个没有名气的酒店品牌打造成为具有较大市场影响力的知名品牌需要一个漫长的市场积累过程,所花的时间较长。因此,选择原创品牌模式的酒店必须具备丰富的经营资源,例如,资金实力雄厚,产品与服务的质量优秀,具有较高素质的经营管理团队,酒店具有一定的市场影响力等。

### 10.2.2 贴牌模式

贴牌模式是指酒店通过不同方式借用别人品牌开展经营活动扩大酒店知名度和市场影响力,主要包括特许模式和嫁接模式。

1)特许模式

特许模式是指拥有品牌特许经营权人向受特许经营权人提供品牌特许经营权和在组织、经营和管理方面提供支持,并从受特许经营权人获得相应回报的一种经营形式。特许经营转让方要向受让方提供品牌、经营管理理念与方式、服务程序与标准,并在组织、预订、营销等方面给予支持,保证受让方酒店保持与转让方酒店相一致的产品与服务水平。特许经营者向品牌特许权拥有者缴纳特许费用和其他费用。

2)嫁接模式

嫁接模式是将酒店所属的其他行业的知名品牌"移植"到酒店身上,借助品牌的知名度与市场影响力来扶持酒店,形成同一品牌下的多种产品线。例如,旅游行业的旅行社、航空公司、旅游景区、房地产、娱乐企业、餐饮企业等实施纵向一体化战略,在拓展酒店行业务领域时将原来品牌用于酒店。嫁接模式的主要优点是有利于资源的优势互补,借助成功品牌的资源优势,例如,知名度、美誉度、市场网络、顾客忠诚等,极大地提高了酒店成功的机会,减少市场风险。

### 10.2.3 并购模式

并购模式是指酒店将另一酒店品牌所有权收购,从而完全拥有该品牌。并购模式的优点有:可以缩短市场对酒店品牌的认知和品牌接受时间,在短时间内迅速提升品牌市场占有率,获得高利润;可以获得原有酒店品牌所蕴含的各种资源,例如,营销渠道、销售网络、人力资源、忠诚顾客等,节省酒店开拓新市场的时间和资本投入;对竞争者品牌的并购,可以减少竞争对手的数量,缓解竞争压力。然而,并购模式对酒店的资金实力、资本运作能力等要求十分高,比较适合实力雄厚的大型酒店集团。

# 10.3 酒店品牌的传播

## 10.3.1 酒店品牌传播

### 1)酒店品牌传播的概念

所谓酒店品牌传播,就是酒店企业以品牌的核心价值为原则,在品牌识别的整体框架下,通过广告、公关、销售、人际等传播方式,将特定品牌推广出去,以建立品牌形象,促进市场销售,是企业满足消费者需要、培养消费者忠诚度,以实现酒店品牌价值增值的有效手段。酒店品牌传播还是一种资产的管理,酒店需要经过一系列的品牌传播工作,结合科学的品牌资产管理,实现品牌资产的形成、保值与不断增值。

酒店对品牌传播的管理必须建立在对当前市场营销环境的分析和把握的基础上。市场营销环境分为宏观环境和微观环境两大类。宏观环境反映一个国家和社会的发展变化状况;微观环境则是指直接影响企业生产经营活动的环境。

### 2)酒店品牌传播的作用

#### (1)品牌传播是酒店塑造品牌的重要环节

品牌传播是酒店塑造品牌的重要环节,它连接着品牌构建和品牌实现两个环节,起着承上启下的重大作用。酒店在科学组织所要传播的品牌信息的基础上,根据酒店战略目标有针对性地选择信息受众和合适的信息传播渠道、方式、时间等,以达到向目标消费者高效传递酒店品牌信息的目的;通过消费者体验酒店品牌的核心价值来提高消费者的满意度。因此,品牌传播是实现酒店与目标消费者进行有效沟通以在其心目中形成良好品牌形象的关键所在。

#### (2)品牌传播是提高顾客满意度的重要方法

随着人民生活水平的提高和旅游者消费观念的提升,现代旅游者越来越注重精神需求的满足,他们追求地位、声誉、自我发展等心理需求。而品牌传播则很好地满足酒店消费者的这部分精神需求,它围绕着品牌核心价值而展开,以酒店产品和服务为载体,向目标消费者全方位地展示酒店文化、经营理念、产品特性、品牌形象等信息,让消费者体验到其价值诉求的全面满足,从而提高顾客满意度。

（3）品牌传播是促进产品销售的重要渠道

品牌传播向消费者长期灌输品牌信息,强化消费者对酒店品牌的印象,从而在消费者心目中逐渐形成对酒店品牌偏见性的主观认同,潜移默化中驱使消费者自觉地购买酒店产品,达到酒店对消费者持续销售的目的。品牌传播是以顾客为中心,以寻找、吸引、挽留目标消费者并与他们建立牢固的排他性合作关系为目的。这种关系一旦建立,就能获得长期稳定的收益。因此,品牌传播可以说是一种隐性的、长期的、高效的酒店营销渠道。

（4）品牌传播是提升酒店形象的重要途径

酒店品牌传播的内容是全方位的,一方面,对酒店品牌符号、品牌形象、品牌定位、品牌个性等内容进行传播,随着酒店品牌知名度、美誉度的提高必然会提升企业形象;另一方面,品牌传播同时也会对酒店的企业理念和使命、企业文化、企业内部管理制度等各个方面进行传播,从而使目标受众全方位地认识酒店及其品牌。因此,品牌传播是提升酒店形象的重要途径。

### 10.3.2 酒店品牌的国际化管理

进入 21 世纪,国外酒店品牌加大对中国市场的扩张步伐,"国内市场国际化、国际竞争国内化"的竞争压力迫使国内本土酒店必须创建国际酒店品牌以应对国际竞争。品牌国际化已经成为中国酒店行业发展的必然选择。

1）品牌国际化的内涵

关于品牌国际化(Global Branding)的概念,不同学者站在不同的角度给出了不同的定义,本书将酒店品牌国际化主要概括为酒店将其所属的品牌向不同的国家或地区进行延伸扩张,以期获得广泛认可和体现酒店特定利益的过程。酒店品牌国际化的内涵包括以下几个方面。

（1）酒店品牌国际化是酒店品牌由本土向国外延伸的过程

第一,酒店品牌国际化在地域上强调酒店品牌由本土向世界其他国家或地区的扩张、延伸,以占据一定的国际市场份额,具备一定的品牌国际知名度。第二,酒店品牌国际化强调酒店品牌输出是一个时间过程,它需要酒店长期坚持系统的品牌国际经营战略。

（2）酒店品牌国际化的目的是获得广泛认可和体现企业特定的利益

酒店开展品牌国家化经营行为是为了实现特定利益的行为。首先,获得酒店品牌广泛的国际认可,提升酒店品牌在国际上的知名度和美誉度,为打造国际酒店品牌打好基础。其次,在塑造国际品牌的基础上,酒店在品牌国际化过程中会进一步实现拓展市场网络,获取国际资源和经济利润等特定利益。

(3)酒店品牌国际化是系统的企业经营活动

酒店开展品牌国际化就是在东道国开展投资、市场经营、品牌营销等系列活动,不断强化酒店品牌对当地市场的影响,促使消费者对酒店品牌由认知、偏好到形成购买并最终成为品牌忠诚顾客,以达到树立酒店品牌形象,扩大品牌国际影响力的目的。

2)酒店品牌国际化的模式

酒店品牌国际化模式主要有原创品牌模式、联合品牌模式和并购品牌模式三种。

(1)原创品牌模式

原创品牌模式是指酒店通过对自有品牌的经营与管理,循序渐进地逐步扩大酒店品牌的市场范围、拓展品牌影响、提高市场占有率,逐步树立国际品牌形象,最终建立国际品牌的一种形式,这种模式的发展轨迹是地方品牌、省内品牌、国内品牌、国际品牌的滚动上升式发展;市场扩张的顺序为本地市场、地区市场、全国市场、海外相邻市场、全球市场。

(2)联合品牌模式

联合品牌模式是指酒店与准备进入国家的酒店进行合作,通过品牌联合的方式丰富自身的品牌内涵,实现品牌认知,引发品牌联想,从而共同创造世界知名酒店品牌。

(3)并购品牌模式

并购品牌模式是指酒店通过收购拟进入国家酒店品牌的所有权,进而获得该品牌背后各种资源的方式。这种方式有利于缩短拟进入国家市场的消费者对酒店品牌的认知和接受时间,在短时间内迅速提升品牌市场占有率,获得高利润。世界上一些著名酒店经常使用该方式快速进入其他国家的酒店市场。例如,雅高、希尔顿、洲际、凯悦等主要国际酒店品牌都是在兼并收购其他国家酒店品牌的基础上迅速发展壮大起来的。

3)酒店品牌国际化的路径

我国本土酒店经过三十余年的发展壮大,已经粗具规模与实力,面临国外酒店品牌的大举入侵和国内市场竞争日益激烈的形势,我国酒店应把握市场机遇,依据自身实际情况选择适宜的品牌国际化发展路径以创建国际品牌,占领国际市场。

(1)直接投资

实力雄厚的本土酒店可以选择在海外直接投资建设酒店、自主经营的形式实施跨国经营,逐步增加海外市场网络布点,以提高品牌国际影响力和市场占有率,本土酒店可以与资金雄厚的金融机构或业务联系紧密的旅游集团合作,共同开拓海外旅游市场。我国酒店业应采取先进入不发达国家,然后进入中等发达国家,最后才进入发达国家的逐级递进模式。总之,我国本土酒店在选择直接投资的国家时应综合考虑东道国酒店市场的各种因素,本着"先易后难、循序渐进"的原则逐步扩张其海外市场网络,扩大品牌国际影响力,塑造国际知名品牌。

（2）合资合作

本土酒店可以采取与东道国的酒店合资或合作的方式拓展海外市场,提升品牌国际影响力和市场网络。合作对象是当地经营业绩好、市场占有率高、品牌形象好的酒店。合作方式可以是合资参股、品牌输出、租赁经营等灵活方式。我国本土酒店应充分发挥自身产品优势、管理优势、文化优势、资金优势等,与当地酒店的营销网络优势、市场优势等有机结合,共同打造能很好适应当地市场需求的酒店品牌。

（3）跨国并购

跨国并购模式是加速外来酒店进入发达国家市场进程的模式,我国本土酒店可以通过兼并、控股等方式收购拟进入国家酒店品牌的所有权,从而控制其市场网络、营销渠道、人力资源等。我国本土酒店要成长为国际性酒店品牌,跨国并购将是重要的途径。当然,跨国并购对酒店的资金实力、资本运作能力等要求十分高,在当前我国本土酒店规模实力还很有限的情况下,可以小范围试点,逐渐积累跨国并购的经验,等待条件成熟时再大规模地实行跨国并购。

4）酒店品牌国际化的策略

品牌国际化是世界酒店行业发展的必然趋势,我国本上酒店只有顺应产业发展趋势,更为积极地参与国际酒店品牌国际化进程,不断推动我国酒店品牌向国际扩张,才能在激烈的国际市场竞争中立于不败之地,而推进酒店品牌国际化的主要策略有政府政策支持、完善产品品质、实施品牌管理、资本国际运营、构建营销网络、品牌文化兼容、培养品牌人才、品牌设计兼容等八种策略。

## 【本章小结】

1. 概述了酒店品牌的定义和特征,并分别按品牌档次划分、按品牌辐射区域划分、按品牌生命周期划分介绍了酒店品牌的分类,总结了酒店品牌所具备了的识别作用、促销作用、增值作用和宣传作用。

2. 介绍了酒店品牌建设的背景、历程、趋势和原创模式、贴牌模式、并购模式三种建设模式。

3. 简述了酒店品牌传播的概念和作用,分析了酒店品牌国际化的内涵、模式和发展路径,并提出了政府政策支持、完善产品品质、实施品牌管理、资本国际运营、构建营销网络、品牌文化兼容、培养品牌人才、品牌设计兼容等酒店品牌国际化发展的八种策略。

## 【思考与练习】

1. 酒店品牌的特征是什么?

2. 酒店品牌是如何分类的?

3. 酒店品牌的建设模式有哪些?

4. 简述酒店品牌国际化的模式和路径。

## 【案例分析】

### 引领中国酒旅业创新升级,华住集团实力诠释中国品牌

2022年5月10日,第六个"中国品牌日"来临。立足于新经济时代,各行各业都在不断举力奋进探索中国品牌的上行之路,革故鼎新,强势崛起,为国内消费者提供了更好的消费体验,也在全球市场上夯实了竞争壁垒,有力地支撑起中国经济迈向高质量转型的步伐。华住集团作为中国酒旅行业的领军品牌,不断丰富品牌内涵及外延,加速行业创新,勇担社会责任,积极实现与中国品牌发展的同频共振。

**一、深耕中国市场,华住集团更懂中国消费者**

深耕中国酒旅市场多年,华住集团稳稳地把住了消费者的需求,成为更懂中国消费者的酒旅品牌。在中国经济从高速增长向高质量发展阶段的转型背景下,华住集团通过在供给端的创新升级刺激消费市场需求,刺激内需以实现可持续和高质量的发展。

近年来,华住集团不断加深对数字化转型和探索,在制度管理、价值塑造、战略定位等中上游板块提升竞争力。目前已推出了"易发票""易掌柜"等一系列"易系列"数字化产品,实现了全业务场景的数字化打通,为加盟商的运营降本增效。同时,华住集团推出了"安心住"服务,利用无接触技术和便捷透明的线上互动平台,建立了一套完备的消杀体系,全面覆盖华住集团旗下多家门店;利用智能终端机"华掌柜"和智能机器人实现30秒入住,机器人送物每月达20万余次,极大地提升了消费者体验。

在"更懂消费者"这一富有人文属性的导向之下,华住集团在中国市场稳扎稳打,如今华住会的会员数量已经达到了1.93亿,充分证明了它在中国消费者群体中所受到的喜爱和信赖。2021年,华住集团相继成立华住集团华西公司和南方公司,以加强在华南和华西市场的布局,期待开拓更广阔的市场。

**二、全新升级汉庭3.5版本**

面对不断变化的市场需求,汉庭、全季等华住集团旗下国民品牌也在时刻创新。今年,华住集团全新发布汉庭酒店3.5版本,实现汉庭品牌的智美升级,希望以智能科技提升酒店的服务效率与质量,以美学焕新提升酒店颜值。全新升级的汉庭3.5为消

费者提供了 Costa 咖啡、行李寄存、自助洗衣、公卫、充电、阅读、办公、会客等多元化需求,成为他们旅途中的"多功能便利站"。作为国内中端酒店代表之一的全季酒店也以"东方、适度、人文"的理念,为消费者提供更具东方品质感的旅居条件。在这里,无论是五常大米还是武夷山的政和白茶,这些国人耳熟能详的东方滋养好物,都有来自全季酒店生态农场的专属产品,可溯源、可信赖。

**三、打造世界一流品牌,让世界感受"中国服务"**

2022 年 2 月,随着丹麦率先解除防疫限制,海外酒旅市场也迎来了爆发式复苏,华住集团集团旗下酒店品牌 DH(德意志酒店集团)恢复势头强劲,2022 年第一季度酒店平均入住率有较大增长,RevPAR 同比增长 158%。这无疑也给国内市场输入了信心,尽管当前疫情形势依然严峻,但随着《"十四五"旅游业发展规划》的推进以及各地纾困政策的落地,旅游市场的恢复未来可期。

面对纷繁复杂的旅游市场变局,华住集团身为"世界一流品牌"破除传统思维模式,重建增长逻辑。为此,及时调整发展战略,从"超大规模增长"转型为基于合格门店的"精益增长"战略,赋能品牌整体发展。

2022 年五一期间,尽管旅游市场依然低迷,但华住集团旗下高端精品度假品牌花间堂在清冷的市场中表现出色,五一期间南京溧水花间堂·福林邑平均入住率为51.2%;雅安蒙顶山花间堂·茶马司平均入住率为 46.1%。这份成绩也意味着华住集团在中高端市场布局的先手棋获胜。近年来,华住集团持续加码中高端市场,桔子水晶、城际、美仑美奂、漫心、美居和诺富特等中高端品牌加速扩张,与融创成立的永乐华住集团合资公司在营及管道酒店数量已经超过 100 家。2021 年新开业施柏阁酒店14 家,花间堂新签约 35 家,赋予了品牌矩阵更强的张力和内涵。

**四、青岛阿朵花屿花间堂**

数字化程度的提升加上品牌体系的扩张加固了华住集团的新基建盘面,2021 年,华住集团海外第一家数字化平台成功上线运营,让中国的酒店管理走出国门服务世界,让世界看到了"中国服务"的强大力量。

品牌中国战略规划院副院长才大颖说,"面对新经济和新消费力量的崛起,践行社会责任已经不是企业的慈善形象和流量秀场,而是企业生存的基本手段。"

融入品牌建设强国大格局,推动酒旅业品牌发展范式升级,把握时代加速崛起,华住集团集团立足国内,走向世界,深度诠释新时代的"产业报国"!

**案例问题:**

请根据所学品牌建设与管理相关知识,总结并提炼华住集团酒店集团的品牌建设的优势和创新点。

# 第11章　酒店安全危机管理

【学习导引】

　　安全危机管理作为酒店管理的一个重要组成部分,已经得到酒店行业管理者的充分认识与重视。酒店属于开放式服务型企业,是一个提供综合服务活动的公共场所,因此,存在许多不安全的、不确定的风险因素,各种安全危机问题也较为突出。本章通过阐述酒店安全危机管理的概念、酒店安全危机管理的内容与特点,对现代酒店的安全网络与安全组织、酒店安全与危机管理的流程、制度,以及酒店紧急情况应对措施与管理策略进行探讨与研究。

【学习目标】

1.掌握现代酒店安全、酒店安全危机管理的内容与特点。
2.了解酒店安全的类型、安全组织与安全职责。
3.安全危机管理的阶段、危机识别、预警、公关处理策略与要点。
4.掌握常见安全事故的防范、应对管理措施。

## 11.1　酒店安全管理概述

### 11.1.1　酒店安全的概念

　　"安全"在《现代汉语词典》中的含义是:"没有危险。"根据美国社会心理学家马斯洛在其著名的"马斯洛需求层次论"中将"安全需求"列为人类基本需求层次,即人类有"治安、稳定、秩序和受保护"的需求。因此,安全是人类生存与发展的基础,是人类首先考虑的问题。

1）酒店安全的定义

酒店安全是指在酒店范围内所涉及的人、财、物的安全及所产生的没有危险、不受任何威胁的生理和心理的安全环境。

2）酒店安全的内涵

酒店安全包含以下四个层面的内容。

①在酒店所控制的范围内，酒店本身、顾客与员工的人身和财产不受任何形式的威胁与侵害。

②酒店内部的服务与经营活动秩序、公共场所秩序和工作秩序需时刻保持良好、安全的状态。

③酒店安全包括了酒店内部不存在会导致酒店顾客、员工的人身和财产、酒店本身的财产受到侵害的各种潜在因素。酒店安全不仅包括顾客和员工的人身财产安全，还需要考虑到顾客与员工的心理安全需求。

④酒店安全涵盖人身安全、财产安全、名誉安全、食品安全、信息网络安全和其他安全等一系列需要保护的安全问题。

3）酒店安全的类型

现代酒店中常见的安全问题主要表现为以下五种类型：犯罪、火灾、名誉损失、财产损失和其他安全问题。其中犯罪行为以偷盗顾客和酒店的财物为主；名誉损失主要是涉及顾客的名誉、隐私和心理安全等问题。财产安全问题以逃账现象为主；其他安全问题主要针对酒店在提供服务活动的过程中出现的食品安全、娱乐安全、不可抗力导致的安全问题等。

（1）犯罪——以盗窃为主

酒店安全中的犯罪以盗窃为主，这也是发生在旅游和住宿过程中最普遍、最常见的犯罪行为之一。由于酒店本身是一个存放着大量财产、物资、资金的公共场所，因此，极易成为盗窃分子进行犯罪活动的目标。酒店顾客的随身财物、酒店本身摆设的物品家具和出售的商品都会成为诱导不法分子犯罪的动机。而盗窃案件对酒店造成的后果也较严重，不但会造成顾客和酒店的财产损失，而且会造成酒店的名誉受损，直接影响酒店的经营。

（2）火灾

火灾是指因失火而造成的酒店人员伤亡和财产损失的灾害。酒店本身属于人员和物资密集型服务场所，酒店设施设备、装饰商品、各类物资的储存较集中，一旦发生火灾，造成的直接经济损失数额较高、社会危害性较大。常见的导致酒店发生火灾因素主要有：酒店可燃物资较多；酒店建筑结构易产生烟囱效应；疏散困难易造成重大人员伤亡;厨房用火不慎或油锅过热起火;违章操作引发火灾;电器短路或使用不当引发火灾等。而酒店常见的火灾易发处位于客房、厨房、餐厅、机房等较封闭的区域。

（3）名誉损失

酒店安全中的名誉损失主要涉及顾客的名誉与形象安全、隐私安全和心理安全三方面。

①名誉与形象安全。这是指顾客在酒店住宿期间,因酒店的行为或他人的行为而导致自身名誉受损或人格受损的行为。例如,酒店存在违规经营和不法操作(涉及黄赌毒、打架斗殴、抢劫盗窃等违法行为),导致顾客被误认为是同流合污者,使其名誉、形象和人格受到损害。

②隐私安全。隐私安全是指顾客的一些个人生活习惯、爱好、嗜好甚至一些不良行为或生理缺陷等隐私行为遭受侵害的安全问题。顾客在酒店住宿期间,无意中会流露出一些涉及个人隐私的消费习惯、爱好甚至是生理缺陷现象,这些信息一旦外泄将会影响顾客的形象和名誉,更甚者影响其生活和工作。近年来,随着酒店信息化的普及,顾客的住宿信息安全保障问题也备受关注。因此,作为酒店的工作人员和管理者都必须做好保护客人隐私和个人信息的职责,不得随意泄露客人信息,保护客人隐私安全。

③心理安全。心理安全是指顾客住酒店后对环境、设施设备和服务的信任感和安全感。虽然顾客未曾遭受过人身和财产的损失,但仍旧对一些不安全因素感到惶恐和不安。例如,由于设备老旧出现松动、易掉落现象;电器设备存在漏电和短路现象;楼层里有闲杂人员走动现象等,这些不安全因素也会对顾客造成恐慌心理。因此,作为酒店工作人员和管理者应做好安全管理工作,保障顾客人身、财产的合法权益。

（4）财产安全——逃账现象

逃账现象在国内外酒店常有发生。逃账是指在酒店经营管理过程中,出现顾客盗刷他人信用卡,盗用支票,使用假支票、假钞,逃单等现象。逃账行为无疑会给酒店带来经济损失和人力损耗,因此,做好顾客账单审核与管理工作有利于保护酒店财产安全。

（5）其他安全问题

酒店常见的其他安全问题主要有以下几种类型。

①食品安全问题。由饮食卫生引发的较为严重的食品安全问题,其主要原因是食品供应商所提供的食品原材料、半成品和成品存在不干净、过期、变质等情况。此类食品安全问题一旦发生,将会危及顾客的健康,伤害性较大,更甚者会危及顾客的生命安全,也会损害和影响酒店的形象与名誉。

②打架斗殴、酗酒滋事、流氓滋扰等违反公共治安行为。此类行为常发生于酒店

娱乐服务场所,如 KTV、酒吧、舞厅等场所。此类行为易殃及其他顾客的人身安全,同时也会对酒店的财产造成一定程度的损坏。

③不可抗力因素导致的安全问题。主要是指战争、恐怖袭击、疾病、地震、海啸、飓风、洪水等气象自然灾害等不可抗力因素所引发的安全问题。此类安全问题发生概率虽小,但难以防范和预测,一旦发生,造成的直接经济损失和人员伤亡较严重。

### 11.1.2　酒店安全危机管理的内涵

**1)酒店安全危机管理的定义**

酒店安全危机管理是指酒店为了保障顾客、员工的人身和财产安全以及酒店自身的财产安全而进行的危机监测、防范、决策和处理等一系列活动,降低和避免危机产生的危害。其主要目的是在安全危机发生前及时进行防范,在危机发生时采取必要的手段和措施减少损失并尽快从危机中恢复。为实现这一管理目的,通常酒店会对各类危机因素采取风险评估、危机检测、危机预防、信息沟通、应急管理和危机恢复等措施和手段。从危机管理实施流程上来看,通常酒店危机管理分为三个阶段:事前预防阶段、事中处理阶段和事后恢复阶段,如图 11-1 所示。

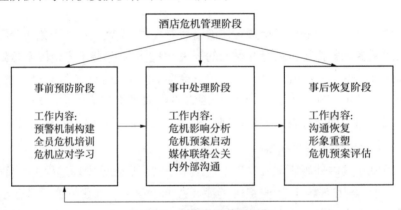

图 11-1　酒店危机管理阶段

（1）事前预防阶段

事前预防阶段主要包含危机事件预警机制的建立,危机应急预案的设计,员工的危机培训及实践性演习等内容,为酒店的危机应对机制提供技术、人员、制度、经验等方面的保障。

（2）事中处理阶段

事中处理阶段主要采取对安全危机事件的影响分析,启动危机应对预案,主动联络媒体公关,进行积极有效的内外部信息共享与沟通等措施,将危机事件的影响降到最低,且展现酒店在危机事件处理方面的最大诚意和态度。

（3）事后恢复阶段

事后恢复阶段主要通过沟通恢复、形象重塑和危机预案评估等环节，从而实现危机管理的复盘、改进和提升的目的。

2）酒店安全危机管理的内容

作为现代酒店管理者，除了做好安全危机管理"三部曲"，还可以从以下方面考虑开展酒店安全危机管理工作。

（1）建立健全的安全组织与安全网络

现代酒店安全危机管理工作通常由专门的安全部门负责，鉴于现代酒店安全危机管理的复杂性，除了由保安部负责，还应根据现代酒店的特征和具体情况，由酒店各级管理人员和一线服务人员，与酒店保安部门共同建立符合酒店实际需求和标准的安全组织与网络，将安全意识融入酒店企业文化，牢固树立"安全第一"的意识，依靠全体员工共同做好酒店安全危机管理工作。

（2）开展安全教育与培训工作

对于酒店全体员工实施全过程性的安全管理培训，无论是入职培训，还是岗前培训、岗位培训和专题培训，都必须加强安全知识的宣传与教育，让全员认识到安全管理的重要性，掌握酒店常见安全突发事件（停电、火灾、顾客生病、死亡、偷窃等）的处理方法，提高全员的安全防范意识和危机应对能力。除了加强安全知识培训，还需从招聘和选拔员工入手，严格甄选合格员工，务必将动机不纯、意识形态不当的员工通过背景调查机制进行筛选与甄别，把好酒店安全管理第一关。

（3）充分了解安全危机的诱因

作为酒店管理者需要充分了解酒店行业的特点与特性，及时关注酒店行业常见的安全危机事件类型，知晓酒店安全事故常发生于旅游旺季，这段时期人员聚集程度高，人流量大，容易发生安全事故。最常见的酒店安全事故可分为火灾、电梯事故、偷窃劫持、滑倒摔伤、利器划伤、煤气泄漏爆炸、溺水、顾客隐私信息泄露、酒店工程事故和食品卫生安全隐患等。其中火灾是酒店最易发生的安全事故，以厨房和客房发生率最高；电梯事故是发生率第二高的安全事故；其次是偷盗和食品安全事故。在了解和掌握安全危机事件的特征和规律的基础上，从宏观上了解国家对于安全危机事件出台的法律法规，如《中华人民共和国治安管理处罚条例》《中华人民共和国消防法》《旅馆业治安管理办法》等。酒店管理者可根据上述发生频率较高的安全危机事件进行针对性的制订和设计防范机制。

（4）掌握安全危机事故的处理方法

酒店安全危机管理需要制订防范预案，对可能发生的安全危机事件做到提前预测、预防为主、有备无患。酒店管理者和相关职能部门应根据酒店星级评定标准和要求,制订和完善各项紧急突发事件应急预案,如地震、火灾、食品卫生、公共卫生、治安事件、设施设备故障等。酒店应以上述预案为基础,为酒店员工提供针对性的专题培训,让酒店员工具备应对危机事件的安全意识和自信,一旦发生危机事件,员工可以井然有序地冷静面对和处理。

3)酒店安全危机管理的特点

酒店安全危机管理主要具有以下特点。

(1)复杂性

酒店作为公共场所,人流量与密集程度较大,安全管理设计的范围也较广,几乎包含了酒店的每个部门和每项工作,因此,酒店安全危机管理的内容极为广泛且复杂。酒店安全危机管理既涉及酒店顾客和员工的人身安全、心理安全,也涉及财物安全、信息安全等,且管理要求不同;酒店人员进出频繁,由于酒店提供 24 小时对外营业,每日接待的顾客构成与来源较复杂且流动性大。

(2)服务性

酒店的安全危机管理不同于行政、企事业单位的安全保卫工作,在保护好顾客的同时还需提供各项服务内容和活动,在此过程中需做到:遵循外松内紧的安全管理原则,在形式上,适应酒店服务环境,表现从容自然;在思想意识上,时刻保持高度警惕,防范各种安全隐患发生。在处理顾客关系时,既要按照政策、原则、制度办事,又要做好文明对客,助人为乐。在仪容仪表上,既要符合安全规范要求,还需表现出友善、礼貌的服务态度,言语谈吐、行为举止需恰当得体。

(3)政策性

酒店的安全危机管理涉及治安管理、消防安全管理、食品卫生管理、外籍公民管理等诸多社会层面,也涉及国内许多法律法规、民族政策和一些国际法律,因此,具有较强的政策性、法制性和强制性。在进行酒店危机安全管理的过程中,既要维护顾客的合法权益,又要注意内外有别,按照国际惯例行事,根据不同对象、性质和具体问题,采用不同的法律法规和政策对相关违法、违规人员进行适当处罚和处理。因此,酒店员工和管理者需具备基本的外交、侨务、宗教、民族等外事能力,才能更好地处理安全危机问题。

(4)全员性

酒店安全危机管理涉及每一个部门、每一个岗位和每一位员工,虽然由酒店保安部主要负责,但由于酒店服务设施与场所较分散,必须由酒店各部门通力合作,依靠全体员工积极参与,共同努力维护酒店安全。因此,酒店安全危机管理具有明显的全员性特点,只有各级管理者和全体员工增强安全意识,加强安全防范,群防群治,才能真正地将安全工作落到实处,酒店和顾客的安全才能得到保障。

(5)预防性

酒店安全危机管理应体现"预防为主、防范结合"的工作方针,酒店应建立健全安全保卫部门的岗位与职能,完善装备各种安全设施设备,健全各种酒店安全管理制度,加强员工安全知识与技能培训,预防和制止各种不安全隐患的发生机率,提高安全事故发生时的快速反应和应对能力。

# 11.2　酒店安全危机管理计划

由于酒店各种安全隐患存在的可能性、安全危机事故的突发性和无序性,要求酒店采取的安全危机管理计划、制度和措施绝不能以临时性的、局部的、应付性的或事后弥补式的形式出现。因此,酒店管理者须根据酒店的特点和酒店的实际情况,制订一整套完整的、科学的、有效的安全危机管理计划、制度和措施,且将这个计划体系与酒店经营管理工作紧密结合并实施。酒店安全危机管理计划需包含明确的规章制度和精心设计的应急流程,旨在防止安全危机事故发生时减少和降低损失与伤害。需要注意的是,酒店制订的安全危机管理计划必须符合国家法律法规、地方性政策制度和社会治安条例,还必须能被酒店顾客理解和接受,另外,还需根据环境、政策、顾客需求的变化进行更新与完善。

## 11.2.1　酒店安全危机管理计划体系的构成

### 1)信息收集系统

信息收集系统的主要任务是对有关安全危机风险来源、征兆、等级等信息进行收集。该系统在设计时需保证其收集的信息的真实性和全面性,不可遗漏任何有关危机的信息。在系统收集信息的过程中需明确信息收集的范围,以危机风险源为导向,分析危机风险源的分布情况和发生几率,识别并筛选出高风险源的信息,为安全危机预警系统提供可靠的信息来源。

### 2)信息加工系统

信息加工系统的功能主要包含信息的整理与归类、信息识别和信息转化三大功能。安全危机预警系统收集到信息后一般是无法直接利用的,必须对信息进行整理和分类,尤其是指标性安全危机预警系统中,信息与危机之间缺乏显而易见的关联,因此,信息的整理与归类显得尤为重要。除此之外,信息加工系统在设计时还需具备识别真假信息和排除干扰信息的能力,能够从繁多的信息中识别出有用的危机信息。

### 3）危机报警系统

危机报警系统主要以信息加工系统的结果决定是否发出安全警报,且根据安全危机警报的级别发出警报指令,旨在向危机反应者和危机潜在受害者发出明确的警报,使其迅速采取正确的应对措施。

### 4）危机决策系统

危机决策系统的主要功能是根据酒店安全危机发生的实际情况,为酒店及利益者相关提供一系列切实可行的应对决策和补救措施,减少酒店和利益相关者因危机事故遭受的损失与伤害。因此,危机决策系统的设计和建立主要以明确酒店危机事故发生时相关管理者和员工的责任与权利归属划分,且在组织架构方面给予危机决策和应对提供一定的保障。

### 5）危机应对预案系统

危机应对预案系统主要是事先预见设想出若干可能发生的危机情况,制订可行的具体应对措施与方案,从而让酒店在遭受安全危机事件时能够从容面对,冷静处理。同时,该系统还需设计出与员工培训相关的模拟情境功能。

### 6）危机公关管理系统

危机公关管理系统主要是针对酒店在安全危机事件爆发后的恢复期,如何借助有效的公关管理活动减少安全危机事件对酒店品牌形象、口碑、名誉方面的影响,如何化危机为转机,树立更积极、正面的酒店形象。

## 11.2.2 酒店安全危机管理计划的制订原则

### 1）一致性原则

由于酒店安全危机管理计划在设计和制订时需具备系统性、全面性和连续性,除非有特殊情况需要做出重大调整,一般情况下酒店安全危机管理计划需保证负责部门、人员结构、应对措施策略的相对稳定性,尽管每年酒店都需对危机管理计划进行优化,但从整体上需保持一致性,以免由于资讯信息的混乱影响危机管理的实际效果。

### 2）可操作性原则

酒店安全危机管理计划是一份直接指引酒店员工如何应对安全危机事件的应急处理预案,由于安全危机对酒店顾客以及酒店名誉会产生严重的影响,为保证安全危机管理计划的有效性,酒店在制订安全危机管理计划时需注重内容与实际情况的紧密结合,具备较强的可操作性,安全危机管理计划需要针对不同的情景提供流程式的指引,让员工在紧急情况下仍然可以按照标准化流程进行应对和处理。

3）前瞻性原则

酒店所面临的环境瞬息万变,且紧急突发事件的发生也充满了未知,因此,酒店安全危机管理计划不能过于固化、僵化和教条主义,不能过于细节化。有效的安全危机管理计划须注重在不同紧急突发事件下的总体应对原则和处理方向,重视为危机管理的员工保留一定的弹性处理空间,以便在面对不同危机情境下员工能充分发挥主观能动性的空间。

4）全员参与原则

在安全危机管理计划的制订过程中,需充分调动和发挥员工的积极性,集思广益,鼓励员工参与计划的设计与制订。另外,酒店安全危机管理计划的执行设置应明确危机管理人员的权责权限,对人员进行有效配置,做到事事有人管,人人有事做的全员参与效果。

5）应用导向原则

酒店安全危机管理计划是以实际应用为导向的战略性管理文件,不仅应该为酒店在应对未来危机管理提供指导,还需从各方面保证其使用效果不会被阻碍。酒店安全危机管理计划具有可读性和可操作性,除了用简练的文字描述,还应尽可能地使用各种图片、图表、表格形式,将危机管理流程和操作流程实现可视化、直观的呈现。另外,为了保证其使用效果,还需明确酒店安全危机管理的经费预算和员工培训计划。

### 11.2.3　酒店安全危机管理计划的主要内容

1）酒店安全危机管理的目标

酒店安全危机管理计划需首先明确其目标和意义,明确安全危机管理在酒店经营管理和发展中的地位和作用,一般可表述为:为了明确在酒店安全危机处理过程中的责任部门及人员的权限职责,规范安全危机管理的流程与操作标准,在危机处理过程中做到有法可依、有章可循,旨在提高酒店安全和应对安全危机事件的能力,有效地预防和减少安全危机事件造成的损害,保障酒店顾客与员工的生命、财产安全,维护酒店形象与名誉、社会稳定与和谐,促进酒店品牌形象的建设和提升。

2）酒店安全危机管理的安全组织

安全组织是酒店安全危机管理的具体组织,也是酒店安全危机管理计划、制度、措施的执行机构,主要负责酒店的安保治安工作。酒店安全组织除了履行旅游安全管理委员会制订的安全职责,还需根据现代酒店的安全危机管理特征,履行酒店特有的安保职责。酒店安全组织可由酒店安全管理委员会、安全管理小组、治安协管小组和消防管理委员会,成员来自酒店保安部门、酒店各部门的管理层和一线员工共同组成,互相监督,互相协调,共同维护酒店顾客与员工的人身、财产安全。

3)全程危机管控策略与预案

全程危机管控策略与预案是酒店安全危机管理计划中最核心的部分,也是内容较为综合全面的部分。主要从危机管理的全过程进行规范,包括危机的分类、等级划分、危机检测、危机预防、危机预警与通报、危机应对标准流程、危机公关流程、员工培训计划和酒店资源调配保障等。一般情况下,该部分内容将详细、具体地对各种类型、等级的安全危机事件及其应对策略措施进行说明,形成具有指导性的行动指南文件。

## 【经典案例】

### 东京迪士尼乐园危机预案的演练与培训

东京迪士尼乐园的全体员工有一条共同的工作准则:SCSE 基本行动准则,即安全(Safety)、礼貌(Courtesy)、表演(Show)与效率(Efficiency)。游客的安全为企业价值观的第一要素,迪士尼员工需要在发生突发状况的时候产生为游客着想的本能反应。

在安全危机的应对培训方面,东京迪士尼乐园对全体员工进行日常的火灾防火训练、安全急救知识的培训,培训的频率为两天一次,即每天都有不同的员工在轮流接受培训,同时,院内的消防车工作人员保持 24 小时待命状态。除了常规的消防安全培训,东京迪士尼乐园还经常进行地震演习活动,设定预演的地震强度为 6 级,假设游客人数超过 10 万人,一切都以最坏的打算做为演习考量,这样才能在灾难来临之际做到有条不紊、冷静疏散人群,保证游客的人身安全。

地震发生之后,员工们的第一反应便是冷静镇定地安抚身边的游客,例如,把售卖的毛绒玩偶分发给游客且让其放在头上抵挡一些对头部的冲击;提供商店的各种食物分发给游客充饥;找到园内一切可以利用的取暖物资分发给游客保暖。面对强震的东京迪士尼乐园,七万游客无一人伤亡,这不是偶然事件,而是得益于乐园强大的企业文化以及系统的培训和不计其数的实战演练。

(资料来源:强震后 7 晚游客无一人伤亡,背后操作系统揭秘.)

# 11.3　酒店安全危机识别与预警

酒店安全危机调查主要是在危机事件发生之前,对酒店可能遭到的危机进行调查分析,并科学有效地进行预警机制的过程。而危机评估是在危机刚发生时,对危机进行确认以及评估其影响范围,从而更有针对性地开展应对措施和策略。

### 11.3.1　酒店安全危机识别

**1）危机事件识别的概述**

根据酒店安全危机的来源、潜在因素与类型建立事前危机识别系统,能够及时地针对酒店的产品、信誉、市场等危机根源爆发的不同类型进行危机管理与解除,这样能保证在危机爆发时,酒店安全管理部门可根据预测危机的发展方向进行拦截,从而将酒店安全危机的后续影响降到最低。在危机识别过程中,安全危机管理人员需经过调查和分析明确以下内容:危机风险来源;危机爆发的后果;危机对酒店所产生的影响;受危机事件波及的酒店利益相关者;危机事件发生的具体要素;酒店已有控制危机的方式和措施;若酒店出现无法控制情况的原因与优化措施。

**2）危机事件识别的方法**

危机事件的识别不能由某一个部门或员工单独完成,需要酒店全员参与完成。因此,危机事件的识别需要根据不同的危机风险源采取针对性的识别方法。一般而言,危机事件识别可以按照其来源的不同分成可控类型危机的识别和不可控类型危机的识别两种。

（1）可控类型危机的识别

可控类型危机事件是指酒店经营管理者对此类危机的发生规律较为了解,且具备一定的能力和方法对其进行识别,能够将此类危机事件阻止在实际爆发之前的危机类型。这类危机事件通常属于酒店经营管理的范畴,对于这类危机的识别需要借助酒店各业务部门按照危机发生规律,对潜在危机风险因素进行逐项检查,如消防安全、服务设施安全、食品卫生安全等酒店范围内的治安环境和管控危机等。

（2）不可控类型危机的识别

不可控类型危机事件一般是指导致危机事件发生的来源超出酒店管理者的控制范畴,如自然灾害、疾病、战争等一些突发事件。这类危机事件的识别一般需要借助专业人士的预测和分析,酒店可选择借助第三方机构提供的专业报告进行分析和监测其潜在的危机因素,也可邀请相关领域的专家组成危机管理智库的方式进行不可控类型危机的识别。

**3）危机事件的建档**

对于危机事件的识别需要通过规范性的文件档案做好记录与归档管理工作,以便酒店管理者不断更新、总结和优化酒店危机事件管理的应对预案,通过已有的危机事件档案整理和归类不同类型的危机事件类型、影响和应对预案,为后续危机管理提供坚实的基础。

### 11.3.2　危机事件的评估

在酒店对危机事件风险源识别的基础上,借助 IPA 矩阵图对各种危机事件进行分析。IPA(Importance Performance Analysis)即重要性及其表现分析法,对危机事件根据其重要性对发生概率和影响程度进行分析。根据危机事件的影响程度和发生概率将危机事件类型分为四个象限,危机事件的重要性可转化为危机事件发生后的影响范围和发生概率,如图 11-2 所示。

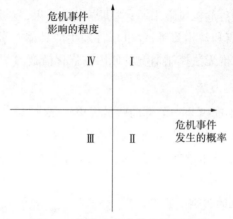

**图 11-2　酒店危机事件分析矩阵图**

图中将酒店危机事件按照发生概率与影响程度分成了四个象限:Ⅰ,Ⅱ,Ⅲ,Ⅳ。

Ⅰ象限属于高发生概率、影响程度较大的危机事件。对于此类危机事件,酒店管理者必须引起高度重视,做好充足的准备和应对预案,否则一旦危机爆发,将对酒店顾客和员工的人身、财产安全造成极严重的损害,造成严重的社会影响。

Ⅱ象限属于发生概率较高但影响程度较小的危机事件。对于此类危机事件,酒店管理者应制订积极、切实可行的预防措施预案,防止此类危机事件的发生。

Ⅲ象限属于发生概率和影响程度都较小的危机事件。对于此类危机事件,酒店管理者可以在综合权衡投入产出的基础上,统筹资源配备后适当投资,但无须过多地消耗精力和资源。

Ⅳ象限属于影响程度较高但发生概率较小的危机事件。对于此类危机事件,酒店管理者只需做好危机监控和紧急应对预案即可。

### 11.3.3　酒店安全危机预警系统构建

1)安全危机预警系统概述

安全危机预警系统是通过对酒店内、外部环境进行全面监测,识别有代表性的危机征兆,且对这些征兆进行正确的诊断和评估,从而在危机爆发前进行科学预警,以便酒店管理者及时采取有效的应对措施,达到减少对酒店及其利益相关者造成损失的目标。

2)安全危机预警系统的构建过程

安全危机预警系统是从众多危机事件的征兆表现中,筛选出一些相对重要的指标进行监控和数据采集,并借助系统的统计分析构建判断模型,以实现优化和验证后的模型为基础,对组织的发展状况进行合理分析,对可能爆发的危机事件进行预警。因此,在安全危机预警系统的构建过程中,指标的选择显得尤为重要,也是安全危机预警系统构建的起始点,酒店可综合借鉴国内外已有的、成熟的相关研究成果,借助行业内专家的经验与意见,实施初步系统的设定与构建。

# 11.4 酒店安全危机处理策略与危机公关

## 11.4.1 酒店安全危机处理策略

酒店管理者在面临安全危机事故时,需对其危机爆发情况做出及时、准确、果断的分析与判断,快速有效地做出决策,采取积极、科学、合理的策略和措施,将其对酒店的危害降到最低,保障酒店顾客与员工的人身和财产安全。

1)确认危机事件与等级

(1)危机事件的调查与确认

危机事件爆发初期,往往是危机公关处理的最佳时期,当务之急是酒店管理者和公关人员第一时间赶赴现场进行调查,通过信息收集与分析,进一步确认危机事件的性质、原因、事故发生的详细情况,从而正确认知危机事件的影响程度。在现场调查事件的过程中,应做到全面、有效地收集相关信息,且形成危机事故调查报告,为后续的危机处理提供有效的依据。一般而言,危机事件调查涉及以下方面内容。

①危机事件的基本情况,包括危机事件发生的时间、地点、原因、环境等。

②危机事件的现状和发展趋势,包括危机事件事态现状、继续发展的可能性、发展方向、已采取的处理措施、措施实施效果等。

③危机事件产生的原因及影响程度,包括引发事件的原因、人员伤亡情况、财物损坏数量与价值情况、危机事件波及范围及其影响程度等。

④查明导致危机事件发生的当事人和负责人等相关人员的主观因素,重点关注是否存在蓄意破坏、人为因素导致的危机行为,及时了解事件的真相与性质。

⑤查清事件波及范围与涉及的社会人员情况,包括事件的直接与间接受害者、与危机事件直接和间接的酒店利益相关者、涉及危机事件处理的相关部门和公众媒体等组织和个人,以及危机事件的见证人等。

(2)危机事件的评估

经过酒店对危机事件的详细调查、了解,确认危机事件的原因、现状和影响程度后,酒店安全危机管理人员必须在最短时间内对危机事件的发展态势、影响后果、应对措施方案、相关涉事人员、资源保障等重大问题做出初步评估与决策,对危机事件的等级和性质做出基本判定。

(3)危机事件的诊断及应对

危机事件的诊断是根据危机调查和评估结论寻找危机发生的具体诱因的过程。通过危机事件的诊断判断出危机产生的根源与诱因,针对不同程度和性质的危机事件采取不同的应对处理方式,为危机处理的方向提供有效的依据。

2)保护当事人的合法权益,全力止损

在处理危机事件的过程中,保障酒店顾客和其他利益相关者的人身、财产安全,名誉形象等合法权益应永远放在酒店安全危机管理的第一位。作为酒店危机管理的重要策略之一,在酒店危机事件爆发后对酒店顾客和其他利益相关者造成了实质性损害时,酒店安全危机管理者需尽可能地保护当事人的合法权益,将其遭受的损害降到最低。同时,无论最终判定危机事件责任的归属是哪一方,酒店也需在第一时间给予一定程度的补偿或精神安慰。

3)重视内外部信息沟通

(1)正确认知网络舆情的作用

目前所处的网络信息时代,各类媒体高度发达,沟通品质的好坏决定了酒店安全危机管理的成败。在这样的时代背景下,无论是危机的传播速度、影响程度,还是危机的破坏力和强度都在不断地增强和加快,尤其是在以网络为基础的创新自媒体涌现的情况下,任何危机事件都会在网络舆情的发酵下,其爆发力、影响范围和强度都呈现几何级的增长。

网络舆情是指通过互联网表达和传播,大众对自己关心或与自身礼仪紧密相关的各种公共事务所持有的多种情绪、态度和行为倾向的总和。酒店在处理危机的过程中,若以不当的方式去处理信息和与媒体沟通的话,可能会引发新一轮的网络舆情危机。网络舆情危机是指针对某一特殊事件所产生的涉及公众利益较深、较广的舆情,且在相对较短的时间内产生大量的信息,在更大的社会公众范围内掀起更强的社会反应,最终与事件刺激方或事件本身形成激烈的认识或观点的对抗。例如,近几年来网络媒体对经济型酒店的客房保洁规范和不少卫生安全等问题进行多次曝光,使得许多涉事酒店在名誉和形象方面遭到了严重的冲击。

(2)加强酒店内部信息共享。

在酒店进行危机公关的过程中,加强酒店内部沟通,及时共享信息,做到统一意识、统一口径,对酒店而言是非常重要的,否则会在酒店内部出现不一致的声音,也会导致酒店危机管理工作陷入被动。例如,在 2016 年北京望京 798 和颐酒店女顾客遇袭事件中,酒店危机公关出现了严重的沟通失误,酒店在向当事人和公众致歉的同时,放任酒店员工肆意发表对事件的个人观点和看法,甚至造谣这是当事人炒作所为。涉事酒店的一位工作人员在接受媒体采访时表示,这次事件既没有发生人员伤亡,也没出现强奸、抢劫等刑事案件,这就是一起顾客自我炒作事件。这种前后矛盾的说法和做法让公众纷纷质疑酒店道歉的诚信与态度,导致酒店陷入了诚信危机。

### 11.4.2　酒店危机公关

酒店在危机发生时,需直面问题,尽快弄清真相,分清责任,勇于接受事实,承担责任,及时加强与各方面的沟通,将事件真相尽快告知新闻媒体和社会公众,以真诚的态度打动人,以真实的信息引导人,促使社会形成对酒店有利的舆论氛围,避免引发舆论的“围攻”和谴责,防止进一步引发酒店的公关危机,从而化危险为机遇。常见的危机影响力分级表如表 11-1 所示。

表 11-1　常见的危机影响力分级表

| | | |
|---|---|---|
| 重大危机 | 事故性危机 | 事件造成人员伤亡以及巨大财产损失,包括外部灾难以及工程事故等 |
| | 质量性危机 | 事件多严重影响人类身心健康,引发疾病甚至致人死亡,多发于食品、饮水等与人们生活息息相关的行业 |
| | 信誉性危机 | 事件多源于企业诚信度低下,欺骗消费者、无法兑现承诺 |
| | 环保性危机 | 事件由企业在运输原料或者生产过程中对环境造成危害和污染引发的危机 |
| | 经营性危机 | 事件多由战略规划不当,管理不力,造成经济、人事、法律上的重大纠纷而产生的负面影响 |
| 一般性危机 | 竞争性危机 | 事件多由竞争过程中发生的不良表现引发 |
| | 政策性危机 | 事件多源于与政府部门沟通不畅导致企业自身陷入危机 |
| | 服务性危机 | 事件因企业服务不周而进行爆料、投诉引起 |

1）酒店危机公关的概念

危机公关是指应对危机的有关机制。根据公共关系学创始人爱德华·伯尼斯（Edward Bernays）的定义，公共关系是一项管理功能，制定政策及程序来获得公众的谅解和接纳。而酒店危机公关是指酒店为避免或者减轻危机所带来的严重损害和威胁，从而有组织、有计划地学习、制订和实施一系列管理措施和应对策略，包括危机的规避、控制、解决以及危机解决后的复兴等不断学习和适应的动态过程。

2）酒店危机公关的基本原则

在酒店危机公关方面，有许多经典的企业危机公关原则可供参考，例如，英国危机公关专家杰斯特提出的3T原则（主动沟通、全面沟通和尽快沟通三大原则）和我国危机公关专家游昌乔提出的5S原则（责任承担原则、真诚沟通原则、速度第一原则、系统运行原则和权威证实原则五大原则）。综合这些原则，酒店要取得危机公关的成功应秉承积极主动、快速反应、实事求是、态度诚恳的处理原则。

3）酒店危机公关的工作要点

Web 2.0时代带来全新的传播方式与新媒体，造就了"人人都有摄像头与麦克风的时代"，也是每一个传播节点都能连线成面冲上全民热搜的时代。信息量极大、更新速度极快，平台的多样化、超链接的开放化、网络社群的垂直小众化、网络语言符号的丰富化等网络特点，让传播的路径更加隐蔽化和复杂化。这些特点一方面让整个社会的透明度增加，监督力的强化必会导致市场与行业的规范化；另一方面，由于负面信息、谣言天生的传播力和破坏力，加上群众认知的参差与情绪的易煽动性，任何一则带有风险的语句段落都有可能演变成网络风暴，对酒店品牌声誉、形象造成严重打击甚至毁灭性打击。

酒店对危机的认知态度应如生命必然面对死亡一样，正确知晓危机是无法避免的，认真思考如何增强自身风险抵抗力、如何预防和减少意外和损失，使酒店顾客的人身、财产安全多一份保障，正确理解危机预防与管理的作用和意义。

（1）积极主动，快速反应。

在酒店危机公关中，有"黄金24小时""速度第一"等快速应对说法，表明了时间对危机公关的重要性。及时把握时机，危机公关的效果会事半功倍，反之则相反。酒店管理者需在第一时间采取积极、有效的公关行动，主动承担责任、有效回应危机事件涉事人的情感和利益诉求，就能将危机消于无形。酒店危机公关人员须意识到危机再次扩大的可能性，认识到如果没有在第一时间采取任何处理措施，甚至出现试图推卸责任的行为，势必会引起涉事人的强烈不满，导致事态进一步恶化，使酒店陷入被动状态。

（2）实事求是，诚恳真诚。

态度与情感的真诚交流，坚持实事求是的处事态度是做好危机管理的重要保证，酒店在面对危机事件受害者与社会公众时，应在尊重危机事件事实的基础上，以真诚的应对态度和具有同理心的言论行为，让社会公众更容易接受酒店对危机事件做出的努力，取得危机事件受害者和社会公众舆论的谅解，将酒店的负面影响降到最低。

（3）认真配合媒体，正确表态。

危机事件发生后，酒店应主动配合公众媒体，在信息披露、新闻发布等方面为媒体工作者提供力所能及的帮助，以真诚的态度、精练准确的语言、主动热情的行为参与媒体记者的新闻报道，必要时可以提供较为全面的信息和新闻统稿，以便切实把握好报导现场的局面，防止事态扩大，力求最佳效果。若事态已经发展成负面影响，酒店则需考虑迅速组织危机管理各种资源，合理利用各类媒体力量，发布大量正面报道，尽量借助正面的形象和声音压制和消除负面影响。

# 【知识拓展】

## 希斯的4R危机管理理论

危机管理的4R理论由美国危机管理专家、危机管理大师罗伯特·希斯（Robert Heath）在《危机管理》一书中率先提出。危机管理4R模式，即是由缩减力（Reduction）、预备力（Readiness）、反应力（Response）、恢复力（Recovery）四个阶段组成。希斯的4R危机管理理论指出企业管理者需要主动将危机工作任务按4R模式划分为四类，减少危机情境的攻击力和影响力，做好处理危机情况的准备，尽力应对已发生的危机以及从中恢复。

**一、缩减力**（Reduction）

危机缩减管理是危机管理的核心内容。对于任何有效的危机管理而言，危机缩减管理是其核心内容。因为降低风险，避免浪费时间，摊薄不善的资源管理，可以大大缩减危机的发生及冲击力。就缩减危机管理策略而言，主要从环境、结构、系统和人员几个方面着手。

（一）环境方面：准备就绪状态意味着人们都要做好应对危机的预备工作，因而缩减危机策略能够建立和保证与环境相适宜的报警信号，这些策略也可能会重视、改进对环境的管理。

（二）结构方面：缩减危机的策略包括保证物归原处，保证人员会操作一些设备。在某些时候，还要根据环境需要进行改进。同时，也要保证设备的标签无误，说明书正确易读、易懂。符合ISO条款是再好不过了。

（三）系统方面：在保证系统位置正确或者有所富余的情况下，管理者能够运用缩减危机策略确定哪些防险系统可能失效，并进行相应的修正和强化。

（四）人员方面：当反应和恢复的人员能力强，能够有效控制局面时，人员就成为降低风险发生概率和缩减其冲击的一个关键因素。这些能力是通过有效的培训和演习得到的。这些培训可以提高人的预见性，让人们熟悉各种危机情况，提高他们有效解决问题的技能。缩减策略还包括建设性的听取汇报，这些汇报是决定如何改进反应和恢复措施，甚至试图找到消除或者降低危机之道，这是一种集思广益的决策方式。

通过以上分析，我们能够找到贯穿于危机管理的一条主线，即好的管理，尤其是有效的危机管理，是从组织的产生时开始的。这些好的管理包括评估其面临的危机及其可能造成的冲击，这需要：

（1）危机缩减管理要内置于环境、结构、系统和人员中，与其浑然一体。

（2）一旦环境、结构、系统、人员这个不断更新和变化的过程存在，危机缩减就应该成为不可分割的一部分。

（3）危机管理和缩减要成为组织的核心作业。

将以上这些管理活动作为组织持续运转和管理的一部分，有利于组织降低风险和威胁，降低危机冲击所致的成本，并提高永续经营、不断繁荣的概率。这是许多企业没有重视的工作，却能够极大地减少危机的成本与损失。它包括企业对内部管理和外部环境进行风险评估，一旦发现某一方面存在风险，就采取有效的方法对其进行管理。同时，企业也要努力提高领导和员工的素质，使企业中的每个成员都具有危机管理的意识，企业即使面对危机，也能把它压制在最小范围内。

## 二、预备力（Readiness）

预警和监视系统在危机管理中是一个整体。它们监视一个特定的环境，从而对每个细节的不良变化都会有所反应，并发出信号给其他系统或负责人。预警系统的功能有：危机始发时能更快反应（不良变化被注意到并传递出去）；保护人和财产（通过发布撤离信号和开通收容系统）；激活积极反应系统（如抑制系统）。

完善的企业危机预警系统可以很直观地评估和模拟出事故可能造成的灾难，以警示相关者做出快速和必要的反应。劳伦斯·巴顿（Laurence Barton）先生给我们带来了他的"危机预防和反应：计划模型"。该模型显示，小组是怎样从评估各种可能影响人员安全和运作的危机开始，继而运用各种技能和资源来降低此类危机发生的概率。

预警系统能够从两个不同的角度分成五类。可以分为动态的或静态的、移动的或固定的，第五类是包含以上四类因素的一个集合系统。

预警的接受和反应是因人而异的，这主要取决于每个人的经验和信念以及预警中的内容变化程度，主要参考因素包括信息的清晰度、连贯性、权威性，以及过去预警的权威性、危机或灾难发生的频率。当接受者发现信息清楚明了、多个来源支撑该信息、多次重复、来源可靠时等，他们会反应比较快，否则可能会忽视预警或者处于等待或进一步观望状态，这样就有可能失去选择或者执行反应的最佳时机。而且，危机管理经验也告诉我们，被预警的受众人群中，有20%的人会做出与预警相背的选择和反应。

预备管理主要是进行危机的防范工作，企业可挑选各方面的专家，组成危机管理团队，制订危机管理计划，进行日常的危机管理工作。同时，为了能清楚地了解危机爆发前的征兆，企业需要一套完整而有效的危机预警系统。通过训练和演练，可使每个员工都掌握一定的危机处理方法，使企业在面对危机时可以从容应对。

### 三、反应力（Response）

反应力即强调在危机已经来临时，企业应该做出什么样的反应以策略性地解决危机。危机反应管理所涵盖的范围极为广泛，如危机的沟通、媒体管理、决策的制订、与利益相关者进行沟通等，都属于危机反应管理的范畴。在反应力这个层面，企业首先要解决的是企业如何能够获得更多的时间以应对危机；其次是如何能够更多地获得全面真实的信息以便了解危机波及的程度，为危机的顺畅解决提供依据；最后是在危机来临之后，企业如何降低损失，以最小的损失将危机消除。

这是企业应对危机时的管理策略，一般可以分为四个步骤：确认危机，隔离危机，处理危机，总结危机。在处理危机时，合理地运用沟通管理、媒体管理、企业形象管理等方法可以收到事半功倍的效果。

### 四、恢复力（Recovery）

恢复力包括两种形式：一是指在危机发生并得到控制后着手后续形象恢复和提升；二是指在危机管理结束后的总结阶段，为今后的危机管理提供经验和支持，避免重蹈覆辙。危机一旦被控制，迅速挽回危机所造成的损失就上升为危机管理的首要工作了，在进行恢复工作前，企业先要对危机产生的影响和后果进行分析，然后制订出有针对性的恢复计划，使企业能尽快摆脱危机的阴影，恢复以往的运营状态。同时，企业要抓住危机带来的机遇，进行必要的探索，找到能使企业反弹得比危机前更好的方法。

### 五、希斯的4R危机管理理论

有效的危机管理是对4R模式所有方面的整合，其中，缩减管理贯穿于整个危机管理过程。在预备模块中，运用缩减管理的风险评估法可以确定哪些预警系统可能会失效，就可以及时地予以修正或加强。在反应模块中，缩减管理可以帮助管理者识别危机的根源，找到有利于应对危机的方法。在恢复模块中，缩减管理可以对恢复计划在执行时可能产生的风险进行评估，从而使恢复工作产生更大的反弹效果。希斯的4R危机管理模型如图11-3所示。

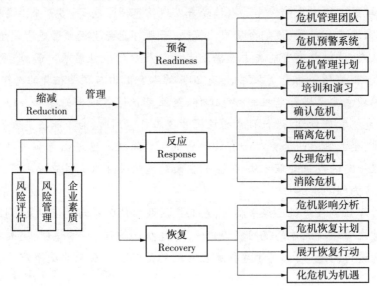

图 11-3　希斯的 4R 危机管理模型

## 【本章小结】

1. 酒店安全是酒店范围内所有人员的人身财产安全,酒店安全管理需尽早发现并及时消除可能导致上述安全威胁的因素。

2. 危机是一种可能对企业产生负面影响的紧急情景,时间的紧迫性和可能对其产生的负面影响和冲击是危机的最明显特征。

3. 酒店安全危机管理计划体系,一般来说是由信息收集系统、信息加工系统、危机警报系统、危机决策系统、危机应对预案系统和危机管理系统等子系统构成。

4. 酒店安全危机处理策略包括:确认危机事件与等级,保护当事人合法权益,尽力止损,做好内外部信息沟通。

## 【思考与练习】

1. 酒店安全危机管理的阶段如何划分?

2. 酒店安全危机管理计划的内容有哪些?

3. 酒店安全危机公关的工作要点有哪些?

## 【案例分析】

### 北京王府半岛酒店"卫生门"事件

#### 一、北京王府半岛酒店"卫生门"事件回顾

事件起因:2018 年 11 月 14 日,网名为"花总丢了金箍棒"曝出一段自制视频,点

名北京、上海、福州等五地的 14 家五星级酒店的清洁人员不按标准流程清洁，用脏浴巾擦口杯、从垃圾桶里回收一次性杯盖等，引发了网友们的震惊和愤怒。

事件经过：事件发酵后，14 日当晚，福州香格里拉酒店表示已经着手调查，其余 13 家酒店均表示无法回应，需要等第二天公关部上班再做答复。15 日，仍然是福州香格里拉酒店首先发表声明，承认视频的真实性并公开致歉，之后，另外 13 家酒店相继发声。截至 16 日下午六时，除北京王府半岛酒店外，12 家酒店均在声明中对此次事件表示歉意。

15 日，在接受媒体采访时，北京王府半岛酒店公关部负责人表示："我们对视频的真伪、视频里出现的是不是我们酒店、出现的是酒店的哪个员工，这三点我们是不做深究的。"对于视频中显示服务员在客房内用客用毛巾清洗杯子，该负责人称，这一行为不符合逻辑，但不排除该事件真实发生的可能性。

事件结果：16 日上午，北京王府半岛酒店在其官微上发布声明，表示"无论数值如何，酒店仍将采取措施加强客房服务人员对于标准程序的落实，以此确保各方面符合半岛的既定标准。让客人拥有舒适的体验，仍然是酒店的首要任务"。至此，所有涉事酒店均已做出回应。

**二、北京王府半岛酒店"卫生门"事件后果**

1) 多家酒店卷入舆论旋涡

2018 年 11 月 14 日晚间，花总在社交网络发布名为《杯子的秘密：你所不知道的酒店潜规则》的文章，瞬间刷爆了网络。他通过视频爆料，中国酒店行业存在巨大的卫生隐患，包括几千元一晚的豪华五星级酒店。视频中，十几家五星级酒店，客房服务员用各种不卫生的做法擦拭杯子，甚至使用浴室内的洗脸毛巾、浴巾擦拭杯子。一时间，涉及的万豪、希尔顿、香格里拉、四季、文华东方等集团旗下的多家五星级和非星级酒店卷入舆论旋涡。

这个视频曝光的 14 家酒店每晚的参考房价从 1 000~5 000 元，而卫生问题并没有因为房价的增长而减少。例如，上海浦东丽思卡尔顿酒店的客房服务人员每晚售价约 3 000 元，用一半的洗发水洗咖啡杯。然后将已经挤压的半瓶洗发水返还给顾客以供进一步使用。上海的宝格丽酒店，每晚售价约 4 500 元，工作人员从厕所垃圾桶中取出客户丢弃的一次性杯盖，在衣服上擦拭几次并继续盖上杯子供客户使用。

2) 失去消费者的信任

客房是否干净、卫生是客人选择酒店最关注的标准之一。而根据网友花总的爆料，中国酒店行业存在巨大的卫生隐患，包括几千元一晚的豪华五星级酒店。视频中，十几家五星级酒店，客房服务员用各种不卫生的做法擦拭杯子，甚至使用浴室内的洗脸毛巾、浴巾擦拭杯子。这些深陷"毛巾门""杯子门"的酒店连最基础的卫生情况也无法保障,花费了价钱而得不到相应质量服务的消费者自然无法再继续信任酒店品牌,累积多年信誉的酒店品牌遭遇了信任危机。

### 三、北京王府半岛酒店"卫生门"事件应对措施

1)公布监管部门水质 ATP 检测结果

2018 年 11 月 15 日,北京王府半岛酒店在声明中表示,管理层对于微博上热论并传播的视频高度重视,并已对相关事件展开调查。且北京市食品药品监督管理局邀请多家媒体,再次检查了酒店的标准程序,对杯具采样,送至相关机构开展进一步检验。同时,食品药品监督管理局现场抽取杯具,对其进行了 ATP 检测,结果数值为 0;远远低于食品药品监督管理局设定的合格数值,表明水杯清洁度良好。

2)发布微博声明道歉

2018 年 11 月 16 日,继网传视频中被曝有严重卫生问题事件的 13 家酒店先后发表声明致歉后,此日晚间,北京王府半岛酒店在其官方微博上发表声明,表示"对此次事件造成的纷扰表示歉意",并表示将"继续一丝不苟地落实服务标准程序",最后称"无论数值如何,酒店仍将采取措施加强客房服务人员对于标准程序的落实,以此确保各方面符合半岛的既定标准。让客人拥有舒适的体验,仍然是酒店的首要任务。"

### 四、北京王府半岛酒店"卫生门"事件启示

1)发布声明回应大众质疑

在众多酒店称正在调查或者纷纷道歉时,北京王府半岛酒店拿出了强而有力的证据,发布了北京卫生部门对水杯取样检验为干净的声明,胜过千言万语。由结果层面出发,王府半岛酒店所做的声明实际上是信任自身卫生才敢做出的质疑,不然有很大概率被骂得狗血淋头,并且对酒店的入住率造成直接影响。这种公关策略属于站在大众的对立面,和大多数酒店第一时间道歉以及自我排查有所区别,它没有让处于弱势地位的临时工或者保洁大妈承担所有责任,由这点来看,王府半岛酒店具有胆识和勇气,至少王府半岛酒店在消费者心目中在 14 家酒店中鹤立鸡群,成为最干净的酒店。基于大众质疑传统酒店卫生背景中,如此公关思路确实显得高明。

2)表露诚意争取谅解

继发布卫生检查声明后,王府半岛酒店再次发布声明,称"我们愿意接受公众建议和政府监管,并对此次事件造成的纷扰表示歉意。愿意继续一丝不苟地落实服务标准程序,以此确保各方面符合半岛酒店的既定品质"。向公众表露出了诚意,希望能够得到大众谅解。

3)事后采取实际行动补救

对于"卫生门"事件发生过后,王府半岛酒店采取了监督清洁过程的补救行动。客房部总监李燕说,今后每个客房会用五块毛巾擦洗,每一块都有具体用途,分为干和

湿。例如,面盆和浴缸用一块,马桶用一块,浴室地板用一块。酒店目前有33名清洁工,分早、晚班。有外包的清洁工也有酒店正式员工,都会进行上岗前培训。此外,每天客房部的12名主管会对酒店230间房进行卫生检查。今后会考虑在清洁过程中进行监督。

**案例问题:**

结合案例所提内容,总结新媒体时代下酒店应对公关危机事件的工作思路。

# 参考文献

[1] 刘伟. 酒店前厅管理[M]. 北京:中国人民大学出版社,2018.

[2] 魏卫. 酒店管理概论[M]. 武汉:华中科技大学出版社,2019.

[3] 刘伟. 酒店客户管理[M]. 重庆:重庆大学出版社,2020.

[4] 苏朝晖. 客户关系管理:客户关系的建立与维护[M]. 4 版. 北京:清华大学出版社,2018.

[5] 闫飞龙. 人力资源管理[M]. 北京:中国人民大学出版社,2018.

[6] 李明宇. 现代饭店人力资源管理实务[M]. 3 版. 北京:清华大学出版社,2019.

[7] WALKER J R. Introduction to hospitality management[M]. 3ed. Englewood:Prentice Hall,2009.

[8] KUMAR V, REINARTZ W. Customer relationship management[M]. Berlin, Heidelberg:Springer Berlin Heidelberg,2018.

[9] MARTOCCHIO J J. Human resource management[M]. New York:Pearson,2018.

[10] 郑向敏. 酒店管理[M]. 4 版. 北京:清华大学出版社,2019.

[11] 丁林. 酒店管理概论[M]. 2 版. 北京:机械工业出版社,2020.

[12] 姜红. 酒店运营管理[M]. 武汉:华中科技大学出版社,2020.

[13] 李伟清. 酒店运营管理[M]. 重庆:重庆大学出版社,2018.

[14] 唐凡茗. 前厅与客房管理[M]. 重庆:重庆大学出版社,2022.

[15] 孙宗虎,王瑞永. 酒店运营与管理全案[M]. 北京:人民邮电出版社,2021.

[16] 邓爱民,李明龙. 酒店运营管理[M]. 北京:高等教育出版社,2020.

[17] 容莉. 餐饮管理与经营全案:互联网思维创新餐饮管理和运营模式[M]. 北京:化学工业出版社,2021.

[18] 濮佳宁. 康乐服务与管理[M]. 上海:华东师范大学出版社,2018.

［19］王永贵.市场营销［M］.北京:中国人民大学出版社,2019.

［20］王天佑.酒店市场营销［M］.2 版.天津:天津大学出版社,2018.

［21］陈学清,徐勇.酒店市场营销［M］.2 版.北京:清华大学出版社,2018.

［22］菲利普·科特勒,约翰·T.鲍文,詹姆斯·C.麦肯斯.旅游市场营销［M］.谢彦君,李淼,郭英,等译.北京:清华大学出版社,2017.

［23］寿志钢.内部营销理论的拓展研究［D］.武汉:武汉大学,2005.

［24］肖萍.我国饭店业绿色营销战略研究［D］.长沙:中南林业科技大学,2006.